普通高等学校"十四五"规划金融学专业数字化精品教材

广东省一流本科专业建设项目

投资学

编著 ◎ 屠新曙

Investment Science

华中科技大学出版社
http://www.hustp.com
中国·武汉

内 容 简 介

本书以证券概述—证券组合分析—资产定价理论—资产证券化为明晰主线,由六章组成。第一章介绍证券与证券市场的基本概念,第二章介绍证券的收益与风险的概念和度量方法,第三章分别从标准差-预期收益率平面和权重空间两个角度阐述和推导证券组合原理,第四章从均衡角度研究了资产定价理论-资本资产定价模型和套利定价理论,第五章分析了近年来我国蓬勃发展的金融产品设计工具——资产证券化,第六章探讨了投资学发展过程中还未完全研究清晰的行为金融学领域。全书体例新颖、结构严谨,内容独具特色。章节开篇均有两个精巧案例紧扣章节所涉及的知识点,图文并茂,以案例、案例回应、思考题等形式充分引导,循循深入,大大增加了教材的趣味性和拓展思维的能力要求。

本书主要供高等学校经济类、管理类本科生、研究生教学之用,也可以作为证券投资研究人员、企业财务管理人员、证券从业人员及个人投资者的参考读物。

图书在版编目(CIP)数据

投资学/屠新曙编著.—武汉:华中科技大学出版社,2022.1
ISBN 978-7-5680-7940-2

Ⅰ.①投… Ⅱ.①屠… Ⅲ.①投资经济学 Ⅳ.①F830.59

中国版本图书馆 CIP 数据核字(2022)第 019523 号

投资学 屠新曙 编著
Touzixue

策划编辑:周晓方 宋 焱	
责任编辑:肖唐华	
封面设计:原色设计	
责任校对:张汇娟	
责任监印:周治超	
出版发行:华中科技大学出版社(中国·武汉)	电话:(027)81321913
武汉市东湖新技术开发区华工科技园	邮编:430223
录　　排:华中科技大学惠友文印中心	
印　　刷:武汉科源印刷设计有限公司	
开　　本:787mm×1092mm　1/16	
印　　张:14.5　　插页:2	
字　　数:343 千字	
版　　次:2022 年 1 月第 1 版第 1 次印刷	
定　　价:58.00 元	

本书若有印装质量问题,请向出版社营销中心调换
全国免费服务热线:400-6679-118　竭诚为您服务
版权所有　侵权必究

前言
Preface

在我们的日常生活中,风险无处不在。无论是企业的生产经营,还是家庭的投资理财都面临着各种各样的风险。因此,如何管理风险以达到规避风险成为投资者、企业和政府都关心的问题。要研究和处理这个问题,就必须掌握一些必要的投资学原理。

在金融投资领域,由于风险在很大程度上取决于个体心理感受后进行主体价值判断的概念,因此,在很长一段时间内,风险度量一直停留在非定量的主观判断阶段。1952 年 Markowitz 在 *Portfolio Selection* 一文中创建了证券组合理论,首次提出了证券风险的度量方法,即"均值-方差"法则,开创了度量投资风险的先河。自此,投资者可以进行风险的计算,这大大促进了证券市场的发展和投资者投资管理水平的提高。

一般认为,投资管理经历了三个发展阶段:投机阶段、职业化阶段和科学化阶段。在投机阶段,投资者不能进行风险的计算,也没有成熟的投资理论可循,投资所依赖的是直觉、经验和一些传统的投资理论,例如由道琼斯公司的创始人查尔斯·道和爱德华·琼斯提出的"道琼斯股价理论"和 1936 年由凯恩斯提出的"空中楼阁理论"。这些理论既缺乏坚实的理论基础,又缺乏充分的实践验证,不足以对投资管理产生重要的指导意义。

现代投资理论产生于投资管理的职业化阶段,即 20 世纪 50 年代。这时,经济学家开始进入证券研究领域,并把成熟的微观经济理论和数理统计知识引入证券投资领域,使投资管理向科学化方向迈进。尽管那时在投资学的许多领域都有一些突破性的进展,但一般认为投资学的主流变化,是复杂的数学模型被引入投资与证券市场领域。这一时期的代表成果是 Markowitz 的现代证券组合理论与 James Tobin 的一些研究工作,它们的产生直接受到运筹学的影响。1952 年,Markowitz 在他的博士论文 *Portfolio Selection* 中,利用统计学中的均值、方差工具,用价格波动的方差来表示风险,标在横坐标上;对应地,将资产的预期收益率标在纵坐标上,定量地刻画了一项投资的风险-收益关系,同时指出了投资风险按其性质可分为系统风险与非系统风险,通过合理构造证券组合——适当的分散化投资——可消除非系统风险。并通过矩阵分析,运用运筹学的一些方法给出了如何构造风险最小、收益最大的证券组合——均值-方差模型。它是第一次定量地系统研究投资行为,对投资学和金融学的理论与实践都产生了深远的影响。现在,任何人都可以在一台笔记本计算机上求解这类矩阵方程并得到相应的最优证券组合。Tobin 认为从投资者的效用函数(即 Von Neumann 预期效用函数)应当能够导出一组"风险-收益率"无差异曲线,他考虑的证券组合包含了风险为零的资产,由此导出一条投资的效率边界。这条边界与某条无差异曲线相切,得到均衡的投资行为。Tobin 的贡献在于他证明:当各种投资机会中包括现金储备时,那么风险规避型的投资者应当选择的最优证券组合总是包含一部分现金。

20 世纪 60 年代中期,William F. Sharp(1964)、John Lintner(1965)和 Jan Mossin(1966)发现的资本资产定价模型(Capital Asset Pricing Model,CAPM),研究了资产价格的均衡结构,成为测量证券风险的一个基础模型(即 β 值测量)。CAPM 阐述了在投资者都采用 Markowitz 的理论进行投资管理的条件下,市场价格均衡状态的形成,把证券的预期收益率与其风险之间的理论关系用一个简单的线性方程式表示出来。CAPM 在现实的测定证券组合绩效、证券估价、决定资本运算以及管理公共事业股票中,得到了广泛的运用。可以看出,这一时期金融理论与实践的发展有两个重要特点:其一,风险因素成为金融研究的核心;其二,描述处理风险因素的复杂数学模型开始为实际工作者所应用。

这些研究成果已经获得了 1990 年 Nobel 经济学奖。

1976 年,Stephen Ross 发表了著名的论文 *The arbitrage theory of capital asset pricing*,提供了证券风险测量的多维方法——套利定价理论(Arbitrage Pricing Theory,APT)。APT 是作为 CAPM 的替代物而问世的。CAPM 涉及对市场组合是否有效的验证,但这在实证上是不可行的。于是,针对 CAPM 的单因素模型,Ross 提出了目前被统称为 APT 的多因素模型来取代它。为此,Ross 构造了一个一般均衡模型,证明了各投资者持有的证券价值在市场组合中的份额越来越小时,每种证券的收益都可用若干个基本经济因素来一致近似地线性表示。后来人们发现,如果仅仅对各种证券定价的多因素模型作出解释,并不需要一般均衡框架,而只需要线性模型假设和"近似无套利假设":如果证券组合的风险越来越小,那么它的收益率就会越来越接近无风险收益率。这样,Ross 的 APT 就变得更加名副其实。从理论上说,Ross 在其 APT 的经典论文中更重要的贡献是提出了套利定价的一般原理。这个原理可表述为无套利假设等价于存在对未来不确定状态的某种等价概率测度,使得每一种证券对该等价概率测度的期望收益率都等于无风险证券的收益率。

20 世纪 70 年代以后,美国通货膨胀严重,市场利率不断上升,储蓄机构必须将利率提高到可能的水平才能吸引存款,然而他们却不能够提高已经发放出去的住房抵押贷款利率,对新发放的住房抵押贷款的高利率又限制了贷款的需求,使得储蓄机构无法通过提高贷款平均收益率来弥补吸收的高成本存款,利差收入在不断缩小,经营绩效也在不断恶化。为了改变上述经营困境,提高生存能力,储蓄信贷机构迫切需要通过业务创新来出售长期住房抵押贷款,调整资产负债结构,分散经营风险,在政府住房贷款机构的支持下,资产证券化应运而生。

以上工作构成了现代投资学的核心内容。

"他山之石,可以攻玉",本书的写作本着"洋为中用""学以致用"的理念,在力求反映以美国为代表的成熟证券市场上广泛应用的投资理论、投资方法及其最新理论研究成果的同时,立足于我国证券市场的现状,对国内的相关研究成果加以归纳整理,并用于指导国内市场的证券投资。这无疑对我国投资学的教学和科研都具有积极的推动作用,从而也使本书具有较高的学术和参考价值。

本书主要供高等院校经济类、管理类本科生、研究生(MBA)教学之用,也可以作为证券投资研究人员、企业财务管理人员、证券从业人员及个人投资者的参考读物。

由于作者的学识所限,书中可能出现不少的错漏和不足之处,仅由本人负责,并希望得到读者和同行专家的批评与指正。

屠新曙

2021年6月28日

于华南师范大学

目录
Contents

第一章 证券与证券市场 /1
- 第一节 投资环境 /1
- 第二节 资产类别与金融工具 /7
- 第三节 证券市场 /17
- 第四节 保证金账户 /30

第二章 证券的收益与风险 /38
- 第一节 证券收益 /38
- 第二节 证券的期望收益与风险 /47
- 第三节 证券组合的收益与风险 /51

第三章 证券组合分析 /61
- 第一节 结合线:两只风险证券的组合 /61
- 第二节 证券组合的最小方差集合 /66
- 第三节 证券组合的临界线 /75
- 第四节 无风险借贷下的证券组合 /84
- 第五节 证券组合的效用最大化 /98

第四章 资产定价理论 /116
- 第一节 资本资产定价模型(CAPM) /116
- 第二节 证券组合业绩评价 /125
- 第三节 因素模型 /129
- 第四节 套利定价理论(APT) /135

第五章　资产证券化 /141

- 第一节　抵押贷款与抵押担保证券 /141
- 第二节　抵押债券现金流分析 /148
- 第三节　资产证券化原理与流程 /152
- 第四节　MBS 与 ABS /162
- 第五节　资产证券化风险分析——提前偿付风险 /176
- 第六节　REITs /179

第六章　有效市场假说与行为金融学 /185

- 第一节　随机游走与有效市场假说 /185
- 第二节　有效市场假说的检验 /190
- 第三节　有效市场假说的争议 /197
- 第四节　技术分析与行为金融 /214
- 第五节　行为金融学的若干假定 /218

参考文献 /224

第一章
证券与证券市场

本章要点

1. 金融资产的类别和特点。
2. 市场参与者的分类。
3. 多层次资本市场的结构。
4. 融资融券的保证金计算。

第一节　投资环境

【案例 1-1】

比亚迪公司首次向社会公众公开发行人民币普通股 7900 万股,2020 年比亚迪公司又向投资者公开发行 20 亿元的 5 年期公司债券,为什么比亚迪既要发行股票又要发行债券呢?

【案例 1-2】

大连商品交易所目前的期货合约包括玉米期货、豆油期货、生猪期货、鸡蛋期货、铁矿石期货、焦煤期货、聚乙烯期货等,期权合约包括豆粕期权、铁矿石期权、液化石油气期权等,这些期货、期权产品相比于传统的股票和债券又有什么作用呢?

投资是指在当前时期投入资金或者其他资源并在未来获得收益的一种行为。例如:股民购买股票并持有以期望股票未来的收益能够补偿这项投资相应的货币时间价值和风险。

投资行为具有两个特征——时间和风险，即投入在当期发生，是确定的，而收益在未来才可以得到，且其在数量上是不确定的，即收益也可能是负值，所以说，投资行为是有风险的。投资行为的共性就是投资者放弃现在有价值的东西以期望在未来获益。

一、实物资产与金融资产

一个社会的物质财富最终取决于该社会的生产能力。这种生产能力是社会中实物资产的函数。实物资产正是在经济生活中为生产产品和提供服务而形成的资产，包括土地、建筑物、知识、机器设备和技术工人等。而金融资产是指单位或者个人所拥有的以价值形态存在的资产，是一切可以在金融市场上进行交易的、具有现实价格和未来估价的金融工具的总称，包括股票、债券、基金及其他金融衍生品。

实物资产是用于生产产品和劳务的资产，是创造财富和收入的资产，能为经济创造净利润。而金融资产是收入或财富在投资者之间的配置凭证，它并不是社会财富的代表，不能直接增加一个经济体的生产能力。金融资产是对实物资产所创造收入的索取权。

针对这两种类型的资产，我们可以将投资分为实物投资和金融投资，其区别如表1-1所示。

表1-1 实物投资和金融投资的区别

项目	实物投资	金融投资
投资主体	直接投资者（资金需求者）	间接投资者（资金供给者）
投资对象	实物资产	金融资产
投资目的	从事生产经营活动，获取经营利润	获取金融资产的增值收益

当投资者进行金融资产投资时，他们可以购买企业发行的证券，而企业则可以用筹集到的资金来购买实物资产以保证生产活动的顺利进行。因此，投资者投资证券所获得的收益最终来源于企业利用发行证券所筹集到的资金来购买实物资产并投入生产活动过程中所产生的利润。实物投资是传统经济的主要投资方式，而金融投资是现代经济的主要投资方式，金融投资发展的同时也促进了实物投资的发展。因此，总的来说，这两种投资形式是相辅相成的，而不是相互竞争的。

二、金融资产

金融资产通常可以分为三类：固定收益型、权益型和衍生金融资产。

固定收益型金融资产，即债券，是指发行主体向债权人承诺支付一系列固定的现金流，或按某一特定公式计算现金流的有价证券。例如，公司债券是指公司向债券持有者承诺每年支付固定的利息收入，而浮动利率债券是指发行主体向债券持有者承诺支付的利息收入会随市场利率的变化而变化。除非债券发行主体宣告破产，否则债券持有者将获得固定收益或按某一特定公式计算的收益，因此，固定收益类金融资产的收益受发行方财务状况的影响很小。固定收益类金融资产的期限和支付条款多种多样。在货币市场中交易的债券具有期限短、流动性强和风险小的特点，如短期国债和央行票据。而资本市场则以长期债券交易为主，如长期国债、地方政府债券和公司发行的债券。其中，长期国债违约风险较低相对比较安全,而高收益债券的风险相对较高。

与债券不同的是,普通股或权益型金融资产代表了证券持有者对公司的所有权。权益型证券的发行者并不用向证券的持有者承诺任何特定收益,但证券持有者可以获得公司分配的股利,并按照相应的比例拥有对公司实物资产的所有权。若公司业绩好,权益价值就会上升;若是公司经营失败,权益价值就会下降。因此,权益投资收益与公司成败密切相关,相应地,权益型金融资产的风险比债券的风险大。如案例1-1中比亚迪公司通过发行股票和债券两种方式进行融资,可以降低融资成本,达到经营利润最大化。

衍生金融资产也叫金融衍生工具、金融衍生产品(金融衍生品),是与基础金融产品(股票、债券等)相对应的概念,指建立在基础资产之上,其价格随基础金融产品的价格而变动的派生的金融产品。最常见的金融衍生品有期货合约、期权、远期合约等。

衍生金融资产已经成为投资环境中不可或缺的一部分,规避风险是金融衍生品最主要的用途之一,投资者可以利用金融衍生品进行风险转移。如案例1-2中的铁矿石期货就是为投资者规避铁矿石价格波动风险而产生的。在金融市场中利用衍生证券规避风险的现象非常普遍,各种衍生金融资产每日的交易额可达上万亿美元。但衍生证券产生了大量高风险的投机活动,一旦投机失利,就会引发巨额损失甚至是市场的剧烈波动。

三、金融市场与经济

实物资产决定经济中的净财富,而金融资产仅代表了人们对实物资产的索取权。然而,金融资产和交易金融资产的金融市场在发达经济中起到至关重要的作用。正是金融资产的存在才使得我们可以创造经济中大部分的实物资产。

(一)金融市场的信息作用

股票价格反映了投资者对公司当前业绩和未来前景的综合评价。当市场对公司持乐观态度时,股价上涨。此时,公司更容易筹得资金,投资更加活跃。在市场经济中,证券价格通过在资本配置中发挥着主要作用引导资本流向最具有增长潜力的企业和领域。

但通过金融市场来配置资本的过程有时候是无效的。当市场出现泡沫时,出现经济过热现象,股价大涨,大量资金涌入;而当泡沫破灭时,股价下跌,资金快速流出。这种配置过程将导致资源的严重浪费。因此,金融市场中包含着大量的信息,具有信息传导的作用。

(二)消费时机

在经济社会中,有些人出现某些时期收入比消费多,而某些时期消费比收入多的情况。而如何将购买力从高收入时期转移到低收入时期,实现资金的有效配置呢?这时,金融资产就发挥了巨大的作用。在高收入时期,居民可以通过购买金融资产来"储存"财富,例如将储蓄投资于股票、债券等金融资产,然后再在低收入时期出售这些金融资产以供消费。通过证券投资的过程,居民就可以调整一生的消费时机以获得最大的效用。因此,金融市场可以使人们的现实消费与现实收入相分离。

(三)风险分配

事实上,所有实物资产投资都有一定的风险。当比亚迪汽车公司投资建造工厂时,所有人都无法准确预料这些工厂未来可以产生的现金流。金融市场以及在金融市场上交易的各种金融工具可以使风险偏好者承担风险,使风险厌恶者规避风险。例如,比亚迪汽车公司可以通过向公众发行股票和债券来筹集资金,随后资金用于工厂建造。此时,风险承受能力较强的投资者就会购买股票,而保守的投资者则会购买债券。因为债券承诺了固定的收益,风险较小;而股票持有者需要承担比较大的经营风险,同时也会获得更高的潜在收益。这样金融市场就把投资风险转移给了愿意承担风险的投资者。

这种风险分配方式对于有资金需求的公司而言是有利的。当投资者可以选择满足自身特定风险和收益偏好的证券时,每种证券都可以以最合适的价格出售,这加速了实物资产证券化的进程。

(四) 所有权与经营权相分离

工业革命前最常见的一种企业组织形式是企业的所有权和经营权都归属于一个人,然而在经济全球化和生产规模化迅速发展的今天,企业对规模和资本的需求也在急剧增加。例如,比亚迪公司的资产负债表显示其2020年度的房地产、厂房和机器设备的总价值约为545亿元,资产总额约为2000亿元。规模如此大的企业不可能简单地以业主经营的形式存在。实际上,比亚迪公司拥有20多万个股东,每个股东对公司的所有权与他们所持有的的股份成比例。

这20万股东显然不可能全部参与到公司的日常管理中。事实上,股东们共同选举产生一个董事会,再由董事会负责聘请公司的管理层并对其进行监督。这种结构意味着公司的所有者和经营者是不同的人,从而使公司获得了在业主经营模式下无法获得的稳定性。如果股东不想继续持有公司的股份,他们可以将股份进行出售,这样并不会影响公司的管理。因此,在金融市场上买卖金融资产的能力使所有权和经营权很容易分离开来。

四、市场参与者

整个金融市场主要有三类参与者。

(1) 家庭。家庭通常是净储蓄者,他们购买那些有资金需求的公司所发行的证券。

(2) 政府。政府是金融市场的最大的资金需求者。当政府有资金需求时,可以通过发行短期国库券、票据和政府债券向市场筹集资金。政府除了是市场中最大的交易主体之外,还是市场的监督者和调节者。

(3) 公司。公司是净借款人,他们筹集资金并将其投资于厂房和购买机器设备,这些实物资产所产生的收益用于向公司证券的持有者支付回报。

公司和政府并不会将全部或大部分证券直接出售给个人。市场中大部分股票由大型金融机构所持有,这些金融机构处于证券发行者和个人投资者之间,因此被称为金融中介。同样地,公司不会直接向公众推销证券,而是聘请代理人,即投资银行与公众接洽。金融中介和投资银行是公司中主要的参与者。

(一) 金融中介

家庭希望用储蓄进行有价值的投资,但大多数家庭的资产规模过小,进行直接投资不容易,资金供给者很难找到具有相同金额的资金需求者,同时,个人投资者也没有能力评估借款人的信用风险并对其进行监督。

在这种情况下,金融中介应运而生,成为连接借款人和投资者的桥梁。金融中介包括银行、证券公司、保险公司等。这些金融机构通过发行证券筹集资金以购买其他公司发行的证券。

例如,银行将储蓄者的存款贷给其他借款人,存款利率和贷款利率的息差就成为银行利润的主要来源,在这个过程中,借款人与投资者无须直接联系,银行从中起到了中介的作用。当借款人和投资者各自独立寻找共同的中介时,借贷双方的资金匹配问题也随之解决。

金融中介区别于其他商业机构的特点主要在于其资产和负债大多数是金融性的,其资产构成包含极少数的实物资产,而非金融公司的资产构成大部分是实物资产。导致这种差距的原因在于金融中介仅仅将资金从一个部门(家庭)转移到另一个部门(企业)。

其他类型的金融中介还包括证券公司、保险公司等。这些机构在发挥中介职能时具有以下优点:第一,通过聚集小投资者的资金可以为大客户提供贷款;第二,通过向众多客户贷款可以分散风险,因而可以提供单笔风险很高的贷款;第三,通过大量业务来储备专业知识,并利用规模经济和范围经济来评估、监控风险。总的来说,金融中介具有以下功能。

1. 期限中介

金融中介通过吸收存款或者发行金融工具、提供各种金融服务,从不同部门获取不同规模、不同期限的资金,通过专业化运作,将资金提供给对规模、期限存在不同要求的需求者,促进储蓄向投资转化。金融中介的期限中介功能主要表现在两个方面:第一,金融中介可以灵活吸收各种期限的闲置资金,满足不同期限需求的资金需求者。通常情况下是将短期的闲置资金转换为长期的资金供给,实现资金的跨期配置;第二,金融中介吸收各种规模的资金,通过整合,为资金需求者提供要求数量规模的资金,实现资金在数量规模上的配置。银行的存贷款业务最能体现期限中介功能,实现资金由短期、小额向长期、大额的调配。

2. 分散风险

在金融全球化与自由化快速发展的现代经济体系中,虽然资金的融通能力、收益率得到了前所未有的提高,但融资过程中投资者所承担的金融风险也进一步升级。在资金的融通中,资金供给者需要承担的风险包括信用风险、利率风险、汇率风险、流动性风险、通货膨胀风险、汇兑风险等。这些风险的存在会降低资金供给者的预期收益,阻碍资金从储蓄者流向资金需求者。因此,分散或者降低金融风险是对投资者收益和经济发展有利的行为。

金融中介进行的风险分散化比个体投资者更具优势。首先,个体投资者由于资金有限难以通过分散化投资来降低风险,即使可以通过投资于不同的资产分散风险,也很难达到金融中介的那种成本效益。金融中介分散化投资过程中的成本效益就是金融中介的作用之一。其次,个体投资者更愿意选择金融中介来分散金融风险。金融中介运用自身的技术与经验,对可能遭受的金融风险进行转移和分散,将高风险的金融资产转化为低风险的金融资产,获得规模经济,在降低金融风险的同时保证了投资者资金的价值增值。

3. 降低交易成本和信息处理成本

交易费用和信息不对称的存在可能会增加流动性风险。投资者或者借贷者在进行投资或者借出资金之前需要获得与交易有关的真实、完整的信息,这样才能做出正确的判断,资金的融通才能得以顺利进行。资金供给者收集、甄别、分析和评估与交易相关的信息需要花费大量的时间和费用。交易完成之前的谈判、合同拟定、签约等环节也需要花费大量的时间与费用。而资金需求者同样花费大量的时间与费用来寻找资金供给者。所以在没有金融中介存在的情况下,投融资的交易成本是巨大的。金融中介可以利用自身的规模经营和专业化运作优势,为投融资双方提供资金融通的同时,降低交易的单位成本。

除了降低交易成本之外,金融中介还有改善信息不对称的功能。虽然现代金融系统中存在保护资金供给者的严格的信息披露法规和先进的信息传递组织与技术,但仍不能保证市场上信息完全正确和完整,不能保证资金供给者与获得者在进行相关投融资交易时在时间上或者内容上拥有完全相同的信息,因而仍会产生信息不对称问题。信息不对称直接导致逆向选择和道德风险问题,会增加资金供给者的风险,妨碍其做出正确选择,也会增加事后的监管成本。金融中介却具有专业的信息筛选能力,在提供服务的过程中具有获取和收集信息的便利条件,在信息处理和监管成本上更具有规模经济效益。由于金融中介更全面地掌握交易者的信息,并且在信息处理方面具有优势,这样就能改善信息交易双方的信息不对称问题,增强资金供给者的正确选择能力,促进资金融通。

(二)投资银行

规模经济和专业化为金融中介创造了获利机会,同时它们也为那些向企业提供专门服务的公司带来了盈利机会。公司大部分资金都是通过向公众发行证券来筹集的,但这样存在效率低下的问题。专门从事此类业务的投资银行可以以低成本向公司提供这项业务。在这个过程中,投资银行被称为承销商。投资银行在证券发行价格、利率等方面为公司提供建议。最后再由投资银行负责证券以及在市场销售,随后投资者可以在二级市场买卖一级市场发行的证券。

(三)风险投资与私募股权

虽然大型公司在投资银行的帮助下可以直接从股票和债券市场筹集资金,但那些尚未公开发行证券、规模较小、成立时间不长的公司就难以有此选择。初创公司唯有依赖银行贷款或吸引那些愿意获取该公司所有权份额的股权投资者。这种投资于早期阶段的股权投资被称为风险投资。风险投资来源于专门的风险投资基金及天使投资人。

大多数风险投资基金采取有限合伙的组织形式。基金管理人以自有资金和从其他有限合伙人处筹集的资金投资。风险投资基金的投向多种多样。基金管理人往往会向被投公司的董事会派驻成员代表以帮助投资公司招聘高级经理、提供经营建议。风险投资基金会收取管理费以监管投资。一段时期后,基金会被清算,收益分配给投资者。

风险投资人通常在初创公司的日常管理中发挥积极作用,但积极的投资人更多地会专注于陷入财务危机的公司或者通过收购,进而业绩整改,后期再卖出获利。总体来说,聚集于非上市公司的股权投资通常被称为私募股权投资。

第二节 资产类别与金融工具

【案例1-3】

2021年4月9日发行的一年期国债利率为2.5914%,若小王花费100万元购买一年期国债,则持有债券到期时可以获得多少收益?

【案例1-4】

2015年6月至8月我国资本市场发生了异常波动,A股市场经过两轮断崖式下跌,上证指数在短短的53个交易日从5178.19点跌至2850.71点,跌幅超过45%,沪深两市总市值蒸发了约33万亿元,其间多次出现"千股跌停"的奇观,那么5178.19点是代表什么含义呢?

一般来说,投资者对一定财产或财富的权利以及行使这些权利的条件是以一纸凭证为代表的。这一纸财产权利的证明被称为证券,即金融资产,它可以被转让给另一位投资者,凭证上的权利与义务随之转移。从传统经济时代的当票到19世纪的债券,从20世纪初的股票到20世纪下半叶的期货和期权,等等,都是证券。因此,证券可被解释为在规定的条件下取得未来收益的权利的法定代表。

证券具有三个特征:流动性、风险性和收益性。

(1)流动性。证券可以方便地从一位投资者手中转移到另一位投资者手中,而且这种转移是没有准确的目标,并且是不定时的。

(2)风险性。证券投资是有可能带来财产损失的投资。在投资过程中,附着在证券上的财富可能会因为各种原因而贬值,造成证券持有者的财产损失。

(3)收益性。投资证券的目的是获得收益。在投资过程中,附着在证券上的财富可能会升值,给证券持有者带来相当可观的收益。

根据凭证上合约的不同性质,可将证券分为债券和股票。根据期限的长短,可将证券分为货币市场证券和资本市场证券。货币市场证券有1年期国库券,商业票据等;资本市场证券有股票、政府公债、债券等。根据证券发展的先后顺序,可将证券分为基础证券和衍生证券,债、股票和基金券都是基础证券,而期货和期权则是衍生证券。

大多数证券交易是由两种主要原因产生的。一方面,投资者可能认为某一证券被错误地定价了,任何有此感觉的人都会认为他持有市场上一般人没有的信息,这种人被称为信息驱动交易者;另一方面,投资者可能仅仅是想卖掉一些股票以便买一些东西(如汽车、住宅等),或用新获得的钱(如遗产继承、中奖等)来买一些证券,这类人被称为流动性驱动交易者。交易商必须使买卖价差大到足以限制交易者有绝对优势信息的交易,又要低到能吸引足够多的流动性驱动交易。

一、股票

股票是投资者向公司提供资本的权益合同,代表股东对股份公司的部分所有权,股票证书就是这种股份资本所有权的凭证。股票只是现实资本的纸制复本,它本身没有价值,但它作为股本所有权的证书,代表着取得一定收益的权利,因此具有价值,可以作为商品转让。理论上说,持有一股股票的投资者在该股票所代表的公司股东大会上享有一票表决权,但在实际操作过程中很难做到。总体上股票带来的收益要比债券大,但其风险也比债券大。例如,在1987年10月19日的美国股市大崩溃中,股市总价值在一天之内就下跌20%。

股票持有者对公司的所有权是一种剩余权益,即股东所得到的权益是公司的债权人权益得到满足后所剩余的权益。正是由于这种特点,股票没有偿还期。也就是说,股票没有规定公司必须赎回它们的日期,这一点与债券不同。若你持有股票,且希望卖掉,你必须找到一个愿意购买的人。并且,只有当公司的其他债务都偿还完之后,才能给股东派发股利,股东以股利或资本利得的形式,或是同时以这两种方式来获得收益。公司一般不会把它所有的盈余都用于支付股利,而常常保留一部分盈利用来再投资其他项目,进而增加公司的价值。

在有现金红利的股票投资中,有几个与股息相关的重要日期。股息一般按季派发。在宣布日,董事会宣布在股票登记日当天,在公司的股权转移账簿上登记的股东可以得到股利。在登记日,股东必须实际持有股票,这样才能得到股利。股权登记日通常在宣布日之后的几个星期。除息日是在股权登记日的第二天,这一天购入该公司股票的股东不可以享有公司上次的股利。付息日,是指公司实际派发股利的日期。

普通股是在优先股要求权得到满足之后才参与公司利润和资产分配的股票合同,它代表着最终的剩余索取权。普通股的价格受公司的经营状况、经济政治环境、心理因素、供求关系等诸多因素的影响,其波动没有范围限制。根据其风险特征,普通股可分成蓝筹股、成长股、收入股、周期股、防守股、概念股和投机股,等等。

普通股持有人的权利分为以下四点。

(1) 持有普通股的股东有权获得股利,但必须是在公司支付了债息之后才能分得。普通股的股利是不固定的,一般视公司净利润的多少而定。当公司经营有方,利润不断递增时普通股能比优先股多分得股利,股利率甚至可以超过50%;但如果赶上公司经营不善的年头,也可能一分钱也得不到,甚至可能连本都赔掉。

(2) 当公司因破产或结业而进行清算时,普通股东有权分得公司剩余资产,但普通股东必须在公司的债权人之后才能分得财产,财产多时多分,少时少分,没有时只能作罢。由此可见,普通股东与公司的命运息息相关,荣辱与共。当公司获得暴利时,普通股东是主要的受益者;当公司亏损时,他们又是主要的受损者。

(3) 普通股东一般拥有发言权和表决权,即有权就公司重大问题进行发言和投票表决。普通股东持有一股便拥有一股的投票权,持有两股便有两股的投票权。任何普通股东都有资格参加公司的最高级会议,即一年一次的股东大会,如果不愿意参加,则可以委托代理人来行使其投票权。

(4) 普通股东一般具有优先认股权,即当公司增发新普通股时,现有股东有权优先购买新发行的股票,以保持其对企业所有权的原百分比不变,从而维持其在公司中的权益。在发行新股票时,具有优先认股权的股东既可以行使其优先认股权,认购新增发的股票,也可以出售、转让其认股权。如果股东认为购买新股无利可图,而转让或出售认股权又比较困难或获利甚微时,也可以听任优先认股权过期而失效。

股份有限公司根据有关法规的规定以及筹资和投资者的需要,可以发行不同种类的普通股。具体有以下几种分类。

(1) 按股票有无记名,可分为记名股和不记名股。

记名股是在股票票面上记载股东姓名或名称的股票。这种股票除了股票上所记载的股东外,其他人不得行使其股权,且股份的转让有严格的法律程序与手续,须办理过户。《中华人民共和国公司法》(简称《公司法》)规定,向发起人、国家授权投资的机构、法人发行的股票,应为记名股。

不记名股是票面上不记载股东姓名或名称的股票。这类股票的持有人即股份的所有人,具有股东资格,股票的转让也比较自由、方便,原持有者只要向受让人交付股票便发生转让的法律效力,受让人取得股东资格不需要办理过户手续。

(2) 按股票是否标明金额,可分为面值股票和无面值股票。

面值股票是在票面上标有一定金额的股票。持有这种股票的股东,对公司享有的权利和义务大小,依其所持有的股票票面金额占公司发行在外的股票总面值的比例而定。

无面值股票是指不在票面上标出金额,只载明所占公司股本总额的比例或股份数的股票。无面值股票的价值随公司财产的增减而变动,而股东对公司享有的权利和承担义务的大小,直接依股票表明的比例而定。2012年,《公司法》规定不承认无面值股票,规定股票应记载股票的面额,并且其发行价格不得低于票面金额。

(3) 按投资主体的不同,可分为国家股、法人股、个人股等。

国家股是有权代表国家投资的部分或机构以国有资产向公司投资而形成的股份。

法人股是企业法人依法以其可支配的财产向公司投资而形成的股份,或具有法人资格的事业单位和社会团体以国家允许用于经营的资产向公司投资而形成的股份。

个人股是社会个人或公司内部职工以个人合法财产投入公司而形成的股份。

(4) 按发行对象和上市地区的不同,可分为 A 股、B 股、H 股和 N 股等。

A 股是供中国大陆地区个人或法人买卖的,以人民币标明票面金额并以人民币认购和交易的股票。

B 股、H 股、N 股是专供中国港澳台地区投资者买卖的,以人民币标明票面金额但以外币认购和交易的股票。其中,B 股在上海、深圳上市;H 股在香港上市;N 股在纽约上市。

二、债券

债券是投资者向政府、公司或金融机构提供资金的债权债务合同,该合同载明发行者在指定日期支付利息并在到期日偿还本金的承诺,其要素包括期限、面值与利息、税前支付利息、求偿、限制性条款、抵押与担保及选择权(如赎回与转换条款)。因此,债券是一种有期限的金融契约。债券的发行者将定期向债券购买者支付利息,并在债券到期时偿付本金。债券在本质上是发行者的负债凭证,它反映了筹资者与投资者之间的债务债权关系。持有债券并不拥有发行债券的公司的所有权。例如,持有1年期国库券的投资者仅有定期获得利息和到期收回本金的权利。如案例1-3中小王购买了100万元一年期国债,持有到期后,其可获取25910元的利息收入。大多数债券都是固定收益债券,即在债券的有效期内,规定的偿付数额不变。但也有一些债券能带来可变的收入,这类债券被称为浮动利率债券,它们的发行人有义务在特定日期支付给持有人一定量的资金。

债券有三个主要的特征:第一,它们一般是由公司或政府发行的证券;第二,它们通常定期支付固定利息,称为息票付款,同时也存在一些利息变化的债券,这些债券的利息支付随着市场利率的变化而变化;第三,发行者到期时偿还票面价值。

对投资者来说,债券主要有两个优点:第一,投资风险小,除非发行公司违约,否则不会有巨额损失的风险;第二,在公司破产时,公司的债券持有人优先于股东获得补偿。但债券也有两个主要的缺点:第一,债券的价格对利率的变化很敏感,利率变化越大,债券潜在的风险和收益也越大;第二,潜在的收益是有限的。

债券的种类繁多,按发行主体不同可分为政府债券、公司债券和金融债券三大类。

政府债券是指中央政府、政府机构和地方政府发行的债券,它以政府的信誉作保证,因而通常无须抵押品,其风险在各种投资工具中是最小的。包括中央政府债券、政府机构债券和地方政府债券。

公司债券是公司为筹措营运资本而发行的债券,通常可分为以下几类:按抵押担保状况分为信用债券、抵押债券、担保信托债券和设备信托证;按利率可分为固定利率债券、浮动利率债券、指数债券和零息债券;按内含选择权可分成可赎回债券、偿还基金债券、可转换债券和带认股权证的债券。

金融债券是银行等金融机构为筹集信贷资金而发行的债券。在西方国家,由于金融机构大多属于股份公司组织,故金融债券可纳入公司债券的范围。金融债券的信用风险通常比公司债券低。

另外,债券还可分为货币市场债券和资本市场债券两大类。货币市场债券包括国库券、商业票据、银行承兑汇票、可转让定期存单、回购协议等,它们的期限在一年或一年以下。期限在一年以上的债券称为资本市场债券,包括中长期国债、地方政府债券、公司债券等。

三、基金

债券和股票都是个别证券,在通常情况下,投资者不会仅投资于一种证券,而是同时投资于由不同的证券构成的多样化的投资组合,以减少整体投资风险。当投资者缺乏足够的资金进行分散投资,或是没有足够的时间管理一个多样化的投资组合时,可以选择投资于某一种封闭型基金或投资于共同基金。发放这些基金的基金公司将会替投资者有效地管理多样化的投资组合。事实上,当投资者投资于基金时,就相当于购买了该多样化投资组合的一部分。基金本质上是股票、债券及其他证券投资的机构化,不仅有利于克服个人分散投资的种种困难,而且成为个人投资者分散投资风险的最佳选择,从而极大地推动了资本市场的发展。

基金也是一种证券,发行者通过发行基金的收益凭证——基金券(基金股份或收益凭证),募集社会公众投资者的零星资金,并委托具有专业知识和经验的专家进行管理操作,依据分散投资原则,投资于股票、债券等各种有价证券,再将投资收益按投资于基金的份额分配给基金投资者,而投资机构本身则作为资金管理者获得服务费用。因此,基金既是投资主体,参与证券投资,聚集资金投资于各种有价证券,又提供投资客体,发行供投资者选择的基金券,更是专业投资中介机构,成为连接社会公众投资者与筹资者的桥梁。基金具有以下几个特点:规模经营——低成本,分散投资——低风险,专家管理——提供更多的投资机会,服务专业化——方便快捷。

基金按组织形式划分为公司型基金和契约型基金两类。公司型基金又分为封闭型基金和开放型基金,开放型基金有时被称为共同基金。根据投资目标,基金可分为收入型基金、成长型基金和平衡型基金。根据地域不同,基金可分为国内基金、国际基金、离岸基金和海外基金。按投资对象细分,基金又可分为股票型基金、债券型基金、货币型基金、混合型基金、衍生基金和杠杆基金、对冲基金与套利基金、雨伞基金及基金中的基金等八种。

四、股票市场指数与债券市场指数

股票市场指数是为度量和反映股票市场总体价格水平及其变动趋势而编制的股价统计相对数。股票市场指数就是用以反映整个股票市场上各种股票市场价格的总体水平及其变动情况的指标,简称为股票指数。它是由证券交易所或金融服务机构编制的表明股票行市变动的一种供参考的指示数字。通常是报告期的股票平均价格或股票市值与选定的基期股票平均价格或股票市值相比,并将两者的比值乘以基期的指数值,即为该报告期的股票价格指数。当股票价格指数上升时,表明股票的平均价格水平上涨;当股票价格指数下跌时,表明股票的平均价格水平下降;是灵敏反映市场所在国(或地区)社会、政治、经济变化状况的晴雨表。股票市场指数的计算公式如下:

$$SPI = \frac{\sum P_t \cdot E_t}{\sum P_0 \cdot E_0}$$

其中,P_t为报告期样本股的价格,E_t为报告期样本股的总股本,P_0为基期样本股的价格,E_0为基期样本股的总股本。

如案例1-4中5178.19点和2850.71点都是股票市场指数,反映了股票市场的情况。

我国股票市场指数通常指上证指数和深证成指。上证指数于1991年7月15日发布,该股票指数的样本包含在上海证券交易所上市的全部股票,以总股本为权重进行加权计算。而深证成指是由深圳证券交易所编制的股票指数,选取在深圳证券交易所上市的500家公司作为样本股,以自由流通股数作为权数进行计算。

国际市场上主要的股票市场指数有道琼斯工业指数、标准普尔指数,香港恒生指数等。

债券市场指数与股票市场指数类似,是度量债券市场价格总体走势的指标体系,其数值反映了当前市场的平均价格相对于基期市场平均价格的位置。我国主要的债券指数有中证全债指数、中证国债指数、中证金融债指数、中证企业债指数、上证国债指数、上证企业债指数、中国债券指数。一般来说,债券市场指数选取剩余期限在一年以上的债券作为样本

债券,以样本债券的发行量作为权数,采用派许加权综合价格指数公式计算,计算公式如下:

$$BI_t = \frac{\sum_{i=1}^{n}(P_{it} + AI_{it}) \cdot Q_{it}}{\sum_{i=1}^{n}(P_{i0} + AI_{i0}) \cdot Q_{i0}} \cdot BI_0$$

其中,P_{it}为报告期债券价格,AI_{it}为报告期债券的应计利息,Q_{it}为报告期债券的发行量,P_{i0}为基期的债券价格,AI_{i0}为基期债券的应计利息,Q_{i0}为基期债券的发行量,BI_0为基期指数。

五、衍生工具

衍生工具,也称为衍生证券,是一种其价值依赖于其他基本标的变量的证券,所谓基本标的变量是指可交易证券的价格。比如股票期权是一种衍生证券,其价值依赖于股票的价格。在资本市场上交易的远期合约、期货合约、期权、互换、认股权证等都是衍生工具。

(一) 远期合约

远期合约是一种简单的衍生证券,是指在将来某个确定的时间按确定的价格购买或出售某项资产的协议。通常是两个金融机构或金融机构与其公司客户达成协议,并不在规范的交易所内交易。

当远期合约的一方同意在将来某个确定的日期以某个确定的价格购买标的资产时,我们称这一方为多头。另一方同意在同样的日期按同样的价格出售该标的资产,我们称这一方为空头。远期合约中规定的特定价格称为交割价格,合约规定的特定日期称为到期日。

远期合约在到期日交割,空头的持有者将标的资产交付给多头的持有者,多头向空头支付等于交割价格的现金。决定远期合约价格的关键变量是标的资产的市场价格。所以在合约签署时,所选择的交割价格应该使得远期合约的价值对双方都为零。合约签署之后,远期合约可能具有正的或负的价值,这取决于标的资产的价格变动。例如,如果合约签署之后不久该标的资产价格下跌很快,那么远期合约空头的价值变为正值而多头的价值变为负值。

(二) 期货合约

像远期合约一样,期货合约的持有者必须在将来某一特定的日期(到期日)按某一特定的价格(交割价格)购买或出售某一特定资产或商品。与远期合约不同的是,期货合约通常在规范的交易所内进行交易。为了使交易能够顺利进行,交易所详细规定了期货合约的标准化条款。另外,期货合约并不总是指定确切的交割日期,它是按交割月份划分的,由交易所指定交割月中必须交割的交割期限。

对于期货合约来说,其合约价格每天都在变化,以便使得合约每天的市场价值均为零,这一过程被称为"盯市"。为了说明这一过程的操作原理,我们举一个例子。假设6月1日,某投资者买入一份9月份到期的小麦期货合约,协议价格为\$10/蒲式耳。如果6月2日,该小麦期货合约的价格上涨为\$11/蒲式耳,则该投资者每蒲式耳将盈利\$1;但如果6

月2日,该小麦期货合约的价格下跌为$9/蒲式耳,则该投资者每蒲式耳将损失$1。这一过程每天都在重复进行,即为"盯市"。

期货合约的标的资产可以为普通的商品如黄金、白银、石油、有色金属、农产品等,也可以是不同的金融资产,如国库券、长期国债、股票市场指数等。

远期和期货合约与期权合约的一个显著区别就是:其持有者并不具有买或卖的选择权,而只有按合约进行买或卖的义务。另外,投资者购买期权合约必须支付期权费,而签署远期和期货合约时的成本为零。

（三）期权

期权持有者有权在某一特定的日期（或该日期之前）按某一特定的价格购买或出售某一特定的资产。期权的标的资产有股票、外汇、国债、股票指数、商品合约、期货合约,等等。

期权有两种基本类型:看涨期权和看跌期权。它们不是由上市公司直接发行,而主要由个体投资者签订或出售,其净供给等于零。看涨期权的持有者有权按某一特定的价格购买标的资产,看跌期权的持有者有权按某一特定的价格出售标的资产。随着标的资产价格的上升,该标的资产看涨期权的价格也将上升,而该标的资产看跌期权的价格则会下降。如果标的资产价格下降,则情况与此恰好相反。

期权合约中的价格被称为交割价格或执行价格,合约中的日期称为到期日或执行日。只能在到期日交割标的资产的期权合约称为欧式期权,可以在到期日之前进行标的资产交割的期权合约称为美式期权。期权赋予其持有者做某件事情的权利,而持有者并不一定必须行使该权利。

（四）互换

互换是比较优势理论在金融市场中的应用。互换是两个公司之间私下达成的协议,以按照事先约定的公式在将来交换现金流。互换可被看作一系列远期合约的组合。互换为表外业务,可以逃避外汇管制、利率管制及税收限制。利用互换,可以管理资产负债组合中的利率风险和汇率风险,一方面可以降低筹资者的融资成本或提高投资者的资产收益,另一方面能够促进全球金融市场的一体化。

互换可分为利率互换和货币互换两种基本形式。利率互换是指双方同意在未来的一定期限内根据同种货币的同样的名义本金交换现金流,其中一方的现金流根据浮动利率计算,而另一方的现金流根据固定利率计算。从期限来看,利率互换的常见期限包括1年、2年、3年、4年、5年、7年与10年,30年与50年的互换也时有发生。表1-2给出了一个1年期的利率互换,这是国内首笔基于上海银行间同业拆放利率（SHIBOR）的标准利率互换。

2007年1月22日,花旗银行宣布与兴业银行于1月18日完成了中国国内银行间第一笔基于SHIBOR的标准利率互换。公开披露的协议细节如表1-2所示。

表 1-2　国内首笔基于 SHIBOR 的标准利率互换

期限	1 年
名义本金	未透露
固定利率支付方	兴业银行
固定利率	2.98%
浮动利率支付方	花旗银行
浮动利率	3 个月期 SHIBOR

利率互换是一种场外交易的金融产品,具体细节由双方商定,交易双方也没有披露的义务。但从已披露的协议内容来看,此次利率互换的基本设计是:从 2007 年 1 月 18 日起的一年内,花旗银行与兴业银行在每 3 个月计息期开始时就按照最新 3 个月期的 SHIBOR 确定当期的浮动利率,计息期末双方根据名义本金交换利息净额。按照业界的惯例,利率互换协议中通常会实现明确浮动利率确定日和现金流交换日,且固定利率和浮动利率的天数计算惯例通常有所不同。由于交易细节的不可得,同时为了集中说明利率互换的利息现金流交换本质,这里假设该协议的 4 个浮动利率确定日分别为 2007 年 1 月 18 日、4 月 18 日、7 月 18 日和 10 月 18 日,现金流交换日是浮动利率确定日之后的三个月(0.25 年)。表 1-3 给出了事后观察到的 4 次 3 个月期 SHIBOR 和兴业银行在此互换中的 4 次实际现金流。

表 1-3　兴业银行的现金流量表(每 1 元本金)

时点	3 个月期 SHIBOR	收到的浮动利息	支付的固定利息	净现金流
2007 年 1 月 18 日	2.8080%	—	—	—
2007 年 4 月 18 日	2.9049%	2.808%/4=0.702%	2.98%/4=0.745%	−0.00043
2007 年 7 月 18 日	3.1421%	2.9049%/4=0.726%	2.98%/4=0.745%	−0.00019
2007 年 10 月 18 日	3.8757%	3.1421%/4=0.786%	2.98%/4=0.745%	0.00041
2008 年 1 月 18 日	—	3.8757/4=0.969%	2.98%/4=0.745%	0.00224

下面再通过一个例子来分析互换双方是如何通过利率互换进行互利的。

例 1-1 A 公司是信用评级为 AAA 级的大型绩优公司,它的长期固定利率融资成本为年利率 7%,短期浮动利率融资成本为 LIBOR+0.4%。LIBOR 表示伦敦银行间同业拆借利率,为短期利率,它是大多数国际银行在伦敦市场对美元名义贷款互相支付的利率,通常用作浮动利率约定的参考利率。根据借款人的信用等级,利率可以在 LIBOR 至 LIBOR 加一个点或更多点的范围内变动。

B 公司为信用等级 BBB 级的中小型公司,它的固定利率融资成本为年利率 8.5%,浮动利率融资成本 LIBOR+0.7%。现在假设 A 公司具有与浮动利率相关的收益优势,希望以浮动利率支付其债务利息。而 B 公司则具有与固定利率相关的收益优势,希望以固定利率支付其债务利息。如果 A、B 两公司为配合其各自资产负债管理,即固定收益对固定负债,浮动收益对浮动利率。则 A 公司应该选择以浮动利率进行融资,而 B 公司应该选择以固定利率进行融资。

比较A、B两家公司的融资成本,见表1-4。A公司以固定利率融资,其成本可比B公司节省1.5%(8.5%-7%),但A公司如果以浮动利率融资时,其成本则只比B公司节省0.3%[LIBOR+0.7%-(LIBOR+0.4%)]。所以,A公司以长期固定利率融资有比较优势。相反地,B公司的比较优势在于以浮动利率融资。因为B公司以浮动利率融资时,只比A公司高出0.3%的成本,但如果以固定利率融资时,则比A公司高出1.5%。

表1-4 A、B两家公司的融资相对比较优势

项目	A公司	B公司	A与B公司的利差
信用评级	AAA	BBB	
固定利率筹资成本	7%	8.5%	1.5%
浮动利率筹资成本	LIBOR+0.4%	LIBOR+0.7%	0.3%
比较优势	固定利率方式	浮动利率方式	

表1-4表明,如果目前双方都以自己比较优势的融资方式进行融资,则它们不能很好地实现资产负债管理;如果双方按自己资产负债管理需要进行融资,则不能实现比较优势的融资方式进行融资。因此它们可以进行利率互换,以满足双方的支付融资利息的需要。即A公司与B公司都以各自的比较优势融资,A公司从市场上以7%的固定利率融资,B公司以LIBOR+0.7%的浮动利率方式融资。然后,双方进行利率互换,A公司以浮动利率与B公司的固定利率进行互换。如图1-1所示,A公司支付给B公司的浮动利率为LIBOR-0.4%,而B公司则支付给A公司7%的固定利率。

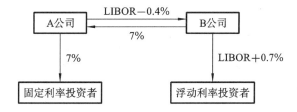

图1-1 利率互换中的比较优势

利用利率互换,A公司所需支付的融资成本为:支付固定利率融资成本7%,支付给B公司LIBOR-0.4%,再收到B公司的固定利率7%,这样,它的总融资成本为7%+LIBOR-0.4%-7%=LIBOR-0.4%,它比直接用浮动利率融资LIBOR+0.4%减少了0.8%。同样地,B公司的总融资成本为:LIBOR+0.7%+7%-(LIBOR-0.4%)=8.1%,它比直接用固定利率融资8.5%减少0.4%。这样,双方通过利率互换,都降低了各自的融资成本,实现了互利。表1-5总结了利率互换带给双方的收益。

表1-5 利率互换降低了双方的融资成本

公司	互换前融资成本	互换后融资成本	降低融资成本
A	浮动利率融资成本为LIBOR+0.4%	7%+(LIBOR-0.4%)-7%=LIBOR-0.4%	0.8%
B	固定利率融资成本为8.5%	(LIBOR+0.7%)+7%-(LIBOR-0.4%)=8.1%	0.4%

货币互换是将一种货币的本金和固定利息与另一货币的等价本金和固定利息进行交换。货币互换的主要原因是双方在各自国家中的金融市场上具有比较优势。在利率互换中通常无须交换本金,只需定期交换利息差额。而在货币互换中,期初和期末须按照约定的汇率交换不同货币的本金,其间还需定期交换不同货币的利息。

(五) 认股权证和认沽权证

认股权证是由股份有限公司发行的可认购其股票的一种买入期权。它赋予持有者在一定期限内以事先约定的价格购买发行公司一定股份的权利。对于筹资公司而言,发行认股权证是一种特殊的筹资手段。认股权证本身含有期权条款,其持有者在认购股份之前,对发行公司既不拥有债权也不拥有股权,而只是拥有股票认购权。尽管如此,发行公司可以通过发行认股权证筹得现金,还可用于公司成立时对承销商的一种补偿。

按照发行主体,认股权证分为股本认股权证和备兑权证两种。股本认股权证属于狭义的认股权证,是由上市公司发行的。备兑权证则属于广义认股权证,是由上市公司以外的第三方(一般为证券公司、银行等)发行的,不增加股份公司的股本。

广义上,认股权证通常是指由发行人所发行的附有特定条件的一种有价证券。从法律角度分析,认股权证本质上为一权利契约,投资人于支付权利金购得权证后,有权于某一特定期间或到期日,按约定的价格(行使价),认购一定数量的标的资产,如股票、股指、黄金、外汇或商品等。权证的交易实属一种期权的买卖。与所有期权一样,权证持有人在支付权利金后获得的是一种权利,而非义务,行使与否由权证持有人自主决定;而权证的发行人在权证持有人按规定提出履约要求之时,负有提供履约的义务,不得拒绝。简言之,权证是一项权利:投资人可于约定的期间或到期日,以约定的价格认购或沽出权证的标的资产。

就行使情况而言,认股权证可以分为欧式和美式认股证。美式认股证是指持有人在股证上市日至到期日期间任何时间均可行使其权利;欧式认股证是指持有人只可以在到期日当日行使其权利。然而,无论是欧式还是美式认股证,投资者都可在到期日前在市场上出售所持有的股证。事实上,只有小部分股证持有人会选择行使股证,大部分投资者均会在到期前沽出股证。

认沽权证是指持有人有权利在某段期间内以预先约定的价格向发行人出售特定数量的标的证券。权证发行人承诺在行权期内,认沽权证持有者可以按事先约定的价格把某个股票卖给权证发行人,权证发行人必须以事先约定的价格买入股票,权证持有人可卖出股票的数量由持有认沽权证的数量决定。

当股价高于行权价格时,认股权证投资者将从股价上涨中获得盈利,当股价低于或等于行权价格时,将损失认股权证的费用,认股权证投资者希望在股票上涨中获利。相反,认沽权证则是当股价低于行权价格时,从股价下降中获得收益,当股价高于或等于行权价格时,投资者将损失认沽权证的费用,认沽权证投资者希望做空股票从中获利。认沽权证的风险主要取决于正股未来的股价运行方向、时间值以及引申波幅等因素。对于认沽权证而言,最大的风险来自标的股票在未来出现大幅上涨而导致的权证价格下跌。

第三节 证券市场

【案例 1-5】

2018年11月5日习近平主席在首届中国国际进口博览会开幕式上宣布设立科创板,是独立于现有主板市场的新设板块,并在该板块内进行注册制试点。2019年6月13日科创板正式开板,并于同年7月22日科创板首批公司上市。

【案例 1-6】

2018年11月8日深圳证券交易所发布关于中弘控股股份有限公司终止上市的公告。2018年9月13日至2018年10月18日,中弘控股股份有限公司股票连续二十个交易日的每日收盘价均低于股票面值(1元),深交所按照《深圳证券交易所股票上市规则》对中弘控股股份有限公司实行退市摘牌处理。

根据市场的功能,证券市场可划分为证券发行市场和证券流通市场。证券发行市场是新发行证券首次问世的市场,又称为初级市场或一级市场。证券发行市场一方面为资金需求者提供筹集资金的场所,另一方面又为资金供给者提供投资及获取收益的机会,同时通过证券发行创造出新的金融工具,增加了有价证券的总量和社会投资总量,是实现资本职能转化的场所。证券流通市场是买卖已发行证券的市场,又称二级市场或交易市场。证券流通市场一方面为证券持有者在有现金需求时提供快捷方便地出售证券的机会,另一方面又为新的投资者提供投资机会,是促进证券流通、保障资金流动性的场所,是反映宏观经济的晴雨表。

证券市场的两个组成部分既有联系,又有区别,相互依存、相互制约,是一个不可分割的整体。证券发行市场是流通市场的基础和前提,有了发行市场的证券供应,才有流通市场的证券交易,证券发行的种类和数量决定着流通市场的规模。流通市场是证券发行市场得以持续扩大发行的必要条件,有了流通市场为证券的转让提供保证,才能使发行市场充满活力和弹性,为在发行市场里新发行的证券带来流动性。此外,流通市场的交易价格制约和影响着增发证券的发行价格,是证券继续发行时需要考虑的重要因素。一个功能完善的流通市场使得发行市场内的证券对购买者更具有吸引力。

一、发行市场

所有证券都在发行市场进行首次交易,并且发售证券所得的收入全部流入发行公司,新证券的发行者包括公司和政府机构。流通市场是已发行的证券在投资者中间进行交易的地方。当证券在流通市场上进行交易时,其发行公司不会获得任何资金。从历史上看,新发行证券在短期内往往是能够盈利的。为了吸引投资者,新证券往往低价发行,因此吸引投资者在一级市场购买证券可能产生超出平均水平的收益。

证券第一次在一级市场上交易称为首次公开发行(IPO)。为了在发行市场发行证券,公司必须公布招股说明书,该招股说明书是一个法律文件,必须包含公司的经营计划、公司状况、股本和股票发行等信息,以供投资者进行投资决策时参考。

证券在发行市场的发行一般由投资银行负责,它们协助投资者和筹资者达到各自目的,是发行者和最终购买者之间的中介。在证券发行时,几家投资银行组成一个证券承销集团,称为证券承销商,在新证券的买方和卖方之间充任中介,确保新证券的成功发行。投资银行同时还充当发行公司的财务顾问,就新发行的证券的类型、期限、规模、价格以及发行时间等问题提出建议。

证券的公开发售有两种方式:代销和包销。在代销时,承销商仅仅作为代理商,从销售股票中获取佣金,它们必须尽最大努力按照协商一致的价格出售证券,但不承担无法售出的风险,对证券绝对没有所有权。在包销时,投资银行先以低于发行价格的价格买入证券,期望以更高的价格在二级市场上出售证券,并承担无法售出的风险。这种包销又称为全额包销,还有一种余额包销,就是承销商以比发行价格低的价格买入代销时在特定价格下未能售出的证券。余额包销所承担的风险要比全额包销的风险小。

证券承销商也承销一些不属于初次公开发售的股票,即已有流通在外股票的公司再次发行的股票。这时,市场价格是已知的。一般来说,当另外又发行普通股时,同样的已发行股票的价格一般会暂时下降,承销商必须把这一点考虑在内。若公司试图一次卖出大量的股票,则有可能找不到买主,这样来自新增发的股票的价格压力可能给公司带来巨大损失。

大多数首次公开发行都不存在既定的市场价格,所以承销商不得不为证券估计一个公允价格。在为 IPO 定价时,承销商可以说是进退维谷,如果定价过高,则购买 IPO 的投资者因受损而对投资银行失去信任;如果定价过低,则发行公司也会因受损失而对投资银行失去信任。一般情况下,承销商对 IPO 的定价较低,是由以下原因造成的。

(1) 信息非均衡。公司和投资银行比一般的投资者获取的信息要准确,这导致投资者对发行的证券没有把握,因而他们不会轻易去购买,除非价格较低。另外,发行公司必须提供较高的潜在收益来吸引投资者参与 IPO 市场,这也要求发行价格定得较低。

(2) 投机买卖。发行公司必须提供较高的收益,这是因为投资银行和它们的分公司倾向于购买优质证券而把劣质证券留给公众,这种行为被称为投机。为了弥补公众购买劣质证券的损失,发行公司必须提供较高的收益率,这就意味着要低价发行。

(3) 流动性。流通市场的一个好处是它使证券具有流动性。投资者不愿意购买那些将来难以变现的 IPO 证券,为了弥补证券发行后流动性不足的缺陷,需要以较低的价格发售。而且证券发行后,其流动性的大小是不确定的,如果公司的股票以低价首次发售,则买卖其股票是很容易的,因而投资者会有兴趣购买,这是公司低价发售其股票带来的好处。

(4) 估价费用。评估公开发售的股票的公允价值需要一笔费用,这笔费用必须以某种方式进行补偿。估价时需要研究分析招股说明书,需要收集、整理市场资料,还需要进行行业分析。股票交易要求股权被许多人拥有,只有这样才能使交易顺利进行,才能限制支配公司的力量,所以每次公开发售都有许多投资者参与评估。投资者越多,总的估价费用就越高。

证券发行除了公开发售外,还可以通过私募发售,即将证券销售给数量较少的几个机构投资者。私募发售的特点是投资数量大、不易转让。但是发行费用低,可以减少新发股票的成本,大多数固定收益证券发售采用这种形式。

二、流通市场

在债券和股票首次公开发行后,它们就可以在流通市场上流通。流通市场主要由证券交易所和场外交易市场(OTC)组成。在美国,主要的证券交易所有纽约证券交易所和美国证券交易所。在中国,主要的证券交易所有上海证券交易所、深圳证券交易所和北京证券交易所。场外交易市场有全美证券商自动报价系统(NASDAQ)和银行间同业拆借市场,以及主要的衍生证券交易所,如芝加哥期货交易所、芝加哥商品交易所、伦敦金属交易所、上海期货交易所、大连商品交易所,等等。

证券交易所是买卖双方公开交易的场所,是一个有组织、有固定地点的、集中进行证券交易的市场。证券交易所本身并不买卖证券,也不决定证券价格,而是为证券交易提供一定的场所和设施,配备必要的管理和服务人员,并对证券交易进行周密的组织和严密的管理,为保障证券交易顺利进行提供了一个稳定、公开的高效率平台。

证券交易所的组织形式可以分为两类:公司制和会员制。公司制的证券交易所是以股份有限公司形式成立并以营利为目的的法人团体,一般是由银行、证券公司以及其他各类金融企业共同出资而建立的。在公司章程中明确规定作为股东的证券经纪商和证券自营商的名额、资格和公司续存期限,通过股东大会选举管理机构,即董事会、监事会及各职能部门。公司制证券交易所必须遵守本国公司法的规定,在政府主管机构的管理和监督之下,吸收各类证券在集中的交易市场内自由买卖并集中交割,它本身的股票是可转让但不得在本交易所上市交易。同时,任何成员公司的股东、各级职员都不得担任交易所高级职员,以保证交易的公正性。

会员制的证券交易所是一个由会员自愿组成不以营利为目的的社会法人团体。一般是由投资银行、证券公司等证券商组成。会员大会和理事会是会员制证券交易所的决策机构。会员大会是最高权力机构,决定交易所经营的基本方针。理事会是执行机构,其主要职能有:审查会员资格;决定会员人数;根据证券交易法起草交易所章程,交会员大会审议,并呈报有关部门审批;审查和决定证券的上市、报价;按章程规定、定期召开会员大会;处理交易所的一些重大问题以及其他日常事务。对于违反法令及交易所规章制度的会员,将由交易所给予惩罚,即所谓的"自律"。

目前,美国、中国、泰国、巴西、印度尼西亚,以及欧洲大多数国家的证券交易所均实行会员制。加拿大、日本、澳大利亚、新加坡、马来西亚、印度、阿根廷、智利、瑞士等国及中国的北京、台湾和香港的证券交易所实行公司制。美国纽约证券交易所从1863年成立以来,一直采用会员制,到1972年由于各种原因改组为公司制证券交易所,但其经营宗旨仍然是非营利的。

中国的上海证券交易所和深圳证券交易所都是会员制的事业单位。

经过30多年的快速发展,上海证券交易所已发展成为拥有股票、债券、基金、衍生品四大类证券交易品种、市场结构较为完整的交易所,拥有可支撑上海证券市场高效稳健运行的交易系统及基础通信设施,拥有可确保上海证券市场规范有序运作、效能显著的自律监督体系。截至 2020 年末,上海证券交易所上市公司数达 1800 家,总市值 45.5 万亿元,股票筹资总额 9152 亿元;债券市场挂牌 20378 只,托管量 13.2 万亿元;基金市场上市 373 只,累计成交 10.8 万亿元;衍生品市场全年累计成交 7167 亿元,投资者开户数量已有 27550 万户。

深圳证券交易所共有 121 家会员和 3 家特别会员,其治理架构包括:一是会员大会,即权力机构;二是理事会,对会员大会负责,下设战略发展、会员自律管理、市场风险、上市培育、技术发展、薪酬财务、上诉复核、创业板股票发行规范等 8 个专门委员会;三是管理层,负责日常管理工作,下设上市、纪律处分等 2 个专门委员会,设有技术管理、上市公司监督、产品与参与人管理、培育发展、风险管理等 5 个专业管理委员会;四是监事会,即监督机构。截至 2020 年 12 月末,深圳证券交易所共有上市公司 2354 家,总市值 34.2 万亿元;挂牌证券 7954 只,挂牌面值 2.5 万亿元;挂牌基金 487 只,资产净值 2669 亿元。

三、多层次股票市场

在资本市场上,不同的投资者与融资者都有不同的规模与主体特征,存在着对资本市场金融服务的不同需求。投资者与融资者对投融资金融服务的多样化需求决定了资本市场应该是一个多层次的市场经济体系。经过 30 多年的发展,我国资本市场按照市场的组织形式可以划分为场内交易市场和场外交易市场。其中,场内交易市场包括主板市场(含中小板)、科创板、创业板(俗称二板);场外交易市场包括全国中小企业股份转让系统(俗称新三板)、区域性股权交易市场、证券公司主导的柜台市场,如图 1-2 所示。

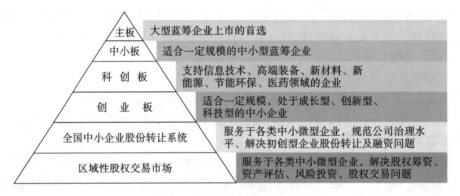

图 1-2 我国多层次资本市场结构

(一)主板市场

主板市场,也称一板市场,是指传统意义上的证券市场,通常指股票市场,是证券发行、上市及交易的主要场所。主板市场对发行人的营业期限、股本大小、盈利水平、最低市值等方面的要求标准较高,上市企业大多为大型的成熟企业,具有较大的资本规模及稳定的盈利能力。2004 年 5 月,经国务院批准,中国证监会批复同意深圳证券交易所在主板市场内设立中小企业板块,从资本市场架构上来看也从属于一板市场。主板市场的公司在上海证券交易所和深圳证券交易所两个市场上市,主板市场是资本市场中最重要的组成部分,在很大程度上能够反映经济发展状况,有"国民经济晴雨表"之称。

在主板市场,证券交易的基本过程包括开户、委托、成交、结算等几个步骤。

1. 开户

开户有两个方面,即开立证券账户和开立资金账户。证券账户用来记载投资者所持有的证券种类、数量和相应的变动情况,资金账户则用来记载和反映投资者买卖证券的货币收付和结存数额。开立证券账户和资金账户后,投资者买卖证券所涉及的证券、资金变化就会从相应的账户中得到反映。例如,某投资者买入甲股票1000股,包括股票价格和交易税费的总费用为10000元,则投资者的证券账户上就会增加甲股票1000股,资金账户上就会减少10000元。

2. 委托

在证券交易所市场,除了证券交易所会员的自营业务外,投资者买卖证券是不能直接进入证券交易所办理的,而必须通过证券交易所的会员。换言之,投资者需要通过证券经纪商的代理才能在证券交易所买卖证券。在这种情况下,投资者向经纪商下达买进或卖出证券的指令,称为委托。我国证券交易所采取限价委托的方式。限价委托是指客户要求证券经纪商在执行委托指令时,必须按限定的价格或比限定价格更有利的价格买卖证券,即必须以限价或低于限价买进证券,以限价或高于限价卖出证券。进行限价委托时,证券可以以客户预期的价格或更有利的价格进行成交,有利于客户实现预期的投资计划;但其成交速度慢,有时甚至无法成交,而且证券价格波动较大时,容易失去成交机会。

证券经纪商接到投资者的委托指令后,首先要对投资者身份的真实性和合法性进行审核。审查合格后,经纪商要将投资者委托指令的内容传送到证券交易所进行撮合。这一过程称为委托的执行,也称为申报或报盘。我国通过证券交易所进行的证券交易均采用计算机报价方式。计算机报价则是指经纪商通过计算机交易系统进行证券买卖申报。其做法是经纪商将买卖指令输入计算机终端,并通过计算机系统传给证券交易所的交易系统,交易系统接收后即进行配对处理。若买卖双方有合适的价格和数量,交易系统便自动撮合成交。

3. 竞价成交

证券交易所交易系统接受申报后,要根据订单的成交规则进行撮合配对。符合成交条件的予以成交,不符合成交条件的继续等待成交,超过了委托时效的订单失败。

竞价成交按照一定的竞争规则进行,其核心内容是价格优先、时间优先原则。价格优先原则是在买进证券时,较高的买进价格申报优先于较低的买进价格申报;卖出证券时,较低的卖出价格申报优先于较高的卖出价格申报。时间优先原则要求当存在若干相同价格申报时,应当由最早提出该价格申报的一方成交。即同价位申报,按照申报时序决定优先顺序。

我国证券交易所有两种竞价方式,即在每日开盘前采用集合竞价方式,在开盘后的交易时间里采用连续竞价方式。

4. 结算

证券交易成交后,首先需要对买方在资金方面的应付额和在证券方面的应收种类和数量进行计算,同时也要对卖方在资金方面的应收额和在证券方面的应付种类和数量进行计算。这一过程属于清算,包括资金清算和证券清算。清算结束后,需要完成证券由卖方向买方转移和对应的资金由买方向卖方转移,这一过程属于交收。清算和交收是证券结算的两个方面。对于记名证券而言,完成了清算和交收,还有一个登记过户的环节。完成了登记过户,证券交易过程才告结束。

中小板市场是相对于主板市场而言的,有些企业上市达不到主板市场上市的要求,所以只能在中小板市场上市。中小板市场也属于主板市场,是深圳证券交易所专门为中小型公司设置的一个交易场所。这些中小型企业一般规模比较小,发展潜力较大但是经营风险也比较大,流通盘在1亿元以下。中小板市场的特点是:以高科技公司为主要上市对象;具有较低的上市标准;高风险、高收益;严格的信息披露与市场监管。

(二)科创板市场

科创板市场独立于现有的主板市场,在上海证券交易所新设的科创板,坚持面向世界科技前沿、面向经济主战场、面向国家重大需求,主要服务于符合国家战略、突破关键核心技术、市场认可度高的科技创新企业,重点支持新一代信息技术、高端装备、新材料、新能源、节能环保以及生物医药等高新技术产业和战略性新兴产业,推动互联网、大数据、云计算、人工智能和制造业深度融合,引领中高端消费,推动质量变革、效率变革和动力变革。案例1-5中科创板的设立并试点注册制是提升服务科技创新企业能力,增强市场包容性,强化市场功能的一项资本市场重大改革举措。

科创板市场更好地支持科技类公司融资、服务实体经济,同时让广大的中国投资者也可享受到科技类公司高速增长带来的红利。科创板市场有以下五个特点。

1. 实行注册制

监管部门只需要对申报企业递交的上市资料进行审查,保证其申报资料真实即可上市融资,监管部门不对申报企业是否上市进行实质性干预。注册制下上市公司的质量会参差不齐,风险更高。

2. 严格的退市制度

严格的退市制度是注册制的一个显著特征。目前投资者在股票市场上收回资金主要靠在二级市场上出售股票赚取价差,而不是靠公司分红。一旦公司退市,则意味着投资者无法在流通市场上出售股票,增大投资风险。而在注册制下,企业一旦踩雷,股票直接退市,投资者将会血本无归。

3. 高科技企业风险高

科创板中上市的企业都是高科技类企业,并且放宽了企业的营利门槛,企业创新成功概率较低,投资风险较大。

4. 波动性大

新公司上市后五个交易日不设涨跌幅限制,其后交易日的涨跌幅限制为20%,而目前主板市场的涨跌幅限制为10%,因此,其波动幅度是主板市场的两倍。在极端情况下,科创板的股票一天的振荡幅度可能会达到40%。

5. 流动性比主板市场差

科创板细则中规定投资者需有至少2年的证券交易经验,并且设置了50万元的开户交易门槛。由于我国证券交易市场80%的成交量都是由散户贡献的,50万元资金的开户门槛将大部分散户投资者拒之门外,直接导致了科创板的流动性比主板市场差。

(三) 二板市场

二板市场又称为创业板市场,是地位次于主板市场的二级证券市场,国际上的二级市场以美国的NASDAQ市场为代表,在中国特指深圳证券交易所的创业板,其在上市门槛、监管制度、信息披露、交易者条件、投资风险等方面与主板市场有较大区别。目的在于扶持中小企业,尤其是高成长性企业,为风险投资和创投企业建立正常的退出机制,为自主创新国家战略提供融资平台,为多层次的资本市场体系建设添砖加瓦。2012年4月20日,深圳证券交易所正式发布《深圳证券交易所创业板股票上市规则》,并于当年5月1日起正式实施,将创业板退市制度方案内容,落实到上市规则之中。

(四) 三板市场

三板市场全称为"代办股份转让系统",于2001年7月16日正式开办。三板市场一方面为退市后的上市公司股份提供继续流通的场所,另一方面也解决了原STAQ(全国证券交易自动报价系统)及NET系统(中国证券交易系统有限公司开发设计)历史遗留的数家公司法人股流通问题。解决历史遗留问题是三板市场创建伊始承担的主要任务,后来又承接了主板市场的退市股票,在特定时期起到化解退市风险的作用。2001年开启的三板市场也被称为"老三板"。"老三板"挂牌的股票品种少,且多数质量较低,再次转到主板上市难度大,故长期被冷落。老三板市场的交易制度为竞价方式进行集中配对成交,涨跌停限制为5%,盈利且净资产为正的公司每周交易5天,净资产为负的公司每周交易3天,净资产为负且不能准时公布年报的企业每周交易1天。

新三板市场也称为"全国中小企业股份转让系统"。特指2006年中关村科技园区非上市股份有限公司进入代办股份系统进行转让试点,因为挂牌企业均为高科技企业而不同于原转让系统内的退市及原STAQ、NET系统挂牌公司,故称为"新三板"。2013年,新三板试点范围从北京中关村及天津、武汉、上海四地的国家级高新园区扩大到全国范围,突破了高新园区的限制,标志着新三板作为全国性场外交易市场地位的确立。新三板的交易制度主要有协议转让和做市转让。协议转让是指投资者先在线下沟通决定转让价格,再在新三板交易系统上执行;做市转让引入了中间做市商,为挂牌企业和投资者进行撮合成交。不同于老三板市场,新三板的设立是为了增加中小企业的直接融资渠道。

"老三板"和"新三板"的主要区别。

(1) 功能定位。老三板是为了解决"两网股"和"退市股"的流通问题而设立的,而新三板的设立是为了增加中小企业的直接融资渠道。"两网股"是指1992年7月1日在STAQ系统法人股流通转让试点运行和1993年4月28日投入试运行的NET系统,并在1999年9月9日关闭STAQ和NET系统后遗留下来的股票。"退市股"则是因为连续多年亏损等原因(前后政策有微调)被强制性从主板市场终止上市后退到代办系统转让的股票。

(2) 参与主体。老三板挂牌交易的都是经过合法的公开发行程序,并且符合我国证券发行资质的相关规定而挂牌的公司;而新三板的挂牌公司是非上市公司,无须经过公开发行程序,只要符合新三板规定的挂牌条件即可。

(3) 交易制度。老三板交易制度是按照主板市场的竞价系统进行配对成交。而新三板市场的交易制度是协商转让和做市转让。

(4) 信息披露。老三板是经过严格的发行上市程序的公众公司,信息披露严格按照首次公开发行上市的相关法律法规的要求执行;而新三板挂牌的公司信息披露标准低于上市公司的标准。

(五) 四板市场

四板市场,即区域性股权交易市场,是指为特定区域内的企业提供股权、债券的转让和融资服务的私募市场,一般以省级为单位,由省级人民政府监管,对于促进企业特别是中小微企业股权交易和融资,鼓励科技创新和激活民间资本,加强对实体经济薄弱环节的支持,具有积极作用。

目前全国建成并初具规模的区域股权市场有:青海股权交易中心、天津股权交易所、齐鲁股权托管交易中心、上海股权托管交易中心、武汉股权托管交易中心、重庆股份转让系统、前海股权交易中心、广州股权交易中心、浙江股权交易中心、江苏股权交易中心、大连股权托管交易中心、海峡股权托管交易中心等十几家股权交易市场。

总的来说,多层次资本市场有利于满足资本市场上资金供求双方多层次的需求,有利于提供优化准入机制和退市机制,提高上市公司的质量,同时还有利于防范和化解我国的金融风险。

四、股票除权

股票除权涉及两种情况,一种是指股票的发行公司按照一定比例分配股票给股东,作为股票股利,也因此增加了公司的总股数;另一种是指股票的发行公司向股东配股,即公司根据其发展需要,依照有关法律规定和相应的程序,向原股票股东按其持股比例,以低于市价的某一特定价格配售一定数量新发行股票的融资行为。

除权是指由于公司的股份数量增加,导致每股股票所代表的企业实际价值减少,因此需要在发生该事实之后从股票市场价格中剔除这部分因素。红利分为股票红利与现金红利,分配股票红利应对股票进行除权,而分配现金红利应对股票进行除息。除权产生是因为投资者在除权之前购买的与股票股利发放或配股之后购买的是同一家公司的股票,但是内含的权益不同,显然不公平,因此需要在除权当天向下调整股价,形成除权参考价。

除权计算公式如下:

$$P_d = \frac{P_c + P_o \cdot R_o}{1 + R_o + R_d}$$

其中,P_d、P_c 分别表示除权后市价和除权前一天的收盘价,P_o 表示配股认购价,R_o 表示配股率,R_d 表示送股率。

例如,某一股票的送配方案为每 10 股配 1 股送 1 股,当天收盘价为 8.9 元,配股价为 3.6 元,即送股率和配股率都为 1/10,则除权后的价格为

$$\frac{8.9 + 0.1 \times 3.6}{1 + 0.1 + 0.1} = 7.72 (元)$$

上海证券交易所对增发新股的除权公式为：

$$P_d = \frac{P_c \cdot E_o + P_I \cdot E_A}{E_o + E_A}$$

其中，P_d 表示除权参考价，P_c 为除权前一日收盘价，E_o 为原股本，原股本指公司的总股本，但不包括发行的 B 股，P_I 为发行价，E_A 为增发股本。

深圳证券交易所的除权公式为：

$$P_d = \frac{P_c \cdot N_o + P_I \cdot N_A}{N_d}$$

其中，P_d 表示除权参考价，P_c 为股权登记日收盘价，N_o 为原总股本，P_I 为发行价，N_A 为增发数量，N_d 为除权后总股本。

五、股票停牌、复牌与退市

股票停牌指的是股票由于某种消息或进行某种活动引起股价的连续上涨或下跌，由证券交易所暂停其在股票市场上进行交易。待情况澄清或企业恢复正常后，再复牌在交易所挂牌交易。对上市公司的股票进行停牌，是证券交易所为了维护广大投资者的利益和市场信息披露公平、公正以及对上市公司行为进行监管约束而采取的必要措施。

一般来说，股票停牌有以下原因。

（1）上市公司有重要信息公布时，如公布年报、中期业绩报告，召开股东会，增资扩股，公布分配方案，重大收购兼并，投资以及股权变动等。

（2）证券监管机关认为上市公司须就有关对公司有重大影响的问题进行澄清和公告时。

（3）上市公司涉嫌违规需要进行调查时，至于停牌时间长短要视情况来确定。

证券交易所对上市公司股票停牌的目的是解决投资者信息不对称问题，特别突出了对上市公司信息披露不及时、涉嫌违法违规、股价异动等异常警示性停牌。停牌后，只要上市公司按要求充分、准确、完整地披露对公司股票及其衍生品种交易价格可能产生较大影响的信息，公司股票及其衍生品种就可以复牌。复牌即指被停牌的证券恢复交易。

股票退市是指上市公司由于未满足交易所有关财务等其他上市标准，主动或被动终止上市的情形，即由一家上市公司变为非上市公司，退出二级市场。退市可分为主动性退市和被动性退市。主动性退市是指公司根据股东会和董事会决议主动向监管部门申请注销许可证，一般有以下原因：当营业期限届满，股东会决定不再延续；股东会决定解散；公司因合并或分立需要解散；公司破产等。被动型退市是指公司由监管部门强行吊销许可证，一般是由于公司有重大违法违规行为或者因经营管理不善造成重大风险等。

根据具体情况，退市还可分为私有化退市、换股退市、亏损退市、股价低于 1 元退市四种类型。私有化退市一般以主动退市完成，比如辽河油田和锦州石化；换股退市一般也是主动退市，换股退市后公司原股东成为另一家公司的股东，比如 S 山东铝、S 兰铝和中国铝业换股后，原 S 山东铝、S 兰铝的股东就变成了中国铝业的股东；亏损退市一般是被动退市，如果上市公司连续 3 年亏损，就会被暂停上市，若在规定期限内还是达不到恢复上市的条件，就会被退市，比如 S * ST 精密和 S * ST 龙昌就是因为暂停上市后依然无法在规定时间内公布年报而被退市;股价低于1元退市一般也是被动退市,如果上市公司股价连续20个交易日都低于1元,就会被交易所强制终止上市,比如中弘股份。案例1-6中中弘控股股份有限公司是因业绩连续亏损等而被强制退市的公司,因其股价连续20个交易日低于面值进入退市程序,中间并不需要经历暂停上市的阶段(ST),直接进入强制终止上市程序。

六、衍生品市场

期货交易所是买卖期货合约的场所,是期货市场的核心。它是一种非营利机构,但是它的非营利性仅指交易所本身不进行交易活动,不以营利为目的不等于不讲利益核算。在这个意义上,交易所是一个财务独立的营利组织,它在为交易者提供公开、公平、公正的交易场所和有效监督服务的基础上实现合理的经济利益,包括会员会费收入、交易手续费收入、信息服务收入及其他收入。它所制定的一套制度规则为整个期货市场提供了一种自我管理机制,使得期货交易的"公开、公平、公正"原则得以实现。

目前我国的期货交易所有五个:郑州商品交易所、上海期货交易所、大连商品交易所、中国金融期货交易所和广州期货交易所①。

郑州商品交易所(ZCE),简称郑商所,成立于1990年10月12日,是国务院批准成立的首家期货市场试点单位,由中国证券监督管理委员会(简称中国证监会)管理。郑商所遵循公开、公平、公正和诚实信用的原则,为期货合约集中竞价交易提供场所、设施及相关服务,对期货交易进行市场一线监督,防范市场风险,安全组织交易。郑商所实行会员制。会员大会是其权力机构,由全体会员组成,理事会是会员大会常设机构,下设咨询顾问委员会和品种、交易、检查、自律管理、财务与审计、技术、风险管理等7个专门委员会。目前共有会员163个,制定交割仓库395个,制定保证金存管银行15家。郑商所目前上市交易的期货有普通小麦、强筋小麦、早籼稻、粳稻、棉花、棉纱、油菜籽、菜籽油、白糖、苹果、甲醇、动力煤、玻璃、硅铁、尿素、花生等23个品种和白糖、棉花、精对苯二甲酸、甲醇、菜粕、动力煤等6个期权,范围覆盖粮、棉、油、糖、果和能源、化工、纺织、冶金、建材等多个国民经济重要领域。

上海期货交易所(SHFE),简称上期所,成立于1990年11月26日,现有会员199个。目前已上市铜、铝、锌、铅、镍、锡、黄金、白银、螺纹钢、线材、热压卷板、原油、燃料油、石油沥青、天然橡胶、纸浆、20号胶、不锈钢、低硫燃料油、国际铜等20个期货品种以及铜、天然橡胶、黄金、铝、锌、原油等6个期权合约。上海上期商务服务有限公司、上海期货信息技术有限公司、上海期货与衍生品研究院有限责任公司和上海国际能源交易中心股份有限公司是上期所的下属子公司。上期所挂牌交易的产品中,原油期货是我国首个国际化期货品种,铜期权是我国首个工业品期权,为企业提供了更加精细化的风险管理工具。铜期货已成为世界影响力最大的三大铜期货市场之一,并与铝、锌、镍、锡期货形成了完备的有色金属品

---

① 广州期货交易所于2021年1月22日经国务院同意批准设立,并于同年4月19日揭牌,是我国第一家混合所有制的交易所,股东构成多元,包括证监会管理的4家期货交易所、广东国资企业、民营企业和境外企业。

种系列,能较好地满足实体行业需求。

大连商品交易所(DCE),简称大商所,成立于1993年2月28日,同年11月18日开始营业,是我国东北地区唯一一家期货交易所。目前已上市玉米、玉米淀粉、粳米、黄大豆1号、黄大豆2号、豆粕、豆油、棕榈油、鸡蛋、生猪、纤维板、胶合板、线型低密度聚乙烯、聚氯乙烯、聚丙烯、乙二醇、苯乙烯、焦炭、焦煤、铁矿石、液化石油气共计21个期货品种和豆粕、玉米、棕榈油、铁矿石、液化石油气、聚丙烯、聚氯乙烯、线型低密度聚乙烯共计8个期权品种,并推出了17个期货品种和8个期权品种的夜盘交易。通过场外市场"一圈两中心"建设,即大宗商品生态圈、交易中心和价格信息中心,深化场内外协同,不断拓展服务实体广度与深度。拥有会员单位160家,指定交割库460个。2020年,实现成交量22亿手、成交额109万亿元、日均持仓量968万手,同比分别增长63%、58%和30%,成交量、成交额、持仓量均创历史新高,成交量、持仓量居国内期货市场首位;商品期货期权成交量居全球第1,全球交易所成交量排名由2019年的第11位跃升为第7位,创造了大商所历史上最靠前的排位。目前,大商所是全球最大的农产品、塑料、煤炭、铁矿石期货市场。

中国金融期货交易所(CFFEX),简称中金所,于2006年9月8日在上海成立,是专门从事金融期货、期权等金融衍生品交易与结算的公司制交易所。中金所由上海期货交易所、郑州商品交易所、大连商品交易所、上海证券交易所和深圳证券交易所共同发起。中金所按照高标准、稳起步的原则,积极推动金融期货新品种的上市,努力完善权益、利率、外汇三条产品线,满足参与者多样化风险管理需求。中金所实行会员分级结算制度,会员分为结算会员和交易会员。结算会员按照业务范围分为交易结算会员、全面结算会员和特别结算会员。实行会员分级结算制度,可形成多层次风险控制体系,保障市场安全运行。其交易品种主要有沪深300股指期货、中证500股指期货、上证50期货、沪深300股指期权4种权益类产品,2年期国债期货、5年期国债期货、10年期国债期货3种利率类产品。

七、证券市场监管

证券市场监管是指通过维持公平、公正、公开的市场秩序来保护证券市场参与者合法权益的工作,即证券管理部门运用法律、经济以及必要的行政手段,对证券的募集、发行、交易等行为以及证券投资中介机构的行为进行监督与管理,并依此促进证券行业不断发展。

证券监管的法律体系包括:部门规章、国家颁布的一系列专门规范信息披露的法律文件、行政法规。证券市场法律法规分为三个层次:第一个层次是法律;第二个层次是行政法规;第三个层次是部门规章。1999年7月1日《中华人民共和国证券法》实施,并于2006年1月1日修订后生效,2019年第二次修定后于2020年3月1日施行。1994年《中华人民共和国公司法》实施,并于2006年1月1日修订后生效,2021年12月24日向社会征求修订意见。2004年颁布了《中华人民共和国基金法》后修订,2015年实施《中华人民共和国证券投资基金法》。

我国已形成了以国务院证券监督管理机构、国务院证券监督管理机构的派出机构、证券交易所、行业协会和证券投资者保护基金为一体的监管体系和自律管理体系。国务院证券监督管理机构由中国证券监督管理委员会及其派出机构组成,中国证券监督管理委员会成立于1992年10月,是国务院直属事业单位,是全国证券、期货市场的主管部门。其核心职责是维护市场公开、公平、公正,维护投资者特别是中小投资者的合法权益,促进资本市场健康发展。中国证监会派出机构由 36 个证券监管局以及上海、深圳证券监督专员办事处组成,派出机构受中国证监会垂直领导,依法履行监管职责,负责辖区内的一线监管工作。主要职责是对辖区内上市公司、证券期货经营机构、证券期货投资咨询机构和从事证券业务的律师事务所、会计师事务所、资产评估机构等中介机构的证券期货业务活动进行监督管理,负责辖区内风险防范与处置;查处辖区内的违法违规案件,开展辖区内投资者教育与保护工作等。

八、证券交易机制

证券交易机制是证券市场具体交易制度设计的基础,如上海证券交易所和深圳证券交易所的集合竞价和连续竞价,其设计依据就是定期交易和连续交易的不同机制;而上海证券交易所固定收益平台交易中一级交易商提供的双边报价则采用了报价驱动的机制。

(一)指令驱动和报价驱动

交易机制的关键功能在于将买卖双方的潜在需求转化为现实交易,其核心是价格形成机制。不同的交易机制在价格的形成过程中所起的作用是不同的。按照交易价格的决定特点划分,可将证券交易机制分为指令驱动和报价驱动。

指令驱动是一种竞价机制,也称为订单驱动市场。在竞价市场中,证券交易价格是由市场上的买方订单和卖方订单共同驱动的。如果采用经纪商制度,投资者在竞价市场中将自己的买卖指令报给自己的经纪商,然后经纪商持买卖订单进入市场,市场交易中心以买卖双向价格为基准进行撮合。指令驱动的特点有:第一,股票交易价格由买方和卖方的力量直接决定;第二,投资者买卖证券的对手是其他投资者。

报价驱动是一种连续交易商市场,也称作市商市场。在这一市场中,证券交易的买价和卖价都由做市商给出,做市商将根据市场的买卖力量和自身情况进行证券的双向报价。做市商是指在证券市场上,由具备一定实力和信誉的证券经营法人作为特许交易商,向公众投资者不断报出某些特定证券的买卖价格,并在该价位上接受公众投资者的买卖要求。做市商通过这种不断地买卖来维持市场的流动性,满足投资者的投资需求。由于做市商的利润来自买卖报价之间的价差,在缺乏价格竞争的情况下,做市商可能会故意加大买卖价差,使投资者遭受损失。投资者之间并不直接成交,而是从做市商手中买进证券或向做市商卖出证券。做市商在其所报的价位上接受投资者的买卖要求,以其自有资金或证券与投资者交易。报价驱动的特点有:第一,证券成交价格的形成由做市商决定;第二,投资者买卖证券都以做市商为对手,与其他投资者不发生直接关系。报价驱动制度一般为柜台交易市场所采用。目前我国的主板市场采用指令驱动制度,创业板市场和期货交易所采取报价驱动制度。

(二)集合竞价和连续竞价

指令驱动制度根据交易时间的连续特点可以划分为集合竞价和连续竞价。

集合竞价方式就是开盘价的形成方式,其成交时点是固定时点,中国主板市场的开盘价成交时点是每天的北京时间9:25。

集合竞价的规则是：在某一段时间到达的投资者的委托订单并不马上成交，而是要先存储起来，然后在某一约定的时刻加以匹配。集合竞价的所有交易以同一价格成交，按照价格优先、同等价格下时间优先的成交顺序依次成交，直至成交条件不满足为止。集合竞价中未能成交的委托，自动进入连续竞价。

连续竞价中，并非意味着交易一定是连续的，而是指在营业时间里订单匹配可以连续不断地进行。因此，两个投资者下达的买卖指令，只要符合成交条件就可以立即成交，而不必再等待一段时间定期成交。这两种交易机制有着不同的特点。

集合竞价方式的特点有：第一，批量指令可以提供价格的稳定性；第二，指令执行和结算的成交成本相对比较低。连续竞价方式的特点有：第一，市场为投资者提供了交易的即时性；第二，交易过程中可以提供更多的市场价格信息。下面给出一个集合竞价的例子。

例1-2 假设股票A在开盘前分别有5笔买入委托和5笔卖出委托，根据价格优先的原则，按买入价格由高至低和卖出价格由低至高的顺序将其分别排列如下：

序号	委托买入价（元）	数量（手）	序号	委托卖出价（元）	数量（手）
1	3.80	2	1	3.52	5
2	3.76	6	2	3.57	1
3	3.65	4	3	3.60	2
4	3.60	7	4	3.65	6
5	3.54	6	5	3.70	6

按照不高于申买价和不低于申卖价的原则，首先可成交第一笔，即3.80元买入委托和3.52元的卖出委托，若要同时符合申买者和申卖者的意愿，其成交价格必须在3.52~3.80元，但具体价格要视以后的成交价格而定。第一对委托成交后的其他委托排序如下：

序号	委托买入价（元）	数量（手）	序号	委托卖出价（元）	数量（手）
1	—	—	1	3.52	3
2	3.76	6	2	3.57	1
3	3.65	4	3	3.60	2
4	3.60	7	4	3.65	6
5	3.54	6	5	3.70	6

在第一次成交后，由于卖出委托的数量多于买入委托的数量，按照交易规则，序号1的买入委托2手全部成交，序号1的卖出委托还剩余3手。

第二笔的成交情况为：序号2的买入委托价格为不高于3.76元，数量为6手。在卖出委托中，序号1~3的委托数量正好为6手，其价格意愿也符合要求，正好成交，其成交价格在3.60~3.76元的范围内，成交数量为6手。第二笔成交价格的范围是在第一笔成交价格的范围之内，且区间更小。第二笔成交后剩下的委托情况如下：

序号	委托买入价（元）	数量（手）	序号	委托卖出价（元）	数量（手）
3	3.65	4	—	—	—

续表

序号	委托买入价(元)	数量(手)	序号	委托卖出价(元)	数量(手)
4	3.60	7	4	3.65	6
5	3.54	6	5	3.70	6

第三笔成交情况为：序号3的买入委托要求其价格不超过3.65元，而卖出委托序号4的委托价格符合要求，这样序号3的买入委托与序号4的卖出委托就正好配对成交，其价格为3.65元，因卖出委托数量大于买入委托数量，故序号4的卖出委托只成交了4手。第三笔成交后的委托情况如下：

序号	委托买入价(元)	数量(手)	序号	委托卖出价(元)	数量(手)
4	3.60	7	4	3.65	2
5	3.54	6	5	3.70	6

完成以上三笔委托后，因最高买入价位3.60元，而最低卖出价为3.65元，故买入价与卖出价之间再没有相交部分，所以这一次的集合竞价就已完成，最后一笔的成交价就是集合竞价的平均价格。剩下的其他委托将自动进入开盘后的连续竞价。

在以上过程中，通过一次次配对，成交的价格范围逐渐缩小，而成交的数量逐渐增大，直到最后确定一个具体的成交价格，并使成交量达到最大。在最后一笔配对中，如果买入价和卖出价不相等，其成交价就取两者的平均。

在这次的集合竞价中，三笔委托共成交了12手，成交价格为3.65元，按照规定，所有这次成交的委托无论是买入还是卖出，其成交价都定为3.65元。因此，交易所发布的股票A的开盘价为3.65元，成交量12手。

从委托价格限制的形式来看，可将委托分为市价委托和限价委托。市价委托是指客户向证券经纪商发出买卖某种证券的委托指令时，要求经纪商按证券交易所内当时的市场价格买进或卖出证券。市价委托没有价格上的限制，证券经纪商执行委托指令比较容易，成交迅速且成交率高，但其只有在委托执行后才知道实际的执行价格，有时成交价格会不尽如人意。而限价委托是指客户要求证券经纪商在执行委托指令时，必须按限定的价格或比限定价格更有利的价格买卖证券，即必须以限价或低于限价买进证券，以限价或高于限价卖出证券。进行限价委托时，证券可以以客户预期的价格或更有利的价格进行成交，有利于客户实现其预期的投资计划；但其成交速度慢，有时甚至无法成交，而且证券价格波动较大时，容易失去成交机会。

第四节　保证金账户

【案例1-7】

2020年4月21日凌晨美国西德克萨斯州中间基［West Texas Intermediate

(erudeoil),WTI]原油 5 月期货合约首次出现负值结算价为－37.63 美元/桶,而由于 4 月 20 日 22 时中国银行"原油宝"账户就已经停止交易,最终导致部分投资者亏掉本金,甚至出现穿仓情况,即倒欠银行钱的情况。

【案例 1-8】

2008 年保时捷收购德国大众汽车股票时,在保时捷宣布将其持有的大众汽车股权提高到 75%的消息公布以前,大众汽车已有近 13%的流通股被融券卖空。2008 年 10 月 27 日,收购消息一经发布,卖空者纷纷买进股票平仓,推进大众汽车股票高达 1000 多欧元/股,大众汽车也因此一度成为世界上市值最大的上市公司。为何会出现这种股票价格飙涨的情况呢?

从证券交易过程来看,证券的买卖最终是在投资者的账户内完成清算交割的,这就要求投资者的账户内有足够的资金能购买所需的证券。我们把这种账户称为现金账户,它要求存款必须能抵补提款。也就是说,现金账户是不能进行透支的。

除了用现金账户买卖证券,投资者还可以选择使用保证金账户进行证券的买卖。

保证金账户有透支的特权,经纪人可以在限额内自动向投资者提供贷款。投资者开设保证金账户时,必须签订一种担保契约,赋予经纪商以证券充当银行贷款抵押品的权利。为了便利证券的抵押和借贷,经纪公司要求用保证金账户购买的证券,都以经纪公司的名义持有,这意味着证券的所有者是经纪公司,普通股的发行者会把所有红利、财务报告和选举权都交给经纪公司而不是投资者,经纪公司再将这些东西转给投资者。

有保证金账户的投资者能做两种现金账户不允许做的交易——融资和融券。为了有效防止经纪商承担投资者的投资风险,经纪商一般会要求投资者在买卖证券前,在保证金账户中存入不低于初始保证金要求的资金。在投资过程中由于证券价格的变化,投资者的实际保证金可能会低于初始保证金,这时经纪商一般会设置一个维持保证金比例,一旦投资者的实际保证金等于或小于维持保证金,经纪商就会向投资者下发《追加担保物通知》,投资者须在规定时间内完成追加担保物,投资者未能按照《追加担保物通知》规定完成追加担保物,则经纪商可对该投资者的账户强行平仓,以避免可能带来的损失。

一、融资

融资是指投资者以资金或者证券作为质押,向证券公司借入资金用于证券购买,并在约定的期限内偿还借款本金和利息的行为。融资也被称为保证金购买。有现金账户的投资者购买证券时必须支付足额的现金。而持有保证金账户的投资者只需用现金支付一部分成本,其他可由经纪商贷款解决,这种贷款的利率计算通常是在经纪商的短期贷款利率之上加上一个服务费率。短期贷款利率是经纪商支付给银行的利率,经纪商从银行获得的贷款最终都流向投资者。这时,投资者购买的证券充当经纪商贷款的抵押,相应地,经纪商也把这些证券用作向银行进行贷款的抵押。从某种意义上说,经纪商在银行向投资者贷款的过程中,充当金融中介,起着一种金融媒介的作用。

在融资中,投资者应该支付的购买价格的最小比例被称为初始保证金要求。比如,一名投资者准备用保证金以每股 50 元的价格来购买 100 股五粮液公司的股票,如果初始保证金率为 60%(0.6),那么该投资者必须付给经纪公司 3000 元的现金,即 $0.6×100×50=3000$ 元,另外 $(1-0.6)×100×50=2000$ 元的购买费用将由经纪公司以贷款的方式提供给投资者。

投资者融资购买证券,是认为证券的价格会上升,以便利用财务杠杆来提高收益率。但是证券价格的变化是无法预测的,随着证券的价格变化,投资者的保证金比例也就会发生变动。我们把这种随证券价格变化而发生变动的保证金比例称为实际保证金,其计算公式为:

$$实际保证金 = \frac{资产市值 - 贷款}{资产市值} × 100\% \qquad (1-1)$$

每天计算投资者保证金账户中的实际保证金,称为盯市。从式(1-1)可以看出,在发生保证金购买时,实际保证金和初始保证金相等。然而在交易开始以后的时间内,投资者的实际保证金会高于或低于初始保证金。如果五粮液公司的股票跌到了 25 元,那么实际保证金就降到 20%,即 $\frac{2500-2000}{2500}×100\%=20\%$。

在这里,五粮液公司的 100 股股票正在充当 2000 元贷款的抵押品。如果五粮液公司的股票价格进一步下跌,经纪商就会紧张起来,因为价格再下跌的话,就会使抵押品的价格跌到贷款额之下,经纪人就有可能要承担损失。例如,如果价格跌到每股 15 元,经纪人的抵押品就值 1500 元,而贷款为 2000 元,如果投资者甩手潜逃,经纪人还得偿还银行的 2000 元贷款,但他所能得到的用于偿付贷款的投资者的财产,只值 1500 元。这意味着经纪人要承担 500 元的损失差额,并寻找投资者以期日后能找补回这部分资金。

为了防止上述事件发生,经纪商会要求投资者在其保证金账户中保留一定比例的实际保证金,这一比例的实际保证金称为维持保证金。如果账户中的实际保证金降到维持保证金标准之下,称为保证金不足。此时,经纪商将签发追加保证金通知,要求投资者在下列三项中做出选择。①在账户存入现金或证券;②偿还部分贷款;③出售部分证券以收入偿还部分贷款。如果投资者不行动或不能达到维持保证金要求,根据账户协议,经纪商就将出售账户中的证券以使实际保证金至少达到维持保证金的要求,即强行平仓。如案例 1-7 中原油宝事件发生的一个原因就是当客户保证金跌至 20% 时,中国银行并没有按规定进行强行平仓,最终导致投资者损失扩大。

如果证券的价格上升,那么投资者的实际保证金将超过初始保证金要求,这时投资者的保证金账户被称为无限制账户或保证金盈余账户。我国证监会规定,当投资者账户的维持保证金比例超过 300% 时,投资者可以提取账户中保证金可用余额中的现金或可冲抵保证金证券,但提取后投资者账户中的维持保证金比例不得低于 300%。

如果证券的价格下跌了,但是投资者账户中的实际保证金还没有降到维持保证金之下,即投资者的实际保证金介于维持保证金与初始保证金之间,这时该保证金账户被称为限制使用账户,投资者无须做任何事,但也不允许做任何使实际保证金进一步降低的交易,比如提现。

以保证金购买的投资者得以利用财务杠杆,通过举债支付部分购买价格,投资者可以增加投资的预期收益。然而,在保证金购买中有一个复杂的因素,那就是投资的风险。再看一下五粮液的例子。如果投资者相信下一年度股票每股将上升15元,假设没有现金派息的话,以每股50元现金购买100股五粮液股票的预期回报率将是30%,具体计算如下:

$$\frac{15\times100}{50\times100}\times100\%=30\%$$

对于融资购买来说,如果保证金贷款的利率为11%(0.11),初始保证金要求为60%的话,那么预期收益将为42.7%,具体计算如下:

$$\frac{15\times100-0.11\times2000}{0.6\times50\times100}\times100\%=42.7\%$$

所以,由于融资购买,使证券的预期收益率从30%上升到42.7%。

若是股票价格每股下跌10元,现金购买的投资者的回报率将为-20%,而融券购买的回报率将为-40.7%,计算过程如下:

$$\frac{-10\times100}{5000}\times100\%=-20\%$$

$$\frac{-10\times100-0.11\times2000}{3000}\times100\%=-40.7\%$$

融券购买通常是以证券价格不久将上升为预期,即投资者认为当前的股价被低估了,如果投资者认为当前的股价被高估了,则他可以进行卖空操作。

二、融券

融券是指投资者以资金或证券作为质押,向证券公司借入证券卖出,并在约定的期限内,买入相同数量和品种的证券归还证券公司并支付相应的融券费用。融券也被称为卖空。

卖空行为借入初始交易所需的股票,然后用以后交易获得的股票偿还借入的股票。在这里,借贷的是股票而不是货币,股票在任何时点都有一定的货币价值,意味着借方日后将向贷方偿还股票而非货币,投资者也无须支付利息。

任何卖空的交易指令必须经过确认,证券监督部门一般都规定正在下跌的证券是不能进行卖空交易的,因为卖空者会使危机事态加剧,引发故事恐慌而获取暴利。我国证券监督管理委员会规定投资者融券卖出的报价不得低于前一笔交易的成交价。如案例1-8中,之所以出现大众汽车股价在两天之内涨了四倍的情况,就是因为外界预测保时捷增持超过50%的界线后将停止增持,一些机构料定大众汽车股票无上涨潜力,许多对冲基金对其进行了裸卖空,而当保时捷增持消息一发布,卖空机构纷纷不顾一切高价回补头寸,才导致大众汽车股价出现如此奇迹般的一幕。而我国证券监督管理委员会明确规定严格禁止裸卖空,即投资者必须向证券公司融入相应证券才能卖空,以有效控制市场风险。

在卖空后的第二个交易日内,卖空者的经纪人必须为卖空者借入和交割适当的证券。借入的证券可来自:①经纪商自己的存货;②另一家经纪商的存货;③愿意出借证券的机构投资者;④由经纪商持有的、开立保证金账户的投资者的证券。

股票的贷放没有明确的期限,即没有时间限制,如果贷放人想出售证券,只要经纪商能从别的地方借到证券,卖空者就不必偿还,只是发生贷放人的转移而已。然而,如果经纪商不能从别处借到证券,卖空者就必须立即归还借入的证券。有趣的是,只有经纪商知道借贷双方的身份,贷方不知道借方是谁,借方也不知道贷方是谁。

图 1-3 表示的是一个普通股卖空的例子。在营业日开始的时候,王先生有 100 股五粮液公司的股票,由他的经纪人广发证券为他持有。这天,李小姐在广发证券向她的经纪人下了一份卖空 100 股五粮液公司股票的交易指令。在这种情况下,广发证券将把它替王先生持有的 100 股五粮液公司的股票替李小姐卖给其他人,假设是万先生,这时,五粮液公司将收到通知,告知其股票已经从广发证券名下转入万先生名下。当平仓时,李小姐将委托她在广发证券的经纪人买入 100 股五粮液公司的股票(可能是从张小姐那里),以这些股票偿还她对王先生的股票债务。这时,五粮液公司将收到 100 股股票的所有权从张小姐名下转入广发证券名下的通知,恢复广发证券的初始状态。

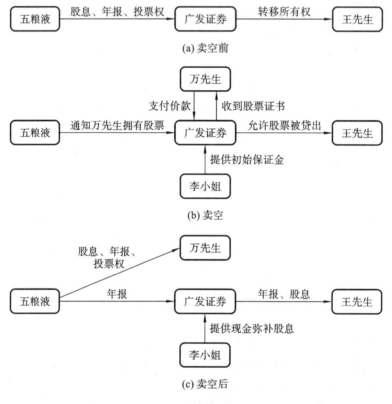

图 1-3 普通股的卖空

卖空涉及股票的贷放,因此,存在借贷者不还贷的风险。如果发生这种情况,经纪商将不再拥有李小姐所欠的 100 股五粮液的股票,这时要么广发证券亏钱,要么贷放者王先生亏钱。为防止此类事件的发生,万先生支付的卖空现金将不交给卖空者李小姐,而是存放于她在广发证券的账户中直到她偿还股票为止。

假设在这个例子中,100 股五粮液公司的股票以每股 100 元的价格出售,卖空收入 10000 元存放在李小姐的账户中,但是在股票没有被偿还前她不得动用。现在假设卖空后的某天,五粮液的股票上升了 20 元,这种情况下,李小姐欠广发证券的 100 股五粮液股票的市场价值就是 12000 元,但她的账户中只有 10000 元,如果她潜逃了,广发证券就将有 10000 元的抵押品和 12000 的股票贷放,结果导致 2000 元的损失。广发证券可利用保证金要求使自己免遭卖空者无力还贷的损失。在这个例子中,李小姐不仅需要将卖空收益留在经纪人那里,还必须按卖空数量给经纪人缴纳一定的保证金。假设初始保证金要求是60%,她就必须支付给经纪人 60%×10000=6000 元现金。

在卖空交易中,初始保证金为经纪商提供了一定水平的保护,但这种保护是不完全的。为了在卖空交易中免遭损失,经纪商除了要求卖空者在交易之初缴纳初始保证金外,还像保证金购买那样为卖空者设置了一个维持保证金水平。一旦卖空者的实际保证金低于维持保证金水平,经纪商就会要求卖空者在保证金账户中追加资金或证券。

在卖空交易中,实际保证金的计算公式为:

$$实际保证金 = \frac{资产市值 - 贷款}{贷款} \times 100\% \quad (1-2)$$

假设投资者对平安银行的股票看跌,现在的市价为 100 元,投资者通知他的经纪人卖空 100 股。如果初始保证金为 50%,那么投资者的账户必须要有 5000 元的现金,这样投资者的账户在卖空之后变为:

资产(元)	负债及所有者权益(元)
现金　15000	平安银行股票空头　10000 权益　5000

假设维持保证金为 30%,那么平安银行股票价格上升到多少时,投资者会收到追加担保物的通知单呢?

设 P 为平安银行的股票价格,则

$$\frac{15000 - 100P}{100P} \times 100\% = 30\%$$

解得 $P=115.38$,因此当平安银行的股票价格上升到 115.38 元时,投资者将收到追加担保物的通知。

由于股价的涨跌会导致卖空者的账户发生变化,这跟融资购买的情况是一样的。因此,与保证金购买一样,卖空者的保证金账户也可分为无限制账户、限制使用账户和保证金不足账户三种类型。

卖空交易者使投资者的回报率与融资购买的回报率相反,融券交易也涉及财务杠杆的使用。再来看五粮液的例子,李小姐以每股 100 元的价格卖空五粮液公司的股票,如果五粮液公司以每股 1 元作现金派息后,她在每股价格 75 元的时候平仓,则她的回报率为:

$$\frac{100 - 75 - 1}{0.6 \times 100} \times 100\% = 40\%$$

相反地,若李小姐以保证金购买五粮液公司的股票,则回报率为:

$$\frac{75 + 1 - 100}{0.6 \times 100} \times 100\% = -40\%$$

然而,如果李小姐对五粮液公司的股票价格走势预测不正确,在每股 1 元的现金派息过后股价上升到每股 120 元,那么她的回报率为:

$$\frac{100 - 120 - 1}{0.6 \times 100} \times 100\% = -35\%$$

相反,如果以保证金购买,则她的回报率为:

$$\frac{120-100+1}{0.6\times 100}\times 100\%=35\%$$

如果使用现金账户购买,则股票的回报率为:

$$\frac{120-100+1}{100}\times 100\%=21\%$$

三、加总

有保证金账户的投资者可以进行融资或融券交易,或两者同时进行。在融资购买多种证券的情况下,总量可以直接汇总,投资者的资产负债表在以市价重新计算所有股票的市场价值后重新公布,这样就可以用式(1-1)重新计算账户中的实际保证金。投资者融券交易多种股票的保护增进也可以用类似的方式来决定,只不过每天根据市场行情调整的不是资产而是负债。对负债进行重估后,卖空者账户中的实际保证金就可以用式(1-2)来计算。

如果融资和融券在同一个账户中出现,在计算账户总的保证金时,式(1-1)与式(1-2)都不能使用。这时,我们可以根据满足维持保证金要求的资产的货币量对账户进行分析,下面通过一个例子来具体说明。

假设某投资者在 7 月 1 日以每股 50 元的价格卖空平安银行的股票,7 月 15 日以每股 100 元的价格购买了 100 股五粮液公司的股票,初始保证金和维持保证金分别为 60% 和 30%,进一步假设 7 月 31 日平安银行和五粮液公司的价格分别为 60 元和 80 元,在这种情况下,经纪人将要求投资者有足够的资产来保护平安银行股票的贷放和五粮液的保证金贷款。一般而言,卖空抵押的数量等于卖空股票的市场价值乘以(1+维持保证金比例),推导过程如下:

因为

$$实际保证金=\frac{资产市值-贷款}{贷款}\geqslant 维持保证金$$

所以

$$资产市值\geqslant 贷款\times(1+维持保证金比例)$$

对于平安银行的卖空贷放,由于维持保证金比例为 30%,则卖空抵押的数量等于 7800 元:

$$6000\times(1+30\%)=7800$$

而融资购买抵押的数量等于贷款额除以(1−维持保证金比例),推导过程如下:

因为

$$实际保证金=\frac{资产市值-贷款}{资产市值}\geqslant 维持保证金比例$$

所以,移项整理得

$$资产市值\geqslant \frac{贷款}{1-维持保证金比例}$$

对于五粮液的融资购买,由于维持保证金比例也为 30%,因此,融资购买抵押的数量等于 5714 元:

$$4000/(1-0.3)=5714$$

在这个例子中,总共需要 13514 元(7800+5714=13514),而账户中的资产价值为 16000 元,即在 7 月 1 日时,卖空 100 股平安银行股票所需初始保证金是 $50\times100\times60\%=3000$ 元,再加上卖空股票获得现金 5000 元,共 8000 元,而 7 月 15 日融资购买五粮液股票时所需初始保证金为 $100\times100\times60\%=6000$ 元,账户中有 8000 元现金,故无须追加保证金,7 月 31 日五粮液股票价值是 $80\times100=8000$ 元,因此账户中的资产价值是 $8000+8000=16000$ 元,因此,投资者无须追加担保物。

若要判断账户是否受限制,可利用 60% 的初始保证金率重复上述过程进行计算。对于平安银行股票的贷放,使账户不受限制的数额为 $6000\times(1+0.6)=9600$ 元,相应地,对于五粮液股票保证金的贷款,使保证金账户不受限制的数额为 $4000/(1-0.6)=10000$ 元,两者之和为 19600 元,而账户中只有 16000 元,这说明账户是受限制的。

我国证监会维持保证金比例的计算公式为

$$v=\frac{Q_1+(Q_1+Q_2)(1+R^TW)}{Q_1+Q_2}$$

其中,$W=(w_1,w_2,\cdots,w_n)^T$ 为投资者在投资标的上的投资权重向量,$R=(R_1,R_2,\cdots,R_n)^T$ 是标的资产的期望收益率向量,Q_1 为投资者的初始金额,Q_2 表示投资者能够融资的金额。

在上述例子中,平安银行的投资比例为 $(-50\times100)/(-50\times100+100\times100)=-1$,五粮液的投资比例为 $(100\times100)/(-50\times100+100\times100)=2$。在 7 月 31 日,平安银行股票的收益率为 $(50-60)/60=-0.2$,五粮液股票的收益率为 $(80-100)/100=-0.2$,$Q_1=5000$,$Q_2=4000$。因此,维持保证金比例为

$$v=\frac{5000+(5000+4000)\times[1+(-1)\times(-0.2)+2\times(-0.2)]}{5000+4000}=136\%。$$

故投资者无须追加担保物。

思考题

第二章
证券的收益与风险

本章课件

本章要点

1. 证券收益的概念以及计算。
2. 单个证券收益与风险度量。
3. 证券组合收益和风险度量。

第一节 证券收益

【案例 2-1】

小何同学在 2021 年 1 月 4 日以 26.00 元/股的价格购买了 1000 股国电南瑞(股票代码 600406),一周后,2021 年 1 月 11 日以 28.00 元每股的价格卖出。小刚同学也在 2021 年 1 月 4 日以 39.11 元/股的价格购买了 1000 股的通威股份(股票代码 600438),一周后以 41.11 元/股的价格全部卖出。请问:这两只股票的价格变动是多少?能直接通过比较股票价格变化来衡量业绩表现吗?

【案例 2-2】

小金同学在 2015 年 6 月 30 日以 260.00 元/股的价格购买了 10000 股贵州茅台(股票代码 600519),并且持有了 5 年,小金最后在 2020 年 6 月 30 日以 1460.00 元每股的价格卖出了所有持有股份。在小金的持有期内,贵州茅台一共发放了五次股息:在 2016 年 7 月 1 日发放 6.171 元/股的股息,在 2017 年 7 月 7 日发放 6.787 元/股的股息,在 2018 年 6 月 15 日发放 10.999 元/股的股息,在 2019 年 6 月 28 日发放14.539 元/股的股息和 2020 年 6 月 24 日发放了 17.025 元/股的股息。请问:小金的收益率是多少?是如何计算的?

在证券投资活动中,收益与风险是其核心问题。人们之所以放弃消费,而投资于各种证券,就是为了获得投资收益。证券投资收益不是在进行投资的时候就能获得,而是在投资一段时间后才能获得的,而且在一般情况下,投资收益是难以确定的,也就是说,证券投资活动是一项有风险的活动。投资风险可能来自外部客观条件的变化,也可能来自投资者自己的决策。

在投资活动中,投资者总是希望自己的投资收益越大越好,同时希望自己的投资风险越小越好。在现实生活中,收益与风险是并存的,市场上很少有低风险高收益的证券。

投资者在证券投资过程中应遵循两个原则:①在风险相同的证券中选择收益较高的资产;②在收益相同的证券中选择风险较小的资产。

所以,计算和预测各种证券的投资收益和度量它们的投资风险是投资者在进行证券投资之前必须要做的一项重要工作。任何机构和个人在证券投资前,都必须计算证券在一定时期内的收益率,并以此为基础来估计该证券的风险。

一、证券的业绩表现

金融风险通常通过价格的变化来测量,如资产组合的风险就是指在一定的持有期及给定的概率水平下该资产组合价格的最大可能变动。

尽管人们一向对证券的价格感兴趣,但事实上证券的业绩表现却是用收益率或价格变动来衡量的。这是因为:①价格是一个绝对的数值,无法反映证券的业绩变化。以案例 2-1 为例,我们不能根据价格就说市场报价为 39.11 元的国电南瑞的未来收益就比市场报价为 26.00 元的通威股份的未来收益高。②从统计角度来看,价格具有的一些性质,如非平稳性,使建模过程更为复杂、困难;而价格变动序列和收益率序列则比价格序列具有更好的性质,更易于建模。

与价格本身不同,价格变动可以在不同的金融资产之间进行比较。例如,在指定时间段,股票 A 的价格涨了 1.00 元,而股票 B 的价格跌了 10.00 元,那么我们可以说,股票 A 的业绩表现强于股票 B。

但是如果出现和案例 2-1 中两只股票在同一时间内价格变化相同的情况,怎么比较这两只股票的业绩表现呢?

采用收益率衡量业绩可以很好地解决这个问题。因为收益率是按初始价格标准化了的一种不考虑规模的标量指标,所以它使得价格不同的证券之间进行业绩比较成为可能。表 2-1 说明了案例 2-1 中两只股票的收益率。

表 2-1 价格、价格变动与收益率

股票名称	初始价格(元)	最终价格(元)	价格变动(元)	收益率(百分比)
国电南瑞 (600406)	26.00	28.00	2.00	2.00/26.00×100%=7.69%

续表

股票名称	初始价格(元)	最终价格(元)	价格变动(元)	收益率(百分比)
通威股份 (600438)	39.11	41.11	2.00	2.00/39.11×100%=5.11%

虽然国电南瑞和通威股份在一周后的价格变动都是 2.00 元,但是国瑞股份的收益率 7.69%大于通威股份的 5.11%,因此我们可以断定国电南瑞的业绩比通威股份的业绩更好。

所以无论是在金融研究还是在金融实践中,人们更关注的是证券的价格变动和收益率而非价格本身。

二、单期收益率

投资者投资证券的目的是获得投资收益,投资者不仅可以从买卖股票价格差额中获利,我们称其为资本利得(capital gains),还可以从上市公司分发的分红中获利,我们称其为股息(dividends)。因此,我们需要对收益率进行计算和度量。

(一)单期收益率的概念

单期(一期)收益率(single period return)是收益率的一种基本形式,也是价格变动中最简单的形式。

用 P_t 表示时间 t 的证券价格,P_{t-1} 表示时间的前一期 $t-1$ 的证券价格,则该证券在时间段 $[t-1, t]$ 上的单期价格变动可定义为:

$$\Delta P = P_t - P_{t-1} \tag{2-1}$$

这里,时间期限并不限于某一固定不变的区间,它可以是一天、一周、一个月或其他任何一个选定的时间段。

这样,不考虑股息的证券的第 t 期的单期收益率 r_t 可以定义为:

$$r_t = \frac{P_t - P_{t-1}}{P_{t-1}} = \frac{\Delta P}{P_{t-1}} = \frac{P_t}{P_{t-1}} - 1 \tag{2-2}$$

事实上,收益率是相对的价格变动,是按初始价格标准化了的一种不考虑规模的标量指标,通常用百分数表示。

如果考虑利息或者红利支付,则第 t 期收益率可调整为如下形式:

$$r_t = \frac{P_t - P_{t-1} + D_t}{P_{t-1}} = \frac{\Delta P + D_t}{P_{t-1}} \tag{2-3}$$

其中,D_t 表示在时间段 $[t-1, t]$ 上支付的股息。

式(2-2)或式(2-3)反映了证券价格变化和收益率之间的关系。已知证券的单期收益率,可以很容易地导出该时间段证券价格变动的大小。

根据式(2-3),可以得到时间段 $[t-1, t]$ 上证券的价格变化:

$$r_t \cdot P_{t-1} - D_t = \Delta P_t \tag{2-4}$$

由式(2-1)和式(2-4),我们可以得到某时间点的证券价格:

$$P_t = P_{t-1} \cdot (1 + r_t) - D_t \tag{2-5}$$

值得注意的是,尽管收益率的定义与绝对量无关,它独立于所考察的证券的价格水平,但收益率也是有数量单位的,它总是与某个时间区间有关系。因此,"收益率为15%"的说法是对某证券业绩表现的不完整表述,因为它没有确定具体的时间范围。没有指明时间段的收益率是没有任何意义的。

(二)单期收益率的计算

从案例 2-1 的小何同学和小刚同学购买股票的信息,我们可以运用式(2-2)计算出不带股息的单期收益率。具体计算见表 2-2。

表 2-2 不带股息的单期收益率

股票名称	初始市值	最终价格	单期收益率
国电南瑞(600406)	26.00 元/股×1000 股=26000 元	28.00 元/股×1000 股=28000 元	(28000−26000)/26000×100%=7.69%
通威股份(600438)	39.11 元/股×1000 股=39110 元	41.11 元/股×1000 股=41110 元	(41110−39110)/39110×100%=5.11%

而通过案例 2-2 小金同学购买股票的信息,我们可以运用式(2-3)计算出带股息的单期收益率。具体计算见表 2-3。

表 2-3 带股息的单期收益率

股票名称	初始市值	最终市值	股息	单期收益率
贵州茅台(600519)	260.00 元/股×10000 股=2600000 元	1460.00 元/股×10000 股=14600000 元	(6.171+6.787+10.999+14.539+17.025)元/股×10000 股=555210 元	(14600000+555210−2600000)/2600000×100%=482.89%

在计算证券的单期收益率时,如果在对应的时间期限内,除了在期末以外的其他时点上再没有其他收入,那么用单期收益率来确定一种证券的业绩是很有用的。

但是股票红利在通常情况下不只是一年发放一次,而单期收益率却没有考虑这些股票红利的时间价值。一位投资者宁愿在年初而不是在年底收到股票红利。相应地,当某个人投资于债券时,他也必须考虑累积的应计利息,也就是说,在二级市场上买卖债券时,买者除向卖者支付债券价格外,还应支付从上次利息支付日到债券出售日这段时间所累积的利息。这些事实导出了不同时间范围下收益率之间关系的问题,即多期收益率问题。

三、多期收益率

如果想知道每一段时间内收益率之间的关系,比如案例 2-2 中小金分别在 2016 年、2017 年、2018 年、2019 年的收益率,我们就需要了解并使用多期收益率。

(一)多期收益率的概念

令 P_0 表示一只证券(比如股票)在第一期开始时的价格,P_1 表示该证券在第一期结束时的价格，P_k 表示该资产第 k 期结束时的价格。假设利息和红利支付为零，则由式(2-5)可得：

$$P_1 = P_0 \cdot (1 + r_1)$$
$$P_2 = P_1 \cdot (1 + r_2)$$
$$P_3 = P_2 \cdot (1 + r_3)$$
$$\vdots$$
$$P_k = P_{k-1} \cdot (1 + r_k)$$

其中，r_1 表示第一期的单期收益率；r_2 表示第二期的单期收益率；r_k 表示第 k 期的单期收益率。通过迭代，我们得到：

$$P_k = P_0(1+r_1)(1+r_2)\cdots(1+r_{k-1})(1+r_k) \tag{2-6}$$

或其等价形式

$$\frac{P_k}{P_0} = (1+r_1)(1+r_2)\cdots(1+r_{k-1})(1+r_k) \tag{2-7}$$

根据式(2-2)，我们可以得到该证券的 k 期收益率 $r(k)$，即

$$r(k) = \frac{P_k}{P_0} - 1 \tag{2-8}$$

于是，由式(2-7)和式(2-8)可得：

$$1 + r(k) = (1+r_1)(1+r_2)\cdots(1+r_k) = \prod_{i=1}^{k}(1+r_i) \tag{2-9}$$

式(2-9)说明我们可以从单期收益率构造多期收益率。式(2-9)不仅是一个数学上的等价形式，而且还定义了一个无套利条件。在没有交易费用的情况下，一个"买入并且持有证券"的策略等价于"不断买卖证券"的策略。上述两种策略分别体现在式(2-9)的等号左侧和右侧。从式(2-9)中我们可以看出，多期收益率的计算充分考虑了资金的时间价值。式(2-9)假定了投资者在实现现金流入时，立即将这部分现金再投入现存的证券上，所以多期收益率是以复利思想计算收益率的。

从本质上说，多期收益率是解决这样一个问题：投资者在第一期期初投资 1 元，经过若干期之后，这 1 元在最后一期期末的价值是多少？

（二）多期收益率的计算

如果遇到有股息的投资该怎么办呢？此时，我们通常使用综合法和指标法来计算多期收益率。

综合法使用的是各个时期的单期收益率和式(2-9)，指标法则重点强调现金收入应该立即被用来购买额外的证券，两种方法的计算结果是一致的。指标法有助于我们用直观的方法来理解多期收益率，而综合法在实际计算时比较方便和简单。

下面我们将通过案例 2-2 来展示如何使用综合法和指标法。

表 2-4 补充了贵州茅台每次发股息时的股票价格，从而可以让我们计算在 2015 年 6 月—2020 年 6 月贵州茅台股票这五年中的多期收益率。

表 2-4 计算贵州茅台多期收益率有关数据

日期	股息(元/股)	派息时股票价格(元/股)
2015 年 6 月 30 日	0.000	260.00
2016 年 7 月 1 日	6.171	286.17
2017 年 7 月 7 日	6.787	445.97
2018 年 6 月 15 日	10.999	773.33
2019 年 6 月 28 日	14.539	984.00
2020 年 6 月 24 日	17.025	1460.01

可以看出,贵州茅台公司每年度发放现金红利,并且它的股票价格波动幅度比较大。利用表 2-4 的数据和式(2-9),用综合法计算贵州茅台的多期收益率,计算结果见表 2-5。

表 2-5 用综合法计算贵州茅台公司股票的多期收益率

日期	时期	单期收益率	多期收益率
2015 年 6 月 30 日	—	—	—
2016 年 7 月 1 日	1	12.44%	12.44%
2017 年 7 月 7 日	2	58.21%	77.89%
2018 年 6 月 15 日	3	75.87%	212.86%
2019 年 6 月 28 日	4	29.12%	303.96%
2020 年 6 月 24 日	5	50.11%	506.35%

第一个时期(从 2015 年 6 月 30 日到 2016 年 7 月 1 日)的单期收益率是

$$\frac{286.17+6.171-260.00}{260.00} \times 100\% = 12.44\%$$

第二个时期(从 2016 年 7 月 1 日到 2017 年 7 月 7 日)的单期收益率是

$$\frac{445.97+6.787-286.17}{286.17} \times 100\% = 58.21\%$$

这样,在 2015 年 6 月 30 日到 2017 年 7 月 7 日这段时间内,贵州茅台公司股票的多期收益率就是:

$$(1+12.44\%) \times (1+58.21\%) - 1 = 77.89\%$$

重复上述过程,我们可以得出该公司股票 5 年的多期收益率为 506.35%(见表 2-5 最后一栏的最后一项)。

注意,如果我们用式(2-3)来计算单期收益率,那么贵州茅台公司股票全年的收益率就是:

$$\frac{1460.00+6.171+6.787+10.999+14.539+17.025-260.00}{260.00} \times 100\% = 482.90\%$$

怎样解释存在 506.35% 与 482.90% 之间的 23.45% 的差异?

我们可以通过用指标法计算多期收益率来回答这个问题。指标法强调投资者将其所获得的红利再去购买股票,例如,在 2016 年 7 月 1 日,贵州茅台股票投资者每股获得 6.171元的红利,且他可以以 286.17 元/股的价格购买新股票。从表 2-6 中看出,在 2016 年 7 月 1 日,拥有 10000 股贵州茅台公司股票的小金同学可以获得 61710 元的股息,并且他还可以将这61710元购买215.64股新股票。在2017年7月7日,当贵州茅台公司发放6.787元/股的股息时,小金同学除了可以按其拥有的10000股原有股票来领取股息以外,还可以按其在2016年7月1日购买215.64股的新股票来领取红利。小金同学在2017年7月7日获得红利后又可以将其获得的股息在当天以445.97元/股的价格购买股票。表2-6给出了利用表2-4的数据,用指标法计算贵州茅台公司股票的多期收益率的过程。

表2-6 用指标法计算贵州茅台公司股票的多期收益率

日期	每股的现金红利（元）	发放股息时的股票价格（元）	用股息新购买的股票数量（股）	拥有的股票数量
2015年6月30日	—	260.00	—	10000
2016年7月1日	6.171	286.17	215.64	10215.64
2017年7月7日	6.787	445.97	155.47	10371.11
2018年6月15日	10.999	773.33	145.50	10516.61
2019年6月28日	14.539	984.00	153.39	10670.00
2020年6月24日	17.025	1460.01	124.42	10794.42

在第 i 期期末时,投资者用红利新购买的股票数量 AS_i 可以用式(2-10)来表达：

$$AS_i = \frac{N_{i-1} \cdot D_i}{P_i} \tag{2-10}$$

其中,N_{i-1} 表示投资者在第 $i-1$ 期期末所拥有的股票数量。将投资者原来拥有股票的数量加上新购买的股票数量,便可得到他现在所拥有的股票数量,即 $N_i = N_{i-1} + AS_i$。

从表2-6中我们可以看到,当股票数量增多时,投资者可以获得更多的股利,但是随着股票价格的上升,能购买的股票数目可能反而更低。在这个例子里,因为现金股息的增速和股价价格的增速不一致,使每次购买的新股票数量不一致。到了期末时,小金同学已经拥有了价格为1460.01元/股、数量约为10794.42股的股票资产。这样,我们就可以用小金同学在期末所拥有股票的市场价值除以他在期初所拥有股票的市场价值,然后减1,得到贵州茅台公司股票在这5年的多期收益率

$$r = \frac{P_n \cdot N_n}{P_0 \cdot N_0} \times 100\% - 1 = \frac{1460.00 \times 10794.42}{260.00 \times 10000.00} \times 100\% - 1 = 506.15\%$$

用指标法计算多期收益率的结果基本上与综合法计算的结果是相同的,误差来自计算过程中对小数点的保留。

四、年化收益率

小何同学和小刚同学购买的股票持有期都是7天,所以我们可以比较他们持有收益率的大小,而小金同学持有期是5年,我们怎么比较持有期为5年和7天的收益率大小呢？

为了比较不同时期的收益率,我们可以将不同期限的总收益换算成一个常用期限的收益率,通常这个期限是一年,也就是年化收益率。年化收益率表示一年期投资价值增长的百分比。

通常来说,如果把一年分为 n 个相等的期间,并且每一期的持有收益率为 r_n,那么年化

百分比率(annual percentage rate) r 与 r_n 就有如下关系：

$$r = n \cdot r_n \tag{2-11}$$

更一般的，如果持有期限为 t 天，持有收益率为 r_t，则年化百分比率 r 与 r_t 有如下关系：

$$r = r_t \times \frac{365}{t} = \frac{365 r_t}{t} \tag{2-12}$$

如果把时间不是锁定在一年，而是选择自己需要的时间，通过单利和复利进行总利率换算后，我们可以得到名义收益率。T 为选择的时间，t 为单次投资收益的时间，则名义收益率的单利公式为：

$$r = r_t \cdot \frac{T}{t} = \frac{T \cdot r_t}{t} \tag{2-13}$$

接下来，我们将通过案例 2-1 和案例 2-2 来详细计算年化收益率。

在本节第二部分，我们计算出了小何同学和小刚同学的单期收益率分别为 7.69% 和 5.11%，可以通过式(2-12)计算出小何同学和小刚同学的年化百分比收益率分别为 7.69%×365/7=400.98%，5.11%×365/7=266.45%。

在本节第三部分中，我们计算出小金同学的多期收益率为 506.35%，可以通过式(2-11)，n 为 1/5，计算出小金同学的年化百分比收益率为 506.35%/5=101.27%。

所有数据如表 2-7 所示，可以发现，年化收益率还是小何和小刚的高，但是这是因为年化收益率默认小何和小刚每一周都能有这一次投资 7 天的收益，而这在现实中是很难实现的。

表 2-7 年化收益率

股票	投资时间	总收益率	年化收益率
国电南瑞(600406)	7 天	7.69%	400.98%
通威股份(600438)	7 天	5.11%	266.45%
贵州茅台(600519)	5 年	506.35%	101.27%

五、对数收益率

前面给出的单期收益率和多期收益率都是百分比收益率，它的含义直观且计算简单，但它存在如下缺点。

(1) 在金融研究中，我们总是假定证券的收益率(近似)服从正态分布，图 2-1 为标准正态分布概率密度图。但如果收益率是按式(2-2)定义的话，那么收益率的概率密度函数既不会对称也不可能呈现钟形外观。因为股票价格是非负的，所以 $t-1$ 期与 t 期的股票价格之比一定在 $[0,+\infty)$，则单期收益率的值域就在 $[-100\%,+\infty)$，而非正态分布的全实数域 R，这与正态分布的定义不符。尽管我们可以通过选取适当的均值和方差，使单期收益率小于 -100% 的概率变得任意的小，但这个概率不可能为零。因此，百分比收益率序列不会呈正态分布形式，这就复杂化了分布形式。

(2) 如果假定单期收益率服从正态分布，那么多期收益率就不可能服从正态分布。虽然多个正态分布的随机变量的和仍然服从正态分布，但是 n 个正态分布随机变量的乘积却

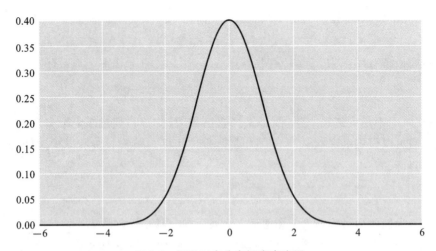

图 2-1 标准正态分布概率密度图

不服从正态分布。周收益率如果是百分比收益率,那么可以假设它服从正态分布;但如果它是由 5 个服从正态分布的日收益率的乘积计算得到的,那么它就不能被认为服从正态分布,如图 2-2 所示的具有偏峰的正态分布图。这就导致了一个悖论。尽管可以认为百分比收益率近似描述了证券价格行为,但其理论性质却难以令人满意。尤其是计算跨期复合收益率时,问题会变得很突出,这的确是一个很大的缺陷。

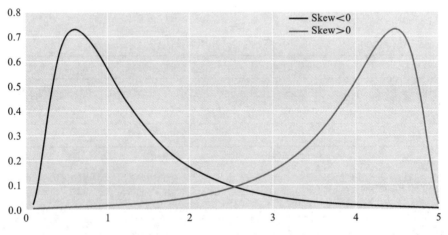

图 2-2 有偏峰的正态分布概率密度图

为此,我们引入对数收益率的概念,使收益率具有满意的统计性质,从而有效地应用于金融建模过程中。

而谈到对数收益率,首先得了解什么是真实收益率,也就是复利计算的收益率。复利(compound interest),是指在计算利息时,某一计息周期的利息是由本金加上先前周期所积累利息总额来计算的计息方式,也即通常所说的"利说利""利滚利"。

给定名义收益率 r_n,复利次数为 m,则每次复利的单次收益率为 r_n/m,进行 m 次复利得到真实收益率 r_e,公式如下:

$$r_e = \left(1 + \frac{r_n}{m}\right)^m - 1 \tag{2-14}$$

当复利次数 m 趋近于无穷大,或者说复利时间几乎为 0,我们称为连续复利。而由高等数学知识可以知道

$$\lim_{x \to 0}(1+x)^{\frac{1}{x}} = e$$

所以连续复利的利率 r 和名义利率 r_n 有如下关系:

$$r = \lim_{m \to \infty}\left(1+\frac{r_n}{m}\right)^m - 1 = \lim_{m \to \infty}\left[\left(1+\frac{r_n}{m}\right)^{\frac{m}{r_n}}\right]^{r_n} - 1 = e^{r_n} - 1 \quad (2\text{-}15)$$

两边取对数,可得:

$$r_n = \ln(1+r) \quad (2\text{-}16)$$

我们将式(2-16)定义的收益率称为连续复利收益率,也称为对数收益率。当收益率用式(2-2)表示可得:

$$r_t \equiv \ln(1+r_t) = \ln\left(1+\frac{P_t}{P_{t-1}}-1\right) = \ln\frac{P_t}{P_{t-1}} = \ln P_t - \ln P_{t-1} \quad (2\text{-}17)$$

式(2-17)非常重要,它是定义资产收益率的另一种方式。

在非常短的时间段里,百分比收益率和对数收益率看上去相等,但是对数收益率有百分比收益率所不具备的性质。

(1) 对数收益率更适合于对证券的行为进行建模。

对数收益率的取值范围扩展到整个实数域$(-\infty,+\infty)$,不会违背有限负债原则。因为证券价格的取值范围是从 0 到 $+\infty$,因此如果给定 P_{t-1},则 P_t/P_{t-1} 的变化范围是 0 到 $+\infty$,即

$$\lim_{P_t \to +\infty}\ln\frac{P_t}{P_{t-1}} = +\infty, \quad \lim_{P_t \to 0}\ln\frac{P_t}{P_{t-1}} = -\infty$$

(2) 多期对数收益率是单期对数收益率的和,计算更为简单。

由式(2-9)多期收益率公式,可得

$$\begin{aligned} r_t(k) &\equiv \ln[1+r_t(k)] = \ln[(1+r_t)(1+r_{t-1})\cdots(1+r_{t-k+1})] \\ &= r_t + r_{t-1} + \cdots + r_{t-k+1} \end{aligned} \quad (2\text{-}18)$$

如果单期的对数收益率 $r_t, r_{t+1}, \cdots, r_{t-k+1}$ 服从正态分布,那么多期对数收益率 $r_t(k)$ 也是服从正态分布的。

(3) 因为推导时间序列之和的性质比推导时间序列之积的性质要容易得多,所以对数收益率的定义使收益率的统计建模变得更为简单。

第二节　证券的期望收益与风险

【案例 2-3】

小何同学想购买华能水电(股票代码 600025),于是他准备观察这只股票以往的

收益率。2周前,在 2021 年 3 月 17 日华能水电的收盘价是 5.43 元/股,往后 10 个交易日的涨幅如下:+1.47%,+1.45%,+4.11%,−6.19%,+0.55%,−1.28%,+1.48%,+1.27%,+1.44%,+2.48%。请问这只股票的预期收益是多少?

【案例 2-4】

小金想在 2021 年 3 月 15 号(周一)进行股票投资,并且他想根据夏普比率的大小来比较汉威科技(股票代码 300007)和三聚环保(股票代码 300072)。于是他查出过去 2 周的十年期国债平均收益率为 3.27%。汉威科技 2 月 26 日收盘价为 13.98 元/股,后面十个交易日涨幅分别为 +3.79%,+2.27%,+2.83%,−0.52%,+1.45%,+0.84%,−4.57%,+0.47%,+2.55%,−1.38%。而三聚环保 2 月 26 日收盘价为 6.72 元/股,后面十个交易日涨幅分别为 −1.34%,+1.81%,+2.67%,+0.29%,−1.44%,+2.04%,−0.14%,−1.58%,+6.11%,+1.23%。请问哪只股票的夏普比率更高?

我们知道,收益与风险是证券投资的核心问题,它们是一对孪生兄弟。投资者的投资目的是获得收益,但与此同时又不可避免地面临着投资风险,证券投资的理论和实战技巧都是围绕着如何处理这两者的关系而展开的。一般说来,风险较大的证券,其收益率也相对较高;反之,收益率较低的证券,其风险也相对较小。但是,绝不能认为风险越大,收益就一定越高。这是因为我们分析的风险是客观存在的风险,它不包括投资者主观上的风险。如果投资者对证券投资缺乏正确的认识,盲目入市,造成操作不当而蒙受损失,这样的风险是投资者主观上的风险,这样的投资只能得到高风险低收益的结果。

计算证券的收益率是为选择投资对象提供一个重要依据。但是,由于市场是不断变化的,各种证券的收益率在不同时期是不一致的,因此在投资者做出证券投资决策之前,还要对各种证券的未来收益做出预测,即要计算各种证券的期望收益率。

一、证券期望收益与算术平均值

未来是不确定的,未来货币政策的宽松和紧缩,公司信息披露等很多不确定性因素都可能影响证券未来的价格。假设未来有 n 种情况会发生,h_i 表示第 i 种情况发生的可能性,r_i 表示第 i 种情况下证券的收益率。则期望收益值 $E(r)$ 是在不同情况下收益率以发生概率为权重的加权平均值,即:

$$E(r) = \sum_{i=1}^{n} h_i \cdot r_i \tag{2-19}$$

在着眼于未来的情景分析中,我们设定一组相关的情景和相应的投资回报,并对每个情景设定其发生的概率,最后计算该投资的风险溢价和标准差。相反,资产和组合的历史收益率只是以时间序列形式存在,并没有明确给出这些收益率发生的概率,因为我们只观察到日期和持有期收益率。所以必须从有限的数据中推断收益率的概率分布,或者至少是分布的一些特征值,比如证券的期望收益。

由此,在使用历史数据的时候,一般认为每一个观测值是等概率发生的。如果有 n 个观测值，便可以将式(2-19)中的 h_i 换成 $1/n$，这时证券的期望收益率可以表示为：

$$E(r) = \frac{1}{n}\sum_{i=1}^{n} r_i \quad (2-20)$$

我们称式(2-20)给出的收益率为收益率的算术平均值，记为 $\bar{r}$，称为收益率的样本均值。

为了更好理解收益率的算术平均值，我们来计算一下案例 2-3 和 2-4 中三只股票的期望收益。

华能水电的每日期望收益为：

$(1.47\% + 1.45\% + 4.11\% - 6.19\% + 0.55\% - 1.28\% + 1.48\% +$
$1.27\% + 1.44\% + 2.48\%)/10 = 0.678\%$

汉威科技的每日期望收益为：

$(3.79\% + 2.27\% + 2.83\% - 0.52\% + 1.45\% + 0.84\% - 4.57\% + 0.47\% +$
$2.55\% - 1.38\%)/10 = 0.773\%$

三聚环保的每日期望收益为：

$(-1.34\% + 1.81\% + 2.67\% + 0.29\% - 1.44\% + 2.04\% - 0.14\% - 1.58\% +$
$6.11\% + 1.23\%)/10 = 0.969\%$

所有结果如表 2-8 所示。

表 2-8 案例 2-3、2-4 中股票收益率的样本均值(%)

日期	华能水电（股票代码600025）	汉威科技（股票代码300007）	三聚环保（股票代码300072）
第 1 天	1.47	3.79	−1.34
第 2 天	1.45	2.27	1.81
第 3 天	4.11	2.83	2.67
第 4 天	−6.19	−0.52	0.29
第 5 天	0.55	1.45	−1.44
第 6 天	−1.28	0.84	2.04
第 7 天	1.48	−4.57	−0.14
第 8 天	1.27	0.47	−1.58
第 9 天	1.44	2.55	6.11
第 10 天	2.48	−1.38	1.23
预期收益率	0.678	0.773	0.969

二、证券风险：方差与标准差

(一) 风险的定义及分类

风险(risk)是指未来收益的不确定性，或者说对预期收益的偏离。这种不确定性程度越高,或者说离预期收益的偏离程度越大,风险就越高。在现实的经济生活中,不同的投资工具风险程度不同。股票投资是常见的高风险投资,而国债投资、银行存款却有着较低的投资风险。

风险与不确定性是否是同一个意思呢?有两种观点。

第一种观点认为,风险就是一种不确定性,与不确定性没有本质区别。持有这种观点的人将不确定性直观地理解为事件发生的最终结果的多种可能状态,即确定性的反义。根据能否事前估计最终结果可能状态的数量和可能程度,不确定性又可以分为可衡量的不确定性和不可衡量的不确定性。

第二种观点认为,尽管风险与不确定性有密切的联系,但二者有着本质的区别,不能将二者混为一谈。风险是指决策者面临的这样一种状态,即能够事先知道事件最终呈现的可能状态,并且可以根据经验知识或历史数据比较准确地预知可能状态出现的可能性大小,即知道整个事件发生的概率分布。

根据后一种观点,风险和不确定性的根本区别在于决策者能否预知事件发生最终结果的概率分布。但鉴于实践中区分这两种状态的困难和两种状态转换的可能性,有时对风险的讨论又采取了第一种观点,并不严格区分风险和不确定性的差异,尤其是在很大程度上可以量化金融风险的分析中。

与证券投资相关的所有风险统称为总风险,总风险可分为系统风险和非系统风险。

系统风险是指由于某种全局性的因素引起的证券投资收益的可能变动,这种因素以同样的方式对所有证券的收益产生影响。在现实生活中,所有企业都受全局性因素的影响,这些因素包括社会、政治、经济等各个方面,由于这些因素来自企业外部,是企业无法控制和避免的,因此被称为不可避免风险。这些共同的因素对所有企业产生不同程度的影响,不能通过多样化投资而得到分散,因此,它又被称为不可分散风险。系统风险主要是市场风险。

非系统风险是指对某个行业和个别公司的证券产生影响的风险,它通常是由某一特殊的因素引起的,与整个证券市场的价格不存在系统的全面的联系,而只对个别或少数证券的收益产生影响。如某公司产品因市场需求减少而导致盈利下降,某公司因经营不善而发生严重亏损,某行业因产品更新换代而逐渐衰退等,这种因行业或企业自身因素改变而带来的证券价格变化与其他证券价格收益没有内在的必然联系,不会因此而影响其他证券的收益。这种风险可以通过分散投资来抵消,如果投资者持有多样化的不同证券,当某些证券价格小跌或收益减少时,另一些证券可能价格正好上扬,从而导致收益增加,这样就使风险相互抵消,平均收益不致下降。非系统风险可以通过多样化投资来回避或抵消,因此又称为可分散风险或可回避风险。

(二) 单个证券的风险衡量

在金融投资领域,风险是个永恒存在并备受关注的主题。风险在很大程度上是一个取决于个体心理感受后进行主观价值判断的概念,因此在 Markowitz 提出投资组合理论之前的很长一段时间里,风险的度量方法始终停留在非定量的主观判断阶段。

1952年,Markowitz 在著名的论文 *Portfolio Selection* 里,假定投资风险可视为投资收益的不确定性,这种不确定性可用统计学中的方差或标准差来进行度量。在以方差为风险度量的基础上,理性的投资者在进行投资决策时追求的是收益和风险之间的最佳平衡,即一定风险下获取最大收益或一定收益下承受最小风险。通过均值-方差分析进行单目标下的二次规划,就可以实现投资组合中金融资产或证券的最佳配置。

收益率的标准差 σ 是度量风险的一种方法。它是方差的平方根,方差是与期望收益偏差的平方的期望值。证券的收益波动性越大,方差值就越大。因此,方差和标准差提供了测量结果不确定性的一种方法。证券的收益率方差公式是:

$$\sigma^2 = E[r - E(r)]^2 = \sum_{i=1}^{N} h_i [r_i - E(r)]^2 \tag{2-21}$$

然而,在现实社会中,我们并不能看到证券收益率的潜在概率,因此必须通过其他方式来度量证券的风险。在实际运用中,认为式(2-21)中的每个观测值是等概率出现的,因此可以用证券收益率与其样本均值之差的平方和的平均值来表示证券的方差,即

$$\sigma^2 = \frac{1}{N-1} \sum_{i=1}^{N} (r_i - \bar{r})^2 \tag{2-22}$$

我们将案例 2-3 和案例 2-4 的数据导入公式(2-22),就可以计算出三只股票的方差和标准差。

以华能水电(股票代码 600025)为例,华能水电的方差计算过程:

$$\begin{aligned}\sigma^2_{华能水电} =& \frac{1}{9}[(1.47-0.678)^2 + (-6.19-0.678)^2 + (1.45-0.678)^2 \\ &+ (4.11-0.678)^2 + (0.55-0.678)^2 + (-1.28-0.678)^2 \\ &+ (1.48-0.678)^2 + (1.27-0.678)^2 + (1.44-0.678)^2 \\ &+ (2.48-0.678)^2] = 8.5556\end{aligned}$$

故标准差是:

$$\sigma = \sqrt{8.5556} = 2.92\%$$

由于篇幅限制,其他两只股票的方差和标准差可以由读者自行计算。表 2-9 展示了三只股票的收益率、方差和标准差。

表 2-9 案例 2-3 和 2-4 中股票的收益率、方差和标准差

股票名称	平均日收益率(%)	方差	标准差(%)
华能水电(股票代码 600025)	0.678	8.5556	2.92
汉威科技(股票代码 300007)	0.773	6.7556	2.60
三聚环保(股票代码 300072)	0.969	6.4000	2.53

第三节 证券组合的收益与风险

【案例 2-5】

小杨同学在证券账户中存入 10 万元,希望进行股票投资来获利。他选择在 2021

年3月1日以2.20元/股的价格买入10000股金山股份（股票代码600396），再以78.00元/股的价格购买了1000股青岛啤酒（股票代码600600）。一周后，金山股份的收盘价为2.35元/股，青岛啤酒的收盘价为76.14元/股，问小杨同学的组合收益是多少？

【案例2-6】

小金同学看好能源板块，但是不想受到单个股票的非系统性风险影响，希望进行组合投资。于是他观察了通宝能源（股票代码600780）、华电能源（股票代码600672）和林洋能源（股票代码601222）一周的收益率变化，见表2-10。如果你是小金，你会购买怎么样的证券组合呢？

表2-10 部分能源股收益率变化

股票名称	项目	2021年3月1日	2021年3月2日	2021年3月3日	2021年3月4日	2021年3月5日
通宝能源 (600780)	日收益率(%)	0.94	0.62	0.92	0.30	0.30
	收盘价(元/股)	3.23	3.25	3.28	3.29	3.30
华电能源 (600626)	日收益率(%)	1.05	1.04	1.03	1.52	0.50
	收盘价(元/股)	1.93	1.95	1.97	2.00	2.01
林洋能源 (601222)	日收益率(%)	1.37	−1.90	0.55	−3.71	−1.71
	收盘价(元/股)	7.38	7.24	7.28	7.01	6.89

在本章第二节中，我们介绍了如何衡量单个证券的收益和风险，而现实情况是，我们通常持有许多不同的证券，所以在这节中，我们学习如何衡量证券组合的收益和风险。

一、证券组合效应

在实际操作中，为了降低风险，人们总是要选择多种证券进行投资，也就是说，要构建证券组合。这种投资的多样化和分散化，是风险管理中的一条金科玉律，也是投资者普遍运用的投资理念，它可以有效地防范或降低投资风险、提高收益能力或增强收益的稳定性。证券组合既可以减少单种证券的风险暴露，也可以使各种证券的风险相互抵消，从而分散风险。

下面我们简单地介绍一下进行证券组合的意义及这样做产生的收益和风险将会发生怎样的变化？进一步的分析将在第三章中全面展开。

我们在本章第二节中了解了证券的风险以及风险的分类，通过证券组合的方式可以分散非系统性风险。但是怎么理解呢？

1981年诺贝尔经济学奖得主詹姆斯·托宾说过："鸡蛋不要放在一个篮子里"。在证券投资中，如果投资者将原来投资于一种证券的资金分散地投资于两种或两种以上的证券，可以减少单种证券的风险暴露。在资金一定时，证券种类越多，单种证券的风险暴露就越少。单种证券风险暴露的减少，可降低风险。

假设有 10 种相互独立的证券,其完全丧失价值的可能性均为 1/10,则一笔资金投资于其中一种证券而完全损失的可能性,是将该笔资金投资于 10 种不同证券而完全损失的可能性的 10^{10} 倍。这是因为前者的概率是 1/10,而后者的概率是 $(1/10)^{10}$。直观上我们也可以清楚地看出,10 家不相关联的公司同时倒闭的可能性总要比一家公司突然破产的可能性小得多。在这里,我们仅选取了证券相互独立的场合。事实上,在各种证券不完全独立的情况下,分散投资也可以分散风险。特别是由高风险投资向低风险投资分散时,这种作用更为明显。

下面,我们看看案例 2-6 中的通宝能源和华电能源,它们的价格变动方向和变动幅度相近,即当通宝能源的价格上升时,华电能源也以相同的幅度上升,反之亦然。如果投资者同时持有股票通宝能源和华电能源,则他所承担的风险不会降低,如图 2-3 所示。

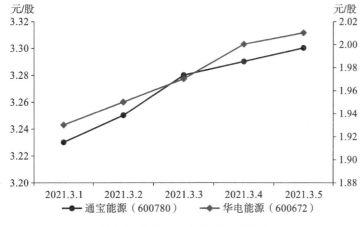

图 2-3　价格变动趋势相近的股票

假如通宝能源和林洋能源这两种股票,它们的价格变动方向是相反的,即当通宝能源股票价格上升时,林洋能源的价格则下降(见图 2-4),反之亦然。这种完全相反的变动,使两种股票的风险相互抵消了。

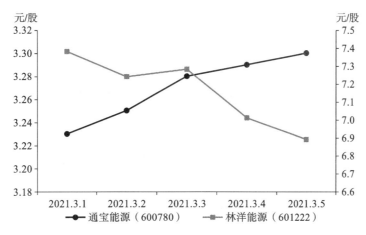

图 2-4　价格变动趋势相反的股票

当然,这是两种极为少见的情况,大部分情况是介于两者之间,或者两种证券的价格变动毫不相关,此时分散投资可使风险大为减少。

从上面例子,我们可以得知两点:第一,当投资者同时持有几种各不相同的证券时,他所承担的风险有可能被分散,使他承受的总风险小于分别投资于这些证券所应承担的风险,这种因分散投资而使风险下降的效果称为证券组合效应或资产多样化效应;第二,一个证券组合的风险不是孤立地取决于构成组合的各个个别证券的风险,也不是简单地等于组合中各种风险的总和,而是取决于它们之间相互关联的程度。多元化分散风险投资应该遵循的原则是选择那些预期价格变化能相互冲抵的证券进行投资。

选择多元化投资来分散风险,不是说要求投资于许许多多不同行业的证券。可分散的风险也就是非系统风险,它只对个别的证券产生影响,而对其他证券毫无影响,因此可以通过证券组合来消除。随着股票种类从1增加到15或者20左右,非系统风险逐步降低为零。不可分散的风险,也就是系统风险,是不能通过投资多元化证券来消除的。例如,分散化并不能排除市场利率变化的影响。总之,由于各种证券受风险影响而产生的价格变动的幅度和方向不尽相同,存在通过多元化投资使风险降低的可能,如图2-5所示。

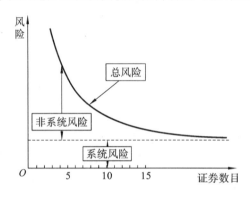

图 2-5　证券数目与风险关系

投资分散化就是将风险分摊在许多不同行业和公司的证券上。恰当分散化的关键是向那些预期收益受社会、政治、经济影响程度不同的证券投资。因此要达到分散风险的目的,并非任意拼凑一个组合就行,而是要对组成证券组合的多个证券进行精心挑选。在组成组合时,不仅要看构成组合的各个证券的风险大小,还要看个别证券之间预期收益的相互关联情况。如果组合中多个证券完全正相关,则分散投资不能降低风险。如果多个证券完全负相关,则风险可以完全抵消,但证券的额外预期收益,即超过无风险证券收益的那部分收益也没有了。如果组合中证券互不相关,则分散投资可以使风险大幅降低。

证券组合中证券种类的多少与风险的抵消程度也有关系,并非组合中的证券种类越多越能减少风险。开始的时候在组合中每增加一种证券可使风险有较大程度的减少,但随着证券种类的增加,风险减少的程度逐渐递减,直到非系统风险完全抵消,只剩下与市场有关的风险,此时组合的风险就与整个市场的风险水平相差无几了。一般认为,一个组合的证券种类以10～15种最为适宜,即使是一些大型基金也无须超过25～35种。过度的分散化会增加交易成本、管理时间和信息成本,可能得不偿失。同时,每种证券的价值在组合整体价值中所占比重也很重要,可通过调整各种证券的比重来调节组合的风险水平。

对于具有理性的投资者来说,只有保证有额外的收益,他们才愿意承担额外的风险。所以,投资者面临的任务是要选择那些风险、收益率和效用组合最佳的有价证券,选择的方法将在第三章中详细介绍。

二、证券组合的收益与预期收益

在一个证券组合中,各种证券具有不同的收益率,这个证券组合作为一个整体,其收益率会发生怎样的变化呢?

我们通过案例2-5来进行说明。小杨同学有10万元,其中2.2万元用来购买金山股份(股票代码600396),7.8万元用来购买青岛啤酒(股票代码600600)。一周后,金山股份的收益率为$(2.35/2.2)-1=6.818\%$,青岛啤酒的收益率为$(76.14/78)-1=-2.385\%$。那么这个证券组合的收益是多少呢?显然,它是一周两者价格乘以股数减去投资金10万元,即

$$2.35 元/股 \times 10000 股 + 76.14 元/股 \times 1000 股 - 100000 = -360 元$$

同时,它也可以表示成这两种证券收益的和。即

$$22000 元 \times 6.818\% + 78000 元 \times (-2.385\%) = -360 元$$

那么,用证券组合的收益除以投资总额就是这个证券组合的收益率。即

$$r_p = \frac{-360}{100000} \times 100\% = -0.36\%$$

换一种形式,可写成:

$$\begin{aligned} r_p = -0.36\% &= \frac{-360}{100000} \times 100\% \\ &= \frac{22000}{100000} \times 6.818\% + \frac{78000}{100000} \times (-2.385\%) \\ &= 0.22 \times 6.818\% + 0.78 \times (-2.385\%) \end{aligned}$$

于是证券组合的收益率r_p是其组合中各种证券收益率的加权平均值,即

$$r_p = \sum_{i=1}^{n} x_i r_i \tag{2-23}$$

其中,n是证券组合中证券的个数,r_i是第i个证券的收益率,x_i是第i个证券在总投资中所占的比例,这些比例也称为证券组合权重,这些权重的总和为1,它们的计算公式为:

$$x_i = \frac{第 i 个证券投资额}{证券组合投资总额}, \quad i = 1, 2, \cdots, n \tag{2-24}$$

卖空(融券)是指投资者从他人那里借来一定数量的某种股票,并在一定时期后归还同样数量的某种股票。也就是投资者卖掉自己并不持有的证券,以便在股票下跌的情况下获取价差。实际上,卖空交易者是先借入股票以供最初交易之用,然后用在以后交易中获得的股票偿还借入的股票,即先卖后买。为了防止卖空者不归还贷款而遭受损失,经纪公司都会要求卖空者交纳一定的保证金。

以案例2-5来说明证券组合中的卖空操作,假定小何同学也有100000元,并且从券商融券,借入并卖出1000股青岛啤酒,得到78000元,小何一共有178000元,全部用来购买金山股份,一共购买80900股,余20元。要注意,我国A股购买100股起买,所以这20元

并不能购买金山股份,并且这 20 元相当于从头到尾没有参与投资活动,并不能计入投资金额中。实际使用资金为自有资金 99980 元和借入的 78000 元。那么,小何的证券组合的权重是多少呢?

买入 177980 元的金山股份,是 99980 元投资的 178%,$x_{金山股份}=1.78$。卖空 78000 元的青岛啤酒,它是 99980 元投资的 -78%,$x_{青岛啤酒}=-0.78$。

请注意,证券组合的权重之和仍然为 1。

已知金山股份的收益率是 6.82%,青岛啤酒的收益率是 -2.38%,由式(2-23)可知,这两种股票构成的证券组合收益率是:
$$r_p = 1.78 \times 6.818\% + (-0.78) \times (-2.385\%) = 13.996\%$$

为了说明这个问题,可以设想我们在投资金山股份时获利 12136 元;同时在卖空青岛啤酒时获利了 1860 元,因为我们用 78000 元将 1000 股青岛啤酒卖出,然后用 76140 元,再买入 1000 股青岛啤酒还给经纪商,因此总净收益为 13996 元。初始投资是 99980 元,则投资收益率为 13.996%。

证券组合的收益率是构成它的各种证券收益率的加权平均值。由各证券投资在投资总额中所占的比例可以知道各项证券的权重。如果买入这种证券,则其权重为正,如果卖空这种证券,则其权重为负。如果将组合中各种证券所占权重做一些调整,则证券组合的收益率将会发生变化。

类似地,证券组合的预期收益率也是构成它的所有证券的预期收益率的加权平均值,其权重是购买(或卖空)该证券的金额在最初投资总额中所占的比例。如果一个证券组合有 n 种证券,第 i 种证券的预期收益率是 R_i,它在组合中的权重是 x_i,则这个证券组合的预期收益率 R_p 是:

$$R_p = E(r) = E\left(\sum_{i=1}^{n} x_i r_i\right) = \sum_{i=1}^{n} x_i E(r_i) = \sum_{i=1}^{n} x_i R_i \tag{2-25}$$

如果证券 A 的预期收益率是 10%,证券 B 的预期收益率是 6%,投入这两种证券的资金相同,则由式(2-25),该证券组合的预期收益率是:
$$0.5 \times 10\% + 0.5 \times 6\% = 8\%$$

如果我们的自有资金是 1000 元,卖空证券 B 的收入为 1000 元,将这 2000 元都用于购买证券 A,则此时该证券组合的预期收益率变为:
$$2 \times 10\% + (-1) \times 6\% = 14\%$$

在这里我们要注意,如果不进行卖空交易,那么由这两种证券组成的证券组合的预期收益率始终介于 6% 和 10% 之间,具体大小取决于我们所购买的这两种证券的相对数量。但如果我们卖空其中某种证券,则证券组合的预期收益率既可能无限上升也可能无限下降。因此如果想尽可能大地提高证券组合的预期收益率,我们只需大量卖空收益率低的那种证券用于购买收益率高的证券即可。但是随着预期收益率的提高,证券组合的风险也会随之上升。

三、协方差与相关系数

在本节开始,我们看到,当投资者拥有一个证券组合时,衡量证券组合风险大小的指标不再是证券组合中单个证券的风险了,因为合理的证券搭配会产生资产多样化效应而使投资者承担的总风险减小。因此当投资者决定是否将某些证券组成证券组合或是将某项证券加入原有证券组合中时,他不仅要考虑某一单个证券本身风险的大小,而且还要考虑单个资产与组合中其他资产的相互关系。

我们可以用数学中的协方差来衡量两个证券之间的相互关系。在数学中,协方差是刻画二维随机向量中两个变量间的相互关系的函数。由于两种证券的收益率可以看作一个二维随机向量的两个分量,因此,协方差被用于揭示一个由两种证券构成的证券组合中这两种证券收益率之间的相互关系。正的协方差说明两种证券的收益率随市场条件的变化而朝同一个方向变化,即它们的运动方向一致,如图 2-3 所示,它们的风险只能在很小程度上相互抵消。负的协方差说明随着市场条件的变化这两种证券的收益率做反向运动,如图 2-4 所示,它们的风险可以在很大程度上抵消,因而使证券组合的整体风险降低。如果我们要分析一个由多种证券构成的证券组合,则要分别分析组合中两两证券间的协方差,才能最终得知组合总风险是否有所下降。

按数学定义,两种证券(第 i 种与第 j 种)之间的协方差 σ_{ij} 是:

$$\sigma_{ij} = E[r_i - E(r_i)][r_j - E(r_j)] = \sum_{k=1}^{N} h_k (r_{ik} - R_i)(r_{jk} - R_j) \tag{2-26}$$

其中,E 表示随机变量的数学期望,N 是证券可能产生的收益率的个数,r_{ik} 是证券 i 可能产生的收益率,R_i 是该证券的预期收益率,r_{jk} 是证券 j 可能产生的收益率,R_j 是该证券的预期收益率,h_k 是产生 r_{ik} 和 r_{jk} 的概率,满足 $\sum_{k=1}^{N} h_k = 1$。

在实际运用中,我们看不到产生证券收益率的概率,因此我们依据样本方差的计算方法,用下面的公式计算两种证券(第 i 种与第 j 种)之间的协方差 σ_{ij}:

$$\sigma_{ij} = \frac{1}{N-1} \sum_{t=1}^{N} (r_{it} - \bar{r}_i)(r_{jt} - \bar{r}_j) \tag{2-27}$$

其中,N 是考察的时期数,r_{it} 和 r_{jt} 分别是证券 i 和证券 j 在第 t 期的收益率,$\bar{r}_i$ 和 $\bar{r}_j$ 分别是证券 i 和证券 j 的收益率的样本均值。

下面,我们利用案例 2-6 中的收益率数据来计算通宝能源、华电能源、林洋能源三只股票的协方差。首先,我们根据式(2-20)算出

$$\bar{r}_{通宝能源} = \frac{(0.94+0.62+0.92+0.3+0.3)\%}{5} = 0.616\%,$$

$$\bar{r}_{华电能源} = \frac{(1.05+1.04+1.03+1.52+0.50)\%}{5} = 1.028\%,$$

$$\bar{r}_{林洋能源} = \frac{(1.37-1.90+0.55-3.71-1.71)\%}{5} = -1.08\%。$$

再根据式(2-27),我们可以计算出

$$\begin{aligned}\sigma_{通宝,华电} = \frac{1}{5-1}\big[&(0.0094-0.00616) \times (0.0105-0.01028) + (0.0062-0.00616) \\ &\times (0.0104-0.01028) + (0.0092-0.00616) \times (0.0103-0.01028) \\ &+ (0.003-0.00616) \times (0.0152-0.01028) + (0.003-0.00616) \\ &\times (0.005-0.01028)\big] = 0.000000479\end{aligned}$$

同理,可以算出 $\sigma_{通宝,林洋}$ 和 $\sigma_{华电,林洋}$ 的数值,结果如表 2-11 所示。

表2-11 通宝能源、华电能源、林洋能源的协方差

证券名称	通宝能源(600780)	华电能源(600626)	林洋能源(601222)
通宝能源(600780)	0.000009928	0.000000479	0.000057905
华电能源(600626)	0.000000479	0.000013038	−0.000022850
林洋能源(601222)	0.000057905	−0.000022850	0.000416140

由协方差定义,我们不难发现,$\sigma_{ij}=\sigma_{ji}$,并且当 $i=j$ 时,σ_{ii} 就是证券 i 的方差。类似于表2-11的排列方式,将 n 种证券的方差连同它们两两之间的协方差按照一定的顺序组成一个对称矩阵:

$$\Sigma = \begin{pmatrix} \sigma_{11} & \sigma_{12} & \cdots & \sigma_{1n} \\ \sigma_{21} & \sigma_{22} & \cdots & \sigma_{2n} \\ \vdots & \vdots & \vdots & \vdots \\ \sigma_{n1} & \sigma_{n2} & \cdots & \sigma_{nn} \end{pmatrix}_{n \cdot n} \tag{2-28}$$

我们称这个对称矩阵为证券组合的协方差矩阵。数学上,可以证明协方差矩阵是一个正定矩阵。

为了更好地说明问题,我们可以用相关系数来衡量两种证券的相关程度。相关系数是反映两个随机变量分布之间相互关系的指标,它是一个标准化的计量单位,取值区间为 $[-1,+1]$,可以更直观地反映两个随机变量之间的相互关系。

证券 i 与证券 j 的相关系数 ρ_{ij} 为:

$$\rho_{ij} = \frac{\sigma_{ij}}{\sigma_i \sigma_j} \tag{2-29}$$

两种证券间的相关系数是 $+1$ 时,表示它们的收益具有完全的正相关性,不仅变动方向一致,而且变动程度也相同,此时证券组合的风险是个别风险的加权平均。当两种证券间的相关系数是 -1 时,表示它们的收益具有完全的负相关性,即变动程度相同但方向相反,这意味着两种证券的风险可以相互抵消,此时证券组合的风险小于个别风险的和。当两种证券间的相关系数是 0 时,说明证券之间的收益变动完全不相关,它们的收益变动方向和幅度都互不关联,此时证券组合有利于降低风险。

根据表2-11和式(2-29),我们计算出

$$\rho_{通宝,华电} = \frac{0.000000479}{\sqrt{0.000009928} \times \sqrt{0.000013038}} = 0.04$$

$$\rho_{通宝,林洋} = \frac{0.000057905}{\sqrt{0.000009928} \times \sqrt{0.00041614}} = 0.9$$

$$\rho_{林洋,华电} = \frac{-0.00002285}{\sqrt{0.000041614} \times \sqrt{0.000013038}} = -0.31$$

四、证券组合的风险

假设在一个证券组合中,有 n 种证券。证券 $i(i=1,2,\cdots,n)$ 的风险用 σ_i 表示,它在这个组合中的权重记为 x_i,则 $\sum x_i = 1$。

我们用 σ_p 表示证券组合的风险,用组合中各种证券的权重组成的向量

$$X = \begin{pmatrix} x_1 \\ x_2 \\ \vdots \\ x_n \end{pmatrix}$$

表示证券组合的权重向量。

由概率论知识可知,证券组合的方差是:

$$\sigma_p^2 = \sum_{i=1}^{n} \sum_{j=1}^{n} x_i x_j \sigma_{ij} \tag{2-30}$$

故,证券组合的风险 σ_p 为:

$$\sigma_p = \left(\sum_{i=1}^{n} \sum_{j=1}^{n} x_i x_j \sigma_{ij} \right)^{\frac{1}{2}} \tag{2-31}$$

其中,σ_{ij} 是证券 i 与证券 j 的协方差,σ_p 是证券组合的风险。

因为 $\sigma_{ij} = \rho_{ij} \sigma_i \sigma_j$,所以式(2-30)可以写为:

$$\sigma_p^2 = \sum_{i=1}^{n} \sum_{j=1}^{n} x_i x_j \rho_{ij} \sigma_i \sigma_j \tag{2-32}$$

又因为协方差矩阵

$$\Sigma = \begin{pmatrix} \sigma_{11} & \sigma_{12} & \cdots & \sigma_{1n} \\ \sigma_{21} & \sigma_{22} & \vdots & \sigma_{2n} \\ \vdots & \vdots & \vdots & \vdots \\ \sigma_{n1} & \sigma_{n2} & \cdots & \sigma_{nn} \end{pmatrix}$$

所以式(2-30)可以改写为:

$$\sigma_p^2 = (x_1, x_2, \cdots, x_n) \Sigma \begin{pmatrix} x_1 \\ x_2 \\ \vdots \\ x_n \end{pmatrix} = X^{\mathrm{T}} \Sigma X \tag{2-33}$$

由于协方差矩阵 Σ 是正定对称矩阵,所以式(2-33)是一个关于权重向量 X 的正定二次型。

接下来,我们通过案例 2-6 计算证券组合的风险。

假设小金同学用 10% 的资金购买通宝能源,80% 的资金购买华电能源,10% 的资金购买林洋能源。首先我们写出协方差矩阵

$$\Sigma = \begin{pmatrix} 0.000009928 & 0.000000479 & 0.000057905 \\ 0.000000479 & 0.000013038 & -0.000022850 \\ 0.000057905 & -0.000022850 & 0.000416140 \end{pmatrix}$$

和权重

$$X = \begin{pmatrix} 0.1 \\ 0.8 \\ 0.1 \end{pmatrix}$$

那么由式(2-33)可以计算出证券组合的方差为：

$$\sigma_p^2 = \boldsymbol{X}^T \boldsymbol{\Sigma} \boldsymbol{X}$$

$$= (0.1 \quad 0.8 \quad 0.1) \begin{bmatrix} 0.000009928 & 0.000000479 & 0.000057905 \\ 0.000000479 & 0.000013038 & -0.00002285 \\ 0.000057905 & -0.00002285 & 0.00041614 \end{bmatrix} \begin{bmatrix} 0.1 \\ 0.8 \\ 0.1 \end{bmatrix}$$

$$= 0.0000101831$$

所以证券组合的风险 σ_p 为 0.00319，即 0.319%。而由协方差矩阵可知，通宝能源、华电能源和林洋能源的风险分别是 0.0057、0.0036 和 0.0204，即 0.57%、0.36% 和 2.04%。因此，证券组合的风险比任何一种证券的风险都小。

思考题

第三章
证券组合分析

本章要点

1. 证券组合的结合线。
2. 证券组合的最小方差集合。
3. 证券组合的临界线。
4. 无风险借贷下证券组合的有效集。
5. 证券组合的效用最大化。

第一节 结合线:两只风险证券的组合

【案例 3-1】

李先生在 2021 年 1 月打算在上海证券交易所进行股票投资,他为自己选定两只股票,分别是中视传媒(股票代码 600088)和九洲药业(股票代码 603456)。通过东方财富官网的数据,李先生对这两只股票的收益率和风险方差有了大概的了解。已知两只股票的预期收益率和方差,李先生通过自己调整资金在两只股票上的分配,即可得出所有可能的证券组合。请问,这时李先生的证券组合的收益率与风险方差之间的关系是怎样的?

【案例 3-2】

在我国股票市场中,存在许多不同的板块,而同一板块中,也存在多只股票可供投资者进行投资选择。而往往在同一板块中同一行业的股票具有较强正的相关性,如:同属同一板块行业的贵州茅台(股票代码 600519)和山西汾酒(股票代码 600809);而黄金板块和大多数的板块都具有显著的负相关关系,比如观察黄金板块和铁路运输板块,园城黄金(股票代码 600766)和广深铁路(股票代码 601333)则具有明显的负的相关性。请问,如果证券组合仅由具有较强正相关性或负相关性的股票构成,那么此时证券组合的收益率和风险方差之间的关系又是怎样的?

在对 Markowitz 模型进行深入研究之前,我们先讨论一下两种证券构成的投资组合的性质。

设有两种风险证券 A 和 B,它们的预期收益率分别为 R_A 和 R_B,它们的标准差分别为 σ_A 和 σ_B,它们之间的相关系数为 ρ,它们在证券组合中的权重分别是 x_A 和 x_B,假设投资者将自身的全部资金都投资于这样的投资组合,即两只风险证券的投资权重为 1,则有 $x_B = 1 - x_A$,同时证券组合的预期收益率和风险方程分别为:

$$R_p = x_A R_A + (1 - x_A) R_B \tag{3-1}$$

$$\sigma_p^2 = x_A^2 \sigma_A^2 + (1 - x_A)^2 \sigma_B^2 + 2 x_A (1 - x_A) \rho \sigma_A \sigma_B \tag{3-2}$$

从式(3-1)和式(3-2)可以看出,两只风险证券在证券组合中的权重不同,证券组合的预期收益率和风险也会不同。并且,当投资者的证券组合仅由风险证券 A 构成时,即投资者将全部资金投资于风险证券 A 时,此时证券组合的预期收益率和风险分别为 R_A 和 σ_A;同理,当投资者将全部资金投资于风险证券 B 时,此时对应的预期收益率和风险分别为 R_B 和 σ_B。因此,在 σ-R(即标准差-预期收益率)平面上就得到一条经过 A 和 B 的连续曲线,我们将这条曲线称之为证券组合的结合线,其上的每一点都由给定权重的证券组合的标准差与预期收益率所确定。由此可知,结合线在 σ-R 平面上描述了风险证券 A 和 B 所有可能的组合。

为了更细致地讨论这两只风险证券构成的证券组合的结合线的形状及其性质,我们不妨假设 $R_A \neq R_B$。下面对 $R_A > R_B$ 这种情况进行讨论(对于 $R_A < R_B$ 的情况同理可得),由式(3-2)可得:

$$x_A = \frac{R_p - R_B}{R_A - R_B} \tag{3-3}$$

将式(3-3)代入式(3-2),得到:

$$\sigma_p^2 = \left(\frac{R_p - R_B}{R_A - R_B}\right)^2 \sigma_A^2 + \left(\frac{R_A - R_p}{R_A - R_B}\right)^2 \sigma_B^2 + 2\rho\sigma_A\sigma_B \frac{(R_p - R_B)(R_A - R_p)}{(R_A - R_B)^2} \tag{3-4}$$

为了更清楚地研究式(3-4)的性质,我们对它进行一些数学处理,可得:

$$\begin{aligned}
(R_A - R_B)^2 \sigma_p^2 &= (R_p - R_B)^2 \sigma_A^2 + (R_A - R_p)^2 \sigma_B^2 + 2\rho\sigma_A\sigma_B(R_p - R_B)(R_A - R_B) \\
&= (\sigma_A^2 + \sigma_B^2 - 2\rho\sigma_A\sigma_B)R_p^2 - 2[\sigma_A^2 R_B + \sigma_B^2 R_A - \rho\sigma_A\sigma_B(R_A + R_B)]R_p \\
&\quad + \sigma_A^2 R_B^2 + \sigma_B^2 R_A^2 - 2\rho\sigma_A\sigma_B R_A R_B \\
&= (\sigma_A^2 + \sigma_B^2 - 2\rho\sigma_A\sigma_B)\left[R_p - \frac{\sigma_A^2 R_B + \sigma_B^2 R_A - \rho\sigma_A\sigma_B(R_A + R_B)}{\sigma_A^2 + \sigma_B^2 - 2\rho\sigma_A\sigma_B}\right]^2 \\
&\quad + \sigma_A^2 R_B^2 + \sigma_B^2 R_A^2 - 2\rho\sigma_A\sigma_B R_A R_B - \frac{[\sigma_A^2 R_B + \sigma_B^2 R_A - \rho\sigma_A\sigma_B(R_A + R_B)]^2}{\sigma_A^2 + \sigma_B^2 - 2\rho\sigma_A\sigma_B}
\end{aligned}$$

移项后,可得:

$$(R_A - R_B)^2 \sigma_p^2 - (\sigma_A^2 + \sigma_B^2 - 2\rho\sigma_A\sigma_B)\left[R_p - \frac{\sigma_A^2 R_B + \sigma_B^2 R_A - \rho\sigma_A\sigma_B(R_A + R_B)}{\sigma_A^2 + \sigma_B^2 - 2\rho\sigma_A\sigma_B}\right]$$

$$= \sigma_A^2 R_B^2 + \sigma_B^2 R_A^2 - 2\rho\sigma_A\sigma_B R_A R_B - \frac{[\sigma_A^2 R_B + \sigma_B^2 R_A - \rho\sigma_A\sigma_B(R_A + R_B)]^2}{\sigma_A^2 + \sigma_B^2 - 2\rho\sigma_A\sigma_B}$$

$$= \frac{\sigma_A^2 \sigma_B^2 [R_A^2 + R_B^2 - 2R_A R_B + 4\rho^2 R_A R_B - \rho^2 (R_A + R_B)^2]}{\sigma_A^2 + \sigma_B^2 - 2\rho\sigma_A\sigma_B} \quad (3\text{-}5)$$

$$= \frac{\sigma_A^2 \sigma_B^2 [(R_A - R_B)^2 - \rho^2 (R_A - R_B)^2]}{\sigma_A^2 + \sigma_B^2 - 2\rho\sigma_A\sigma_B} = \frac{\sigma_A^2 \sigma_B^2 (R_A - R_B)^2 (1 - \rho^2)}{\sigma_A^2 + \sigma_B^2 - 2\rho\sigma_A\sigma_B}$$

如果相关系数 $|\rho| \neq 1$,即 $\rho^2 < 1$,则 $1 - \rho^2 > 0$,且由基本不等式可得,$\sigma_A^2 + \sigma_B^2 \geq 2\sigma_A\sigma_B > 2\rho\sigma_A\sigma_B$,所以

$$\frac{\sigma_A^2 \sigma_B^2 (R_A - R_B)^2 (1 - \rho^2)}{\sigma_A^2 + \sigma_B^2 - 2\rho\sigma_A\sigma_B} > 0$$

因此将式(3-5)进行简化,等式两边同时除以上式,得到如下方程:

$$\frac{\sigma_p^2}{a^2} - \frac{(R_p - R_0)^2}{b^2} = 1 \quad (\sigma_p > 0) \tag{3-6}$$

其中

$$a = \left[\frac{\sigma_A^2 \sigma_B^2 (1 - \rho^2)}{\sigma_A^2 + \sigma_B^2 - 2\rho\sigma_A\sigma_B}\right]^{\frac{1}{2}} = \sigma_A\sigma_B \sqrt{\frac{1 - \rho^2}{\sigma_A^2 + \sigma_B^2 - 2\rho\sigma_A\sigma_B}}$$

$$b = \left[\frac{\sigma_A^2 \sigma_B^2 (R_A - R_B)^2 (1 - \rho^2)}{(\sigma_A^2 + \sigma_B^2 - 2\rho\sigma_A\sigma_B)^2}\right]^{\frac{1}{2}} = \frac{\sigma_A\sigma_B |R_A - R_B|}{\sigma_A^2 + \sigma_B^2 - 2\rho\sigma_A\sigma_B} \sqrt{1 - \rho^2}$$

$$R_0 = \frac{\sigma_A^2 R_B + \sigma_B^2 R_A - \rho\sigma_A\sigma_B(R_A + R_B)}{\sigma_A^2 + \sigma_B^2 - 2\rho\sigma_A\sigma_B}$$

式(3-6)表明,两只风险证券构成的证券组合的结合线在 σ-R 平面上表示为双曲线的右半支,且经过两个定点 $A(\sigma_A, R_A)$ 和 $B(\sigma_B, R_B)$。因此,由 A 和 B 两只证券构成的证券组合的结合线如图 3-1 所示。

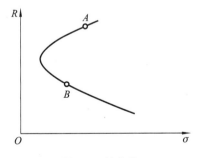

图 3-1 结合线

回到案例 3-1 中,假设中视传媒和九洲药业这两只股票的收益率分别为 15% 和 10%,而标准差分别为 7% 和 4%,两只股票的相关系数为 0.6,若李先生希望由这两只股票组成的证券组合的预期收益率和风险标准差为 R_p 和 σ_p,则由结合线的知识可知,这两者存在以下的关系:

$$\frac{\sigma_p^2}{15.980} - \frac{(R_p - 9.87621)^2}{0.040} = 1$$

如果不允许卖空,即 $x_A \geq 0, x_B \geq 0$,则证券组合的预期收益率在两只风险证券的预期收益率之间,即 $R_B \geq R_p \geq R_A$ 或 $R_A \geq R_p \geq R_B$。那么,由式(3-4),等式两边同时对相关系数 ρ 求偏导数,得:

$$\frac{d\sigma_p}{d\rho} = \frac{\sigma_A \sigma_B (R_p - R_B)(R_A - R_p)}{\sigma_p (R_A - R_B)^2} \tag{3-7}$$

其中,分母大于 0 恒成立,而对分子的正负我们展开以下讨论:

当 $R_B \geq R_p \geq R_A$ 时,$(R_p - R_B) \leq 0$,$(R_A - R_p) \leq 0$,此时分子大于 0 成立;

当 $R_A \geq R_p \geq R_B$ 时,$(R_p - R_B) \geq 0$,$(R_A - R_p) \geq 0$,此时分子大于 0 成立。

综上可知,式(3-7)等式右边大于 0 恒成立。

所以,由导数的性质可知,两只风险证券构成的证券组合的标准差(风险)σ_p 是关于它们之间的相关系数 ρ 的单调增函数。这也证明了证券组合的风险随着证券之间的相关程度增大而增大,随着证券之间的相关程度降低而减小,从理论上验证了第二章中的证券组合效应现象。如在案例 3-2 中所提到的两只股票贵州茅台(股票代码 600519)和山西汾酒(股票代码 600809),由于这两只股票来自同一个板块和同一行业,因此它们之间具有较强的正相关性,如果投资者同时投资这两只股票,在得到高收益的同时也将承受更大的风险。

下面我们能将讨论两种极端情况,当 ρ 等于 1 或 -1 时,两只风险证券构成的证券组合的结合线将退化成为直线,而双曲线将夹在这两条直线之间。退化时,结合线的方程如下。

① $\rho = 1$ 时:

$$\sigma_p = \left| \frac{R_p - R_B}{R_A - R_B} \sigma_A + \frac{R_A - R_p}{R_A - R_B} \sigma_B \right| = \begin{cases} \dfrac{R_p - R_B}{R_A - R_B} \sigma_A + \dfrac{R_A - R_p}{R_A - R_B} \sigma_B, & R_p \geq \dfrac{R_B \sigma_A - R_A \sigma_B}{\sigma_A - \sigma_B} \\ \dfrac{R_B - R_p}{R_A - R_B} \sigma_A + \dfrac{R_p - R_A}{R_A - R_B} \sigma_B, & R_p < \dfrac{R_B \sigma_A - R_A \sigma_B}{\sigma_A - \sigma_B} \end{cases}$$

$$\tag{3-8}$$

② $\rho = -1$ 时:

$$\sigma_p = \left| \frac{R_p - R_B}{R_A - R_B} \sigma_A - \frac{R_A - R_p}{R_A - R_B} \sigma_B \right| = \begin{cases} \dfrac{R_p - R_B}{R_A - R_B} \sigma_A + \dfrac{R_p - R_A}{R_A - R_B} \sigma_B, & R_p \geq \dfrac{R_B \sigma_A + R_A \sigma_B}{\sigma_A + \sigma_B} \\ \dfrac{R_B - R_p}{R_A - R_B} \sigma_A + \dfrac{R_A - R_p}{R_A - R_B} \sigma_B, & R_p < \dfrac{R_B \sigma_A + R_A \sigma_B}{\sigma_A + \sigma_B} \end{cases}$$

$$\tag{3-9}$$

这样,我们就得到了两只风险证券构成的证券组合在不同相关系数下的结合线方程,如图 3-2 所示。

在图 3-2 中,经过点 C 的两直线为证券间相关系数 $\rho = -1$ 时的证券组合的结合线,其中,点 C 的坐标是 $\left(0, \dfrac{R_B \sigma_A + R_A \sigma_B}{\sigma_A + \sigma_B}\right)$;经过点 D 的两直线为证券间相关系数 $\rho = 1$ 时的证券组合的结合线,其中,点 D 的坐标是 $\left(0, \dfrac{R_B \sigma_A - R_A \sigma_B}{\sigma_A - \sigma_B}\right)$。

下面,我们先对完全相关的风险证券构成的证券组合的可行集进行分析讨论(见图 3-3)。

由两个完全正相关的风险证券（证券 1 和证券 2）构成的证券组合，则组合的标准差 σ_p 为：

$$\sigma_p = x_1\sigma_1 + (1-x_1)\sigma_2 \tag{3-10}$$

此时，组合的预期收益率为：

$$R_p = x_1R_1 + (1-x_1)R_2 \tag{3-11}$$

由式(3-10)和式(3-11)可知，当 $x_1=1$ 时，则有 $\sigma_p=\sigma_1$，$R_p=R_1$；当 $x_1=0$ 时，则有 $\sigma_p=\sigma_2$，$R_p=R_2$。

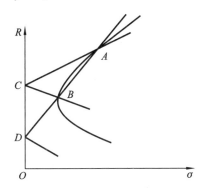

图 3-2 不同相关系数下的两种证券构成的证券组合的结合线

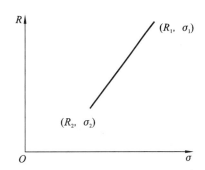

图 3-3 完全正相关资产所构成的证券组合的可行集

如果两种资产完全负相关，即 $\rho=-1$，此时证券组合的标准差和预期收益率分别为：

$$\sigma_p = |x_1\sigma_1 - (1-x_1)\sigma_2| \tag{3-12}$$

$$R_p = x_1R_1 + (1-x_1)R_2 \tag{3-13}$$

当 $x_1 = \dfrac{\sigma_2}{\sigma_1+\sigma_2}$ 时，$\sigma_p = 0$；

当 $x_1 > \dfrac{\sigma_2}{\sigma_1+\sigma_2}$ 时，$x_1\sigma_1 - (1-x_1)\sigma_2 > 0$，根据式(3-12)，证券组合的标准差为：

$$\sigma_p = x_1\sigma_1 - (1-x_1)\sigma_2 = x_1(\sigma_1+\sigma_2) - \sigma_2$$

从上式解得：

$$x_1 = \dfrac{\sigma_p + \sigma_2}{\sigma_1 + \sigma_2}$$

代入预期收益率公式[式(3-13)]，得到此时证券组合的预期收益率：

$$R_p = x_1R_1 + (1-x_1)R_2 = R_2 + (R_1-R_2)x_1 = R_2 + \dfrac{(R_1-R_2)\sigma_2}{\sigma_1+\sigma_2} + \dfrac{(R_1-R_2)}{\sigma_1+\sigma_2}\sigma_p$$

同理，$x_1 < \dfrac{\sigma_2}{\sigma_1+\sigma_2}$ 时，$x_1\sigma_1 - (1-x_1)\sigma_2 < 0$，根据式(3-12)，证券组合的标准差为：

$$\sigma_p = -x_1\sigma_1 + (1-x_1)\sigma_2 = -x_1(\sigma_1+\sigma_2) + \sigma_2$$

解得：

$$x_1 = \dfrac{\sigma_2 - \sigma_p}{\sigma_1 + \sigma_2}$$

代入预期收益率公式[式(3-13)]，得到此时证券组合的预期收益率：

$$R_p = x_1 R_1 + (1-x_1)R_2 = R_2 + (R_1 - R_2)x_1 = R_2 + \frac{(R_1-R_2)\sigma_2}{\sigma_1+\sigma_2} - \frac{(R_1-R_2)}{\sigma_1+\sigma_2}\sigma_p$$

也就是说,完全负相关的两种资产所构成的可行集是两条直线,其截距相同,斜率异号,如图3-4所示。

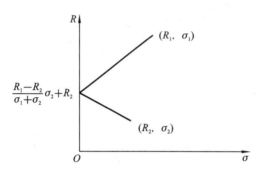

图3-4 完全负相关资产所构成的证券组合的可行集

根据前面的分析,对于由两只风险证券构成的证券组合,有如下性质。

① 两只风险证券构成的证券组合的结合线在 σ-R 平面上表示为双曲线的右半支。当两只风险证券的预期收益率完全正相关或完全负相关时,其构成的证券组合的结合线退化为直线。

② 所有由风险证券 A 和 B 构成的证券组合的结合线都经过点 $A(\sigma_A, R_A)$ 和点 $B(\sigma_B, R_B)$。

③ 当两只证券的收益率完全负相关时,它们的收益率变动方向相反。我们可以以一定比例同时购进两种证券,达到规避全部风险的目的(见图3-2中的 C 点)。当两只风险证券的收益率完全正相关时,它们的预期收益率变动方向相同,我们可以通过卖空一只证券到一定的程度,实现稳定收益(但此时并不能保证收益大于零,有可能实现的是负收益)(见图3-2中的 D 点)。

④ 在限制卖空时,投资者只能在图3-2中的点 A、B 之间进行投资。此时,证券组合的风险(标准差)是相关系数 ρ 的单调增函数。也就是说,在相同的预期收益水平下,证券组合的风险随着证券间的相关程度的增大而增大,随着证券组合的证券间相关程度的降低而减小,这也从理论上验证了第二章中的证券组合效应的现象。所以,对于理性的投资者来说,选择相关程度低的证券(比如,选择不同行业、不同地区的证券)构建证券组合,能够有效地降低和分散非系统性风险。

第二节　证券组合的最小方差集合

【案例3-3】

李明在学习了股票证券等相关的内容与知识后,打算在证券交易所购买多只股票作为自己的投资组合。经过筛选,他主要想买入以下三只股票:国电南瑞(股票代码600406)、通威股份(股票代码600438)、爱尔眼科(股票代码300015)。他希望该投资组合能在一定的风险下给他带来一定的预期收益率。在对要进行投资的各种成分股的收益率和方差风险等相关数据进行计算与分析后,李明总是希望自己的投资组合能够在一定预期收益水平下达到风险最小,请问:李明应该如何选择自己的投资组合?

【案例3-4】

张敏现在持有一个由三只股票(道道全,股票代码002852;同有科技,股票代码300302;高兴新,股票代码300098)构成的证券组合,在对已知每只股票的收益率和风险方差进行粗略的计算后,张敏希望自己的投资能在风险最低的情况下进行,请问:张敏应该如何对自己的资金进行调整,从而使自己的投资组合满足风险最小这一条件?

一、可行集

前面我们研究了完全相关的风险证券的可行集,但现实中,很少存在完全相关的证券组合,所以我们下面讨论由 n 种证券(不完全相关)构成的证券组合($n>2$)。由第二章的内容可知,由 n 种证券构成的证券组合的预期收益率公式与方差公式组成如下的一个系统:

$$\begin{cases} R_p = x_1 R_1 + x_2 R_2 + \cdots x_n R_n \\ \sigma_p^2 = [x_1, x_2, \cdots x_n] \mathbf{\Sigma} [x_1, x_2, \cdots x_n]^{\mathrm{T}} \\ x_1 + x_2 + \cdots + x_n = 1 \end{cases} \tag{3-14}$$

由式(3-14)可得,给定一个证券组合的预期收益率 R_p,可以有无穷多种证券组合方式来实现该预期收益率。同样地,对于一个给定的风险 σ_p,也可以有无穷多种组合方式实现它。

现在假设有一个由 n 种不完全相关的证券构成的证券组合,我们先对该证券组合在 $\sigma\text{-}R$ 平面上形成的区域进行探究。

首先,任意取出 n 种证券的两只证券,由本章第一节的内容可知,这两只证券在 $\sigma\text{-}R$ 平面表现为双曲线的右半支,如图3-5中点 A、B 经过的双曲线,它表示为由两只证券构成的证券组合在 $\sigma\text{-}R$ 平面上的结合线;接着从剩下的 $n-2$ 只证券中取出一只证券,它将会与点 A、B 形成的结合线中的任意一个给定权重的证券组合结合成一个新的由三只风险证券构成的证券组合,这时的结合线在图3-3中表示为经过点 C 的双曲线,此时的双曲线表示为三只证券构成的证券组合在 $\sigma\text{-}R$ 平面的结合线以此类推,最终得到了 n 种证券构成的证券组合在 $\sigma\text{-}R$ 平面的结合线,如图3-5所示。

最终,系统(3-14)的解在图3-5中表示为由一条弹丸形曲线所围成的区域,我们称这个区域为证券组合的可行集,如图3-6中阴影部分。所谓可行集就是这 n 种证券所能构成的所有证券组合的预期收益率和风险的集合。

由于大多数投资者都是风险厌恶者,因而他们总是在一定的预期收益率水平和一定的风险水平下选择证券组合。理性的投资者总是希望:在所能承受的风险水平下,获得最大的预期收益;或是在一个已知的预期收益率下,使投资风险达到最小。也就是说,理性的投

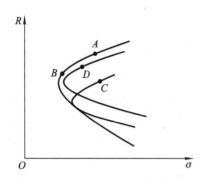

图 3-5 多种证券构成的证券组合的结合线

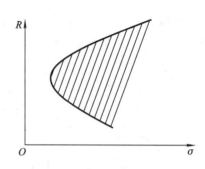

图 3-6 证券组合的可行集

资者希望在图 3-6 的可行集的边界——弹丸形曲线上获得某一位置进行投资,下面我们对这个边界的性质进行研究。

由图 3-7 所示,给定预期收益率,如图中的 R_{p1},在不考虑风险方差水平的条件下,投资者将有无数个证券组合能满足其预期收益率。但如果要求风险方差最小,那么此时有且仅有一个证券组合能够满足该条件,在图中表示为 R_{p1} 与可行集的交点。这时交点的意义表示为给定预期收益率下风险方差最小的证券组合。在不同的预期收益率下,都存在一个方差最小的证券组合,这些证券组合将构成可行集的边界。由此可得可行集的弹丸形边界具有下列性质:在给定预期收益率下,证券组合的风险方差达到最小。我们称这条弹丸形边界为最小方差集合。

最小方差集合中的每一点都表示由一个 n 种证券构成的证券组合,区别只是组合中各只证券在不同的组合中的权重不同。这些证券组合都遵循一个原则:在给定的预期收益率水平下,证券组合风险在所有可能的证券组合中是最小的。所以最小方差集合是在给定预期收益率水平下使风险达到最小的那些证券组合构成的集合。而在这些最小方差集合的可能的证券组合中,使得证券组合的风险,即方差最小的组合,我们称之为方差最小证券组合(Minimum Variance Portfolio,MVP),如图 3-8 所示。

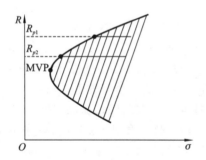

图 3-7 可行集的弹丸形边界——最小方差集合　　图 3-8 最小方差集合和方差最小证券组合(MVP)

由图 3-8 可知,最小方差集合可由点 MVP 分为两半:上半部分是在风险一定时使预期收益率达到最大的证券组合的集合,被称为证券组合的有效集,也称为证券组合的有效前沿;下半部分是风险一定时使预期收益率达到最小的证券组合组成的集合,被称为证券组合的低效集。对于图 3-8 中的证券组合最小方差集合中的点 A 和 B 来说,点 A 就是证券组合的有效集中的点,而点 B 则是证券组合的低效集中的点。因此,理性的投资者最希望拥有有效集中的证券组合,最不希望得到低效集中的证券组合。

二、方差最小的证券组合

点 MVP 表示在所有的证券组合中,风险最小的证券组合,被称为全局最小方差组合。那么点 MVP 所对应的证券组合的权重是怎样的呢?它对应的预期收益率和风险又是多大呢?

由于点 MVP 表示所有投资组合中方差最小的证券组合,因此,在点 MVP 处该证券组合满足以下关系:

$$\min \sigma_p^2 = [x_1, x_2, \cdots, x_n] \boldsymbol{\Sigma} [x_1, x_2, \cdots, x_n]^T$$
$$= \sigma_{11} x_1^2 + 2\sigma_{12} x_1 x_2 + \cdots + 2\sigma_{1n} x_1 x_n + \sigma_{22} x_2^2 + 2\sigma_{22} x_2 x_3 + \cdots + 2\sigma_{2n} x_2 x_n + \cdots + \sigma_{nn} x_n^2$$
$$\text{s.t.} \quad x_1 + x_2 + \cdots + x_n = 1$$

(3-15)

对于这样一个有约束条件的极值问题,我们将应用 Lagrange 乘子法进行求解。

我们首先需要构造一个 Lagrange 乘子函数,令:

$$L = \sigma_{11} x_1^2 + 2\sigma_{12} x_1 x_2 + \cdots + 2\sigma_{1n} x_1 x_n + \sigma_{22} x_2^2 + 2\sigma_{22} x_2 x_3 + \cdots + 2\sigma_{2n} x_2 x_n \\ + \cdots + \sigma_{nn} x_n^2 + \lambda(x_1 + x_2 + \cdots + x_n - 1)$$

(3-16)

对式(3-16)分别对 $x_1, x_2, \cdots, x_n$ 以及 λ 进行求导,令等式右边为 0,则得到下列 $(n+1)$ 个等式:

$$\frac{\partial L}{\partial x_1} = 2\sigma_{11} x_1 + 2\sigma_{12} x_2 + \cdots + 2\sigma_{1n} x_n + \lambda = 0$$

$$\frac{\partial L}{\partial x_2} = 2\sigma_{21} x_1 + 2\sigma_{22} x_2 + \cdots + 2\sigma_{2n} x_n + \lambda = 0$$

$$\vdots$$

$$\frac{\partial L}{\partial x_n} = 2\sigma_{n1} x_1 + 2\sigma_{n2} x_2 + \cdots + 2\sigma_{nn} x_n + \lambda = 0$$

$$\frac{\partial L}{\partial \lambda} = x_1 + x_2 + \cdots + x_n - 1 = 0$$

观察前面的 n 个等式,我们发现这是一个关于 $x_1, x_2, \cdots, x_n$ 齐次线性方程组:

$$\begin{pmatrix} 2\sigma_{11} & 2\sigma_{12} & \cdots & 2\sigma_{1n} \\ 2\sigma_{21} & 2\sigma_{22} & \cdots & 2\sigma_{2n} \\ \vdots & \vdots & \vdots & \vdots \\ 2\sigma_{n1} & 2\sigma_{n2} & \cdots & 2\sigma_{nn} \end{pmatrix} \begin{pmatrix} x_1 \\ x_2 \\ \vdots \\ x_n \end{pmatrix} + \begin{pmatrix} \lambda \\ \lambda \\ \vdots \\ \lambda \end{pmatrix} = \begin{pmatrix} 0 \\ 0 \\ \vdots \\ 0 \end{pmatrix}$$

(3-17)

由第二章内容可知,根据协方差矩阵的对称性,有 $\sigma_{ij} = \sigma_{ji}$,对式(3-17)中的齐次线性方程组的系数矩阵进行化简,可得到下面的齐次线性方程组:

$$2 \begin{pmatrix} \sigma_{11} & \sigma_{12} & \cdots & \sigma_{1n} \\ \sigma_{12} & \sigma_{22} & \cdots & \sigma_{2n} \\ \vdots & \vdots & \vdots & \vdots \\ \sigma_{1n} & \sigma_{2n} & \cdots & \sigma_{nn} \end{pmatrix} \begin{pmatrix} x_1 \\ x_2 \\ \vdots \\ x_n \end{pmatrix} + \begin{pmatrix} \lambda \\ \lambda \\ \vdots \\ \lambda \end{pmatrix} = \begin{pmatrix} 0 \\ 0 \\ \vdots \\ 0 \end{pmatrix}$$

(3-18)

观察式(3-18)的齐次线性方程组,令

$$X = \begin{pmatrix} x_1 \\ x_2 \\ \vdots \\ x_n \end{pmatrix}, \Sigma = \begin{pmatrix} \sigma_{11} & \sigma_{12} & \cdots & \sigma_{1n} \\ \sigma_{12} & \sigma_{22} & \cdots & \sigma_{2n} \\ \vdots & \vdots & & \vdots \\ \sigma_{1n} & \sigma_{2n} & \cdots & \sigma_{nn} \end{pmatrix}, F = \begin{pmatrix} 1 \\ 1 \\ \vdots \\ 1 \end{pmatrix},$$

则得到关于这个齐次线性方程组的矩阵表达式,如下:

$$2\Sigma + \lambda F = 0 \tag{3-19}$$

因此,上面的($n+1$)个等式可以化简为:

$$\begin{cases} 2\Sigma + \lambda F = 0 \\ F^{\mathrm{T}} X = 1 \end{cases} \tag{3-20}$$

由第二章的内容可知,协方差矩阵 Σ 是正定矩阵,根据正定矩阵的性质,有 $\Sigma\Sigma^T = 1$,所以 Σ^{-1} 存在。所以,由式(3-20)可得:

$$X = -\frac{1}{2}\lambda \Sigma^{-1} F \tag{3-21}$$

$$1 = F^{\mathrm{T}} X = F^{\mathrm{T}} (-\frac{1}{2}) \lambda \Sigma^{-1} F \tag{3-22}$$

由式(3-22)得:

$$\lambda = -\frac{2}{F^{\mathrm{T}} \Sigma^{-1} F} \tag{3-23}$$

将式(3-23)代回式(3-21)中,解得:

$$X = \frac{1}{F^{\mathrm{T}} \Sigma^{-1} F} \Sigma^{-1} F \tag{3-24}$$

所以,点 MVP 的证券组合的权重向量为:

$$X_{\mathrm{MVP}} = \frac{1}{F^{\mathrm{T}} \Sigma^{-1} F} \Sigma^{-1} F$$

它的预期收益率和方差分别为:

$$R_{\mathrm{MVP}} = R^{\mathrm{T}} X_{\mathrm{MVP}} = \frac{1}{F^{\mathrm{T}} \Sigma^{-1} F} R^{\mathrm{T}} \Sigma^{-1} F \tag{3-25}$$

$$\begin{aligned} \sigma_{\mathrm{MVP}}^2 &= X_{\mathrm{MVP}}^{\mathrm{T}} \Sigma X_{\mathrm{MVP}} = \left(\frac{\Sigma^{-1} F}{F^{\mathrm{T}} \Sigma^{-1} F}\right)^{\mathrm{T}} \Sigma \left(\frac{\Sigma^{-1} F}{F^{\mathrm{T}} \Sigma^{-1} F}\right) \\ &= \left(\frac{1}{F^{\mathrm{T}} \Sigma^{-1} F}\right)^2 (\Sigma^{-1} F)^{\mathrm{T}} \Sigma \Sigma^{-1} F = \left(\frac{1}{F^{\mathrm{T}} \Sigma^{-1} F}\right)^2 (\Sigma^{-1} F)^{\mathrm{T}} F \\ &= \left(\frac{1}{F^{\mathrm{T}} \Sigma^{-1} F}\right)^2 F^{\mathrm{T}} (\Sigma^{-1})^{\mathrm{T}} F = \left(\frac{1}{F^{\mathrm{T}} \Sigma^{-1} F}\right)^2 (F^{\mathrm{T}} \Sigma^{-1} F)^{\mathrm{T}} \\ &= \frac{1}{F^{\mathrm{T}} \Sigma^{-1} F} \end{aligned} \tag{3-26}$$

因此,一旦选定了 n 种证券,在不考虑预期收益率的情况下,使得由这 n 只证券构成的证券组合的风险水平最低时的投资权重为 X_{MVP},此时证券组合的最低风险水平是 σ_{MVP}^2,预期收益率是 R_{MVP}。

回到案例 3-4 中,已知投资组合由道道全、同有科技和高兴新三只股票构成,我们对三

只股票的数据进行研究分析,得到三只股票的预期收益率为:

$$R = \begin{bmatrix} 0.75\% \\ 0.76\% \\ 0.81\% \end{bmatrix}$$

得到它们之间的协方差矩阵为:

$$\Sigma = \begin{bmatrix} 6.5119 & 6.2143 & 3.4164 \\ 6.2143 & 31.0154 & -3.2943 \\ 3.4164 & -3.2943 & 32.3396 \end{bmatrix}$$

并且该案例 3-4 中的投资者希望在不考虑预期收益率的情况下,使得自己的投资组合的风险方差最小,即表明投资者应该在点 MVP 处进行投资。根据以上所学内容,在点 MVP 处,对三只股票的投资权重分别为:

$$X_{\text{MVP}} = \begin{bmatrix} 0.8567 \\ 0.0383 \\ 0.1050 \end{bmatrix}$$

这时投资组合对应的预期收益率和风险标准差为:

$$R_{\text{MVP}} = 0.7566\%$$
$$\sigma_{\text{MVP}} = 2.4854\%$$

所以,如果希望投资组合的风险方差最小,则该投资者应该将自有资金的 85.67% 投资于道道全这只股票,3.83% 的资金投资于同有科技这只股票,将 10.50% 的资金投资于高兴新这只股票。此时,证券组合的预期收益率为 0.7566%,对应的最小风险标准差水平为 2.4854%。

三、收益约束下的最小方差组合

上面我们讨论了在所有组合中使风险达到最小的证券组合。然而,对于风险达到最小的证券组合,其预期收益率在所有的有效组合中也是最低的。投资者进行证券投资的目的是获取一定的收益,而不仅仅是为了规避风险,所以 Markowitz 在 1952 年建立了以下模型:

$$\begin{cases} \max R_p = x_1 R_1 + x_2 R_2 + \cdots + x_n R_n \\ \min \sigma_p^2 = [x_1, x_2, \cdots, x_n] \Sigma [x_1, x_2, \cdots, x_n]^{\text{T}} \\ \text{s.t.} \quad x_1 + x_2 + \cdots + x_n = 1 \end{cases} \quad (3\text{-}27)$$

为了求解上述的双目标规划模型,Markowitz 将其转化为能用 Lagrange 乘子法求解的单目标规划模型:

$$\begin{cases} \min \sigma_p^2 = \sigma_{11} x_1^2 + 2\sigma_{12} x_1 x_2 + \cdots + 2\sigma_{1n} x_1 x_n + \sigma_{22} x_2^2 + 2\sigma_{22} x_2 x_3 + \cdots + 2\sigma_{2n} x_2 x_n + \cdots + \sigma_{nn} x_n^2 \\ \text{s.t.} \begin{cases} R_p = x_1 R_1 + x_2 R_2 + \cdots + x_n R_n \\ x_1 + x_2 + \cdots + x_n = 1 \end{cases} \end{cases}$$

$$(3\text{-}28)$$

事实上,模型(3-28)表示的是,投资者在期望获得一定收益的情况下,使风险达到最小的证券组合。实际上,模型(3-27)的解集是系统(3-14)的解集的一个子集,而模型(3-28)的解也只是模型(3-27)的解集中的一个元素。在图 3-7 中,模型(3-27)的解集是可行集的边界——弹丸形曲线,即最小方差集合,而模型(3-28)的解只是弹丸形曲线上的一点,我们称模型(3-28)的解是在给定预期收益水平下的最优证券组合,其权重称为给定预期收益水平下证券组合的最优投资权重。

下面我们来讨论如何求解单目标规划模型(3-28)。

首先,根据式(3-28),我们构造一个 Lagrange 函数,即

$$L = \sigma_{11}x_1^2 + 2\sigma_{12}x_1x_2 + \cdots + 2\sigma_{1n}x_1x_n + \sigma_{22}x_2^2 + 2\sigma_{22}x_2x_3 + \cdots + 2\sigma_{2n}x_2x_n + \cdots + \sigma_{nn}x_n^2 + \lambda_1(x_1R_1 + x_2R_2 + \cdots + x_nR_n - R_p) + \lambda_2(x_1 + x_2 + \cdots + x_n - 1)$$

将所得到的 Lagrange 函数分别对 $x_1, x_2, \cdots, x_n$ 以及 λ_1, λ_2 进行求导,并且令等式右边全部为 0,得到以下的 $(n+2)$ 个等式:

$$\frac{\partial L}{\partial x_1} = 2\sigma_{11}x_1 + 2\sigma_{12}x_2 + \cdots + 2\sigma_{1n}x_n + \lambda_1 R_1 + \lambda_2 = 0$$

$$\frac{\partial L}{\partial x_2} = 2\sigma_{12}x_1 + 2\sigma_{22}x_2 + \cdots + 2\sigma_{2n}x_n + \lambda_1 R_2 + \lambda_2 = 0$$

$$\vdots$$

$$\frac{\partial L}{\partial x_n} = 2\sigma_{1n}x_1 + 2\sigma_{2n}x_2 + \cdots + 2\sigma_{nn}x_n + \lambda_1 R_n + \lambda_2 = 0$$

$$\frac{\partial L}{\partial \lambda_1} = x_1R_1 + x_2R_2 + \cdots + x_nR_n - R_p = 0$$

$$\frac{\partial L}{\partial \lambda_2} = x_1 + x_2 + \cdots + x_n - 1 = 0$$

首先,观察上面的 n 个等式,发现这是一个关于 $x_1, x_2, \cdots, x_n$ 齐次线性方程组,即有:

$$2\begin{bmatrix} \sigma_{11} & \sigma_{12} & \cdots & \sigma_{1n} \\ \sigma_{12} & \sigma_{22} & \cdots & \sigma_{2n} \\ \vdots & \vdots & & \vdots \\ \sigma_{1n} & \sigma_{2n} & \cdots & \sigma_{nn} \end{bmatrix} \begin{bmatrix} x_1 \\ x_2 \\ \vdots \\ x_n \end{bmatrix} + \begin{bmatrix} R_1 & 1 \\ R_2 & 1 \\ \vdots & \vdots \\ R_n & 1 \end{bmatrix} \begin{bmatrix} \lambda_1 \\ \lambda_2 \end{bmatrix} = \begin{bmatrix} 0 \\ 0 \\ \vdots \\ 0 \end{bmatrix}$$

为了方便表示,我们先构造两个矩阵:

$$\boldsymbol{A} = \begin{pmatrix} R_1 & R_2 & \cdots & R_n \\ 1 & 1 & \cdots & 1 \end{pmatrix}, \quad \boldsymbol{B} = \begin{pmatrix} R_p \\ 1 \end{pmatrix}, \quad \boldsymbol{\lambda} = \begin{bmatrix} \lambda_1 \\ \lambda_2 \end{bmatrix}$$

所以上面的齐次线性方程组可表示为:

$$2\boldsymbol{\Sigma X} + \boldsymbol{A}^\mathrm{T} \boldsymbol{\lambda} = \boldsymbol{0} \tag{3-29}$$

接着观察后面的两个等式:

$$\frac{\partial L}{\partial \lambda_1} = x_1R_1 + x_2R_2 + \cdots + x_nR_n - R_p = 0$$

$$\frac{\partial L}{\partial \lambda_2} = x_1 + x_2 + \cdots + x_n - 1 = 0$$

发现这两个等式也是关于 $x_1, x_2, \cdots, x_n$ 的齐次线性方程组,可表示为:

$$\begin{pmatrix} R_1, R_2, \cdots, R_n \\ 1, \ 1, \cdots, 1 \end{pmatrix} \begin{pmatrix} x_1 \\ x_2 \\ \vdots \\ x_n \end{pmatrix} = \mathbf{0}$$

由此构造的矩阵可以表示为：

$$\mathbf{AX} = \mathbf{B} \tag{3-30}$$

所以，以上的 $n+2$ 个等式就可以由下面的两个矩阵方程来表示：

$$\begin{cases} 2\mathbf{\Sigma X} + \mathbf{A}^T \boldsymbol{\lambda} = \mathbf{0} \\ \mathbf{AX} = \mathbf{B} \end{cases} \tag{3-31}$$

由式(3-31)的第一个方程可得：

$$\mathbf{X} = -\frac{1}{2} \mathbf{\Sigma}^{-1} \mathbf{A}^T \boldsymbol{\lambda} \tag{3-32}$$

将式(3-32)代入式(3-31)的第二个方程中，就可得：

$$\mathbf{B} = -\frac{1}{2} \mathbf{A} \mathbf{\Sigma}^{-1} \mathbf{A}^T \boldsymbol{\lambda}$$

并且，由于 $\mathbf{A}\mathbf{\Sigma}^{-1}\mathbf{A}^T$ 是可逆矩阵（证明过程见本章后面附录3-1），可得：

$$\boldsymbol{\lambda} = -2 (\mathbf{A}\mathbf{\Sigma}^{-1}\mathbf{A}^T)^{-1} \mathbf{B}$$

将上式代入式(3-32)，我们就得到单目标规划模型(3-28)的解：

$$\mathbf{X} = \mathbf{\Sigma}^{-1} \mathbf{A}^T (\mathbf{A}\mathbf{\Sigma}^{-1}\mathbf{A}^T)^{-1} \mathbf{B} \tag{3-33}$$

此时证券组合的风险是：

$$\sigma_p^2 = \mathbf{B}^T (\mathbf{A}\mathbf{\Sigma}^{-1}\mathbf{A}^T)^{-1} \mathbf{B} \tag{3-34}$$

所以，在给定一个预期收益率 R_p 的条件下，使证券组合的风险达到最小的最优投资权重向量为：

$$\mathbf{X} = \mathbf{\Sigma}^{-1} \mathbf{A}^T (\mathbf{A}\mathbf{\Sigma}^{-1}\mathbf{A}^T)^{-1} \mathbf{B}$$

此时证券组合相应的最小风险就是：

$$\sigma_p^2 = \mathbf{B}^T (\mathbf{A}\mathbf{\Sigma}^{-1}\mathbf{A}^T)^{-1} \mathbf{B}$$

回到案例3-3中，对这三只股票的数据进行研究分析，得到三只股票的收益率分别为：$R_1 = -0.04\%, R_2 = 0.91\%, R_3 = 0.96\%$，并且通过计算得到三只股票的协方差矩阵为：

$$\mathbf{\Sigma} = \begin{pmatrix} 4.9502 & 1.3416 & 4.0282 \\ 1.3416 & 6.9297 & 2.7410 \\ 4.0282 & 4.0282 & 9.5000 \end{pmatrix}$$

如果此时投资者希望他的证券组合能够达到0.7%的预期收益率，这时证券组合的投资权重应该满足：

$$\mathbf{X} = \mathbf{\Sigma}^{-1} \mathbf{A}^T (\mathbf{A}\mathbf{\Sigma}^{-1}\mathbf{A}^T)^{-1} \mathbf{B} = \begin{pmatrix} 0.2313 \\ 0.5759 \\ 0.1927 \end{pmatrix}$$

并且可知这样的一个投资组合的风险标准差为：

$$\sigma_p = 2.0784\%$$

综上，通过计算可知，如果李明希望自己构建的证券组合的预期收益率能够达到 0.7%，这时他应该将自己资金的 23.13% 投资国电南瑞，57.59% 投资通威股份，将剩余的所有资金（19.28%）投资爱尔眼科，并且这时该证券组合所对应的风险标准差水平在 2.0784% 左右。

【例 3-1】 已知三种证券的预期收益率分别是：$R_1=5\%$，$R_2=10\%$，$R_3=15\%$，它们的协方差矩阵为：

$$\boldsymbol{\Sigma} = \begin{pmatrix} 0.25 & 0.15 & 0.17 \\ 0.15 & 0.27 & 0.09 \\ 0.17 & 0.09 & 0.28 \end{pmatrix}$$

求证券组合的预期收益率为 17% 时，证券组合的最优投资权重 $\boldsymbol{X}$。

解：我们先令

$$\boldsymbol{A} = \begin{pmatrix} 0.05 & 0.10 & 0.15 \\ 1 & 1 & 1 \end{pmatrix} \quad \boldsymbol{B} = \begin{pmatrix} 0.17 \\ 1 \end{pmatrix}$$

再求得协方差矩阵的逆矩阵为：

$$\boldsymbol{\Sigma}^{-1} = \begin{pmatrix} 9.17 & -3.62 & -4.40 \\ -3.62 & 5.58 & 0.41 \\ -4.40 & 0.41 & 6.12 \end{pmatrix}$$

最后，直接套用公式 $\boldsymbol{X} = \boldsymbol{\Sigma}^{-1} \boldsymbol{A}^\mathrm{T} (\boldsymbol{A}\boldsymbol{\Sigma}^{-1}\boldsymbol{A}^\mathrm{T})^{-1} \boldsymbol{B}$，解得：

$$\boldsymbol{X} = \begin{pmatrix} -0.50 \\ 0.60 \\ 0.90 \end{pmatrix}$$

这表明如果想要达到 17% 的预期收益率，投资者应该卖空第一种证券，然后再以 60%、90% 的比例分别购买第二、第三种证券。

四、最小方差集合曲线

$\boldsymbol{A}\boldsymbol{\Sigma}^{-1}\boldsymbol{A}^\mathrm{T}$ 是对称的正定矩阵，因此其逆矩阵 $(\boldsymbol{A}\boldsymbol{\Sigma}^{-1}\boldsymbol{A}^\mathrm{T})^{-1}$ 也是对称矩阵（证明过程见本章后面附录 3-2），因而，我们可以令：

$$[\boldsymbol{A}\boldsymbol{\Sigma}^{-1}\boldsymbol{A}^\mathrm{T}]^{-1} = \begin{pmatrix} h_{11} & h_{12} \\ h_{12} & h_{22} \end{pmatrix}$$

那么由式（3-34），当证券组合的预期收益率 R_p 不断变化时，我们在 σ-R 平面上就可以得到证券组合最小方差集合曲线的方程：

$$\sigma_p^2 = (R_p \quad 1) \begin{pmatrix} h_{11} & h_{12} \\ h_{12} & h_{22} \end{pmatrix} \begin{pmatrix} R_p \\ 1 \end{pmatrix} = (R_p h_{11} + h_{12} \quad R_p h_{12} + h_{22}) \begin{pmatrix} R_p \\ 1 \end{pmatrix} \quad (3\text{-}35)$$
$$= h_{11} R_p^2 + 2 h_{12} R_p + h_{22}$$

式（3-35）可以看成是 Markowitz 优化模型（3-27）在 σ-R 平面上的解，即证券组合的最小方差组合。为了深入研究最小方差的性质，我们对式（3-35）进行数学分析。

对式（3-35）进行完全平方处理，可得：

$$\sigma_p^2 = h_{11}R_p^2 + 2h_{12}R_p + h_{22} = h_{11}\left(R_p + \frac{h_{12}}{h_{11}}\right)^2 + h_{22} - \frac{h_{12}^2}{h_{11}}$$

移项,得:

$$\sigma_p^2 - h_{11}\left(R_p + \frac{h_{12}}{h_{11}}\right)^2 = h_{22} - \frac{h_{12}^2}{h_{11}}$$

因为 $\mathbf{A\Sigma}^{-1}\mathbf{A}^{\mathrm{T}}$ 是正定矩阵,则其逆矩阵 $(\mathbf{A\Sigma}^{-1}\mathbf{A}^{\mathrm{T}})^{-1}$ 也是正定矩阵。可知,$h_{11}>0$, $h_{11}h_{22}-h_{12}^2>0$,故上式可化简为:

$$\frac{\sigma_p^2}{a^2} - \frac{(R_p - R_0)^2}{b^2} = 1 \qquad (\sigma_p > 0) \tag{3-36}$$

其中

$$a = \left(h_{22} - \frac{h_{12}^2}{h_{11}}\right)^{\frac{1}{2}} = \sqrt{h_{22} - \frac{h_{12}^2}{h_{11}}}, \quad b = \frac{(h_{11}h_{22} - h_{12}^2)^{\frac{1}{2}}}{h_{11}} = \frac{\sqrt{h_{11}h_{22} - h_{12}^2}}{h_{11}}, \quad R_0 = -\frac{h_{12}}{h_{11}}$$

式(3-36)说明 n 种证券组成的证券组合的最小方差集合也是 σ-R 平面上的一条双曲线的右半支。

请读者仔细比较由两只证券组成的证券组合的结合线与 n 种证券组成的证券组合的最小方差集合这两条在 σ-R 平面上的双曲线有什么不同?

第三节 证券组合的临界线

【案例 3-5】

陈先生有一个由三只股票(朗迪集团,股票代码 603726;音飞储存,股票代码 603066;大东方,股票代码 600327)所构成的投资组合,通过对数据的分析,陈先生得到每只股票的期望收益率、风险方差和协方差等相关数据。现陈先生希望自己的投资组合能达到几个给定的预期收益率,如 0.15%、0.17% 和 0.20%,请问这时陈先生应该如何规划自己的投资权重,如果是希望投资组合的风险达到目标值,此时三只股票的投资权重又应该如何选择?

【案例 3-6】

小明通过最近对股票市场的研究,打算投资四只股票,分别是新开普(股票代码 300248)、华致酒行(股票代码 300755)、金刚玻璃(股票代码 300093)和康欣新材(股票代码 6000076)。现小明通过对数据的分析处理,得到这四只股票的收益率以及风险方差等相关数据。小明希望该投资组合能够实现给定的预期收益水平,请问:此时小明应该如何选择自己的投资组合?此时的风险水平又是多少呢?

我们已经系统地介绍了如何在给定预期收益率下,利用 Lagrange 乘子法求解使证券组合的风险达到最小的优化投资权重,由此可以得到证券组合的最小方差集合。但是,如果投资者希望在一个能够承受的风险水平下使证券组合的预期收益达到最大,那该如何解决呢?即如何寻求证券组合的有效集?显然,Lagrange乘子法对此无能为力!为此,屠新曙教授在1998年3月提出了一种方法,并在2000年10月对这种几何方法进行了总结。该几何方法不但能同时求解给定预期收益率下使风险达到最小的证券组合优化模型和给定所能承受的风险水平下使预期收益率达到最大的证券组合优化模型,而且能够彻底求解Markowitz优化模型。

下面,我们先从三种证券构成的证券组合着手来详细介绍如何用几何方法求解Markowitz优化模型。

一、三只风险证券组合的临界线

假设我们对A、B、C三种证券进行投资,这三种证券的预期收益率分别是R_1、R_2、R_3,且$R_1<R_2<R_3$,它们之间的协方差矩阵为:

$$\Sigma = \begin{pmatrix} \sigma_{11} & \sigma_{12} & \sigma_{13} \\ \sigma_{21} & \sigma_{22} & \sigma_{23} \\ \sigma_{31} & \sigma_{32} & \sigma_{33} \end{pmatrix}$$

现在,我们在权重空间中来对此种情况进行研究,首先分析图3-9中的三角形。

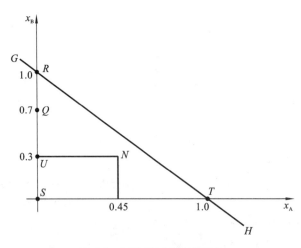

图3-9 三种证券的投资权重

如图3-9所示,三角形的三个顶点为R、S和T,它内部的所有位置都表示由A、B、C三种证券构成的证券组合,例如,在点N处,我们对证券A投资45%的资金,对证券B投资30%的资金,而剩下的25%的资金则投资于证券C。而在△RST外部的点,表示一定要卖空某一种证券才能达到的证券组合,比如在直线GH右上方的点,表示卖空证券C;纵轴左侧的点则表示卖空证券A;横轴下方的点则表示卖空证券B。对于△RST边线上的证券组合,是将所有资金投资于两种证券上,而对第三种证券根本不予投资,例如,在RS边线上的点Q,是对证券B投资70%,对证券C投资30%,而对证券A则不投资。而△RST的三个顶点,表示只投资一种证券,而对其余两种证券不予投资,例如在S点处,是将全部资金投资于证券 C,而对证券 A、B 都不投资。

因为证券组合权重之和为 1,而且证券组合的预期收益率可以表示为:
$$R_p = x_1 R_1 + x_2 R_2 + x_3 R_3 = x_1 R_1 + x_2 R_2 + (1 - x_1 - x_2) R_3 \tag{3-37}$$

所以,对于一个给定的预期收益率 R_p,式(3-37)在权重空间 x_A-x_B 中就表示为一条直线,并且这条直线上的每一点所对应的证券组合的预期收益率都相等,我们把这条直线称为等预期收益率线。并且等预期收益率线之间都是平行的,如图 3-10 所示。

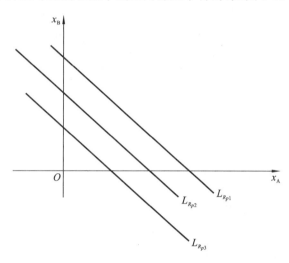

图 3-10 等预期收益率线

并且由式(3-37)可知,任何一条等预期收益率线在权重空间 x_A-x_B 中都可以表示为:
$$x_2 = \frac{R_p - R_3}{R_2 - R_3} + \frac{R_1 - R_3}{R_2 - R_3} x_1 \tag{3-38}$$

在案例 3-5 中,根据可收集到的数据,已知这三只股票的收益率如下:
$$R_1 = 0.0258\%, \quad R_2 = -0.2616\%, \quad R_3 = 0.2742\%$$

如果要求证券组合的预期收益率达到 0.15%、0.17%、0.20%,这时三只股票的投资权重将满足以下关系:

$$x_2 = \frac{0.15 - 0.2742}{-0.2616 - 0.2742} - \frac{0.0258 - 0.2742}{-0.2616 - 0.2742} x_1 = 0.2318 - 0.4636 x_1$$

$$x_2 = \frac{0.17 - 0.2742}{-0.2616 - 0.2742} - \frac{0.0258 - 0.2742}{-0.2616 - 0.2742} x_1 = 0.1945 - 0.4636 x_1$$

$$x_2 = \frac{0.20 - 0.2742}{-0.2616 - 0.2742} - \frac{0.0258 - 0.2742}{-0.2616 - 0.2742} x_1 = 0.1385 - 0.4636 x_1$$

这三条直线就是三条不同预期收益率的等预期收益率线,在直线上任意一点的证券组合的预期收益率都是相同的,而不同的直线代表不同的预期收益率,并且这三条直线在权重空间中表示为一族平行线。

三种证券组合的方差是:
$$\begin{aligned}\sigma_p^2 = & x_1^2 \sigma_{11} + x_2^2 \sigma_{22} + (1 - x_1 - x_2)^2 \sigma_{33} + 2 x_1 x_2 \sigma_{12} + 2 x_1 (1 - x_1 - x_2) \sigma_{13} \\ & + 2 x_2 (1 - x_1 - x_2) \sigma_{23}\end{aligned} \tag{3-39}$$

化简可得:

$$\sigma_p^2 = (\sigma_{11} + \sigma_{33} - 2\sigma_{13})x_1^2 + (\sigma_{22} + \sigma_{33} - 2\sigma_{23})x_2^2 + (2\sigma_{13} - 2\sigma_{33})x_1 \\ + (2\sigma_{23} - 2\sigma_{33})x_2 + (2\sigma_{12} + 2\sigma_{22} - 2\sigma_{12} - 2\sigma_{23})x_1x_2 + \sigma_{33} \tag{3-40}$$

方程(3-40)是关于变量 x_1 和 x_2 的二次方程，又根据基本不等式，有：

$$|\sigma_{ij}| = |\rho\sigma_i\sigma_j| < \sigma_i\sigma_j \leqslant \frac{\sigma_i^2 + \sigma_j^2}{2}$$

因此，变量 x_1 和 x_2 的二次项系数 $\sigma_{11} + \sigma_{33} - 2\sigma_{13}$ 和 $\sigma_{22} + \sigma_{33} - 2\sigma_{23}$ 都是大于 0 的数。所以当证券组合的方差 σ_p^2 一定时，方程(3-40)在权重空间 $x_A - x_B$ 就是一个椭圆。这个椭圆上的每一点所对应的证券组合的方差都相等，我们称这个椭圆为等方差椭圆。对于不同的 σ_p^2，可得到一组同心椭圆，其中心是 MVP，表示所有证券组合中方差可能达到最小的那个证券组合。等方差椭圆之间是不相交的，而且任意两个等方差椭圆之间都有第三个等方差椭圆存在。当证券组合的方差由大变小时，等方差椭圆也由大变小，最后汇集于点 MVP，如图 3-11 所示。

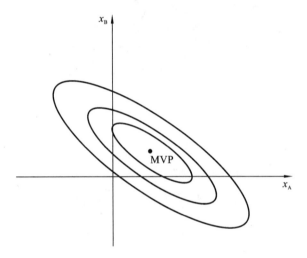

图 3-11 等方差椭圆

回到案例 3-5 中，根据可收集到的数据，已知这三只股票的协方差矩阵如下：

$$\boldsymbol{\Sigma} = \begin{pmatrix} 2.5828 & 0.6848 & 1.0499 \\ 0.6848 & 1.9504 & 1.6311 \\ 1.0499 & 1.6311 & 7.8028 \end{pmatrix}$$

在不考虑预期收益率的前提下，如果要求证券组合的风险分别在 1.5%、1.7%、2.0% 的水平下，则此时证券组合的各股票的投资权重应该满足以下关系：

$$3.6356x_1^2 + 2.32x_2^2 + 5.1111x_1x_2 - 5.9556x_1 - 5.4844x_2 + 3.4667 = 1$$
$$2.8304x_1^2 + 1.8062x_2^2 + 3.9792x_1x_2 - 4.6367x_1 - 4.2699x_2 + 2.6990 = 1$$
$$2.045x_1^2 + 1.305x_2^2 + 2.875x_1x_2 - 3.35x_1 + 3.085x_2 + 1.95 = 1$$

这三条曲线方程分别表示为三个椭圆，在权重空间中表示为具有相同中心的三个椭圆。并且这三个椭圆的中心就是方程最小的证券组合(MVP)，因此我们称这三个椭圆为一族同心椭圆。又因为同一个椭圆上的任意一点都具有相同的风险水平，所以称之为等方差椭圆。

在权重空间 x_A-x_B 中将等预期收益率线和等方差椭圆的正切点连接起来,就得到一条直线,我们称之为证券组合的临界线,如图(3-12)所示的直线 NY。

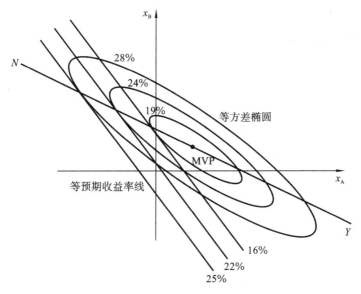

图 3-12　临界线图

下面,我们将对证券组合的临界线方程进行讨论。

首先,我们已知临界线上的点均由不同的等收益率线和等方差椭圆的切点相连接而成,根据切点的性质——两直线在切点处的斜率相等。所以我们将式(3-38)和式(3-40)分别对 x_1 进行求导,可得:

$$\frac{\mathrm{d}x_2}{\mathrm{d}x_1} = \frac{R_1 - R_3}{R_3 - R_2} \tag{3-41}$$

$$\begin{aligned}0 =\ & 2\sigma_{11}x_1 + 2\sigma_{22}x_2\frac{\mathrm{d}x_2}{\mathrm{d}x_1} + 2\sigma_{33}(-1+x_1+x_2) + 2\sigma_{33}(-1+x_1+x_2)\frac{\mathrm{d}x_2}{\mathrm{d}x_1} \\ & + 2\sigma_{12}x_2 + 2\sigma_{12}x_2\frac{\mathrm{d}x_2}{\mathrm{d}x_1} + 2\sigma_{13} - 4\sigma_{13}x_1 - 2\sigma_{13}x_2 - 2\sigma_{13}x_1\frac{\mathrm{d}x_2}{\mathrm{d}x_1} \\ & + 2\sigma_{23}(1-x_1-x_2)\frac{\mathrm{d}x_2}{\mathrm{d}x_1} - 2\sigma_{23}x_2 \end{aligned} \tag{3-42}$$

将所得到的式(3-41)代入式(3-42),可得出由这三种证券构成的证券组合的临界线方程,且由得到的临界线方程的形式可知,该证券组合的临界线在权重空间 x_1-x_2 中表示为一条直线:

$$\begin{aligned} & [R_1(\sigma_{12}+\sigma_{33}-\sigma_{13}-\sigma_{23}) + R_2(2\sigma_{13}-\sigma_{11}-\sigma_{33}) + R_3(\sigma_{11}+\sigma_{23}-\sigma_{12}-\sigma_{13})]x_1 + \\ & [R_1(\sigma_{22}+\sigma_{33}-2\sigma_{23}) + R_2(\sigma_{12}+\sigma_{33}-\sigma_{13}-\sigma_{23}) + R_3(\sigma_{12}+\sigma_{23}-\sigma_{13}-\sigma_{22})]x_2 + \\ & R_1(\sigma_{23}-\sigma_{33}) + R_2(\sigma_{13}-\sigma_{33}) + R_3(\sigma_{13}-\sigma_{23}) = 0 \end{aligned} \tag{3-43}$$

在映射式(3-37)和式(3-40)下,权重空间 x_1-x_2 中的临界线与标准差-预期收益率 (σ-R) 平面中的最小方差集合应该是一一对应的。因此,为了求解在投资者所能承受的风险水平一定下获得的最大预期收益率,我们将式(3-37)与式(3-43)联立,得到一个关于 x_1 的一元二次方程,根据求根公式,得到方程的两个根,即得到两组证券组合的投资权重,将所得到的投资权重分别代入式(3-37),得到两个预期收益率,其中较大的那个预期收益率即表示在投资者所承受的风险一定时,证券组合所能达到的最大预期收益率,如图3-13中的点 P。

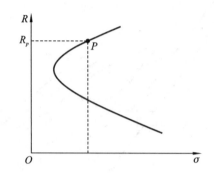

图 3-13　证券组合能达到的最大预期收益率

为了说明上述过程,我们来看一个具体的例子。

【例3-2】　现假设一个证券组合由三只股票构成,这三只股票分别为 A、B、C,它们的预期收益率分别为:$R_A=5\%$,$R_B=10\%$,$R_C=15\%$,它们的协方差矩阵是:

$$\Sigma = \begin{pmatrix} 0.21 & 0.15 & 0.09 \\ 0.15 & 0.25 & 0.17 \\ 0.09 & 0.17 & 0.28 \end{pmatrix}$$

则通过对这个协方差矩阵对角线上的元素进行开方,我们得到这三只股票的风险:

$$\sigma_A=\sqrt{0.21}=46\%, \quad \sigma_B=\sqrt{0.25}=50\%, \quad \sigma_C=\sqrt{0.28}=53\%$$

由式(3-37),这三只股票组成的证券组合的收益率是:

$$\begin{aligned} R_p &= x_A R_A + x_B R_B + x_C R_C \\ &= x_A R_A + x_B R_B + (1-x_A-x_B)R_C \\ &= (R_A-R_C)x_A + (R_B-R_C)x_B + R_C \\ &= (0.05-0.15)x_A + (0.1-0.15)x_B + 0.15 \\ &= -0.1 x_A - 0.05 x_B + 0.15 \end{aligned}$$

所以,给定一个预期收益率 R_p,我们就可以得到一条等预期收益率曲线:

$$x_B = -2x_A + 3 - 20R_p$$

这条等预期收益率直线的斜率为 -2,截距为 $3-20R_p$。由此可见,截距的值取决于想要得到的证券组合的预期收益率。

如果我们想要找到预期收益率为10%的证券组合的权重,此时等预期收益率直线的截距为 $3-20\times0.1=1$,故此时等预期收益率直线为:$x_B=-2x_A+1$。如果我们把30%的资金投资于股票 A,则我们必须将 $-2\times0.3+1=0.4$,即40%的资金投资于股票 B,而将剩下的30%的资金投资于股票 C,才能得到预期收益率为10%的证券组合。当然,使证券组合的预期收益率达到10%的证券组合并不是唯一,只要是满足直线方程 $x_B=-2x_A+1$ 的所有权重都能使证券组合的预期收益率达到 10%。

由式(3-40)和已知的协方差矩阵,我们得到由这三只股票组成的证券组合的方差是:
$$\sigma_p^2 = 0.21x_A^2 + 0.25x_B^2 + 0.28(1-x_A-x_B)^2 + 2\times0.09x_A(1-x_A-x_B)$$
$$+ 2\times0.17x_B(1-x_A-x_B)$$

如果我们想要找到方差为 0.3 的证券组合的权重,可以先对 x_A 取一个任意值,比如 0,这时,上式就变成了:
$$0.3 = 0.21\times0 + 0.25x_B^2 + 0.28(1-0-x_B)^2 + 2\times0.09\times0\times(1-0-x_B)$$
$$+ 2\times0.17x_B(1-0-x_B)$$

化简可得:
$$0.3 = 0.19x_B^2 - 0.22x_B + 0.28$$

这是一个关于 x_B 的一元二次方程,由一元二次方程的求根公式,可得到 x_B 的两个解,它们分别是:$x_B=1.06$ 和 $x_B=0.10$,所以存在两个证券组合均可以使得风险方差为 0.3,它们分别是:$x_A=0$、$x_B=1.06$、$x_C=-0.06$ 和 $x_A=0$、$x_B=0.10$、$x_C=0.90$,这只是方差为 0.3 的等方差椭圆上的两个证券组合。要找出更多的风险方差为 0.3 的证券组合,只需为 x_A 再任意取一个值,然后把这个值代入式(3-40),重复上面的步骤,就又可以得到两组权重。

多次重复上述过程,我们就可以得到方差为 0.3 的等方差椭圆。为了得到证券组合的不同方差所对应的椭圆,只需把证券组合的新方差代入式(3-40),重复上述步骤即可。

而在这个例子中,根据式(3-43),证券组合的临界线是:
$$0.0015x_A + 0.0105x_B - 0.0015 = 0$$

化简可得:$x_A + 7x_B - 1 = 0$。这条直线上的权重所对应的证券组合都是由股票 A、B、C 所构成的证券组合的最小方差集合中的点。如果希望证券组合的预期收益率是 10%,我们知道其等预期收益率曲线是:$x_B = -2x_A + 1$,这时风险最低的证券组合的权重就是两条直线 $x_A + 7x_B - 1 = 0$ 和 $x_B = -2x_A + 1$ 的交点,即 $x_A=0.4615$、$x_B=0.0769$、$x_C=0.4616$。此时,证券组合的风险方差为:$\sigma_p^2 = 16.6926\%$。

如果希望证券组合的风险不要超过 σ_p,则可以将 $x_A = -7x_B + 1$ 代入式(3-43),就可以得到一个关于 x_B 的一元二次方程,由求根公式,就可以得到 x_B 的两个解,进而得到两个证券组合,我们比较它们的预期收益率,就可以得到此时预期收益率最大的证券组合。

二、多只风险证券组合的临界线

我们介绍了三只风险证券组合的临界线,现在来考虑一般情形,即考虑由 n 种证券构成的证券组合。假设证券组合的权重分别为 $x_1, x_2, \cdots, x_{n-1}, x_n = 1-x_1-x_2-\cdots-x_{n-1}$,则证券组合的预期收益率 R_p 与方差 σ_p^2 分别可以表示为:
$$R_p = x_1R_1 + x_2R_2 + \cdots + x_{n-1}R_{n-1} + (1-x_1-\cdots-x_{n-1})R_n \tag{3-44}$$
$$\sigma_p^2 = x_1^2\sigma_{11} + x_2^2\sigma_{22} + \cdots x_{n-1}^2\sigma_{n-1,n-1} + (1-x_1-\cdots-x_{n-1})\sigma_{nn}$$
$$+ 2x_1x_2\sigma_{12} + \cdots + 2x_1x_{n-1}\sigma_{1,n-1} + 2x_1(1-x_1-\cdots-x_{n-1})\sigma_{1,n-1} \tag{3-45}$$
$$+ \cdots + 2x_{n-1}(1-x_1-\cdots-x_{n-1})\sigma_{n-1,n}$$

方程(3-45)是关于 $x_1, x_2, \cdots, x_{n-1}$ 的二次方程,又有基本不等式,所以:

$$|\sigma_{ij}| = |\rho\sigma_i\sigma_j| < \sigma_i\sigma_j \leqslant \frac{\sigma_i^2 + \sigma_j^2}{2}$$

因此，变量 $x_1, x_2, \cdots, x_{n-1}$ 的二次项前的系数 $\sigma_1^2 + \sigma_n^2 - 2\sigma_1\sigma_n, \sigma_2^2 + \sigma_n^2 - 2\sigma_2\sigma_n, \cdots, \sigma_{n-1}^2 + \sigma_n^2 - 2\sigma_{n-1}\sigma_n$ 都是大于 0 的数。所以在权重空间 $(x_1, x_2, \cdots, x_{n-1})$ 中，式（3-45）代表等方差超椭球面，对于不同的 σ_p^2，可得到一族同心超椭球面，中心为 MVP。

在权重空间 $(x_1, x_2, \cdots, x_{n-1})$ 中，式（3-44）代表等预期收益率超平面，对于不同的 R_p，可得到一族平行超平面。

而 n 种证券构成的证券组合的最优投资权重应是等预期收益率超平面（3-44）与等方差椭球面（3-45）的正切点，把这些正切点连接起来，就得到一条直线，它就是 n 种证券构成的证券组合的临界线。

下面，求解这 n 种证券构成的证券组合的临界线。由空间几何知识可知，方程（3-44）在点 $(x_1, x_2, \cdots, x_{n-1})$ 处的法向量是列向量，表示为：

$$(R_1 - R_n, R_2 - R_n, \cdots, R_{n-1} - R_n)^T \tag{3-46}$$

而方程（3-45）在 $(x_1, x_2, \cdots, x_{n-1})$ 处的法向量也是列向量，表示为：

$$\begin{pmatrix} (\sigma_{11} + \sigma_{nn} - 2\sigma_{1n})x_1 + \cdots + (\sigma_{1k} + \sigma_{nn} - \sigma_{1n} - \sigma_{kn})x_k + \cdots \\ + (\sigma_{1,n-1} + \sigma_{nn} - \sigma_{1n} - \sigma_{n-1,n})x_{n-1} + \sigma_{1n} - \sigma_{nn} \\ \vdots \\ (\sigma_{1k} + \sigma_{nn} - \sigma_{1n} - \sigma_{kn})x_1 + \cdots + (\sigma_{kk} + \sigma_{nn} - 2\sigma_{kn})x_k + \cdots \\ + (\sigma_{k,n-1} + \sigma_{nn} - \sigma_{kn} - \sigma_{n-1,n})x_{n-1} + \sigma_{kn} - \sigma_{nn} \\ \vdots \\ (\sigma_{1,n-1} + \sigma_{nn} - \sigma_{1n} - \sigma_{n-1,n})x_1 + \cdots + (\sigma_{k,n-1} + \sigma_{nn} - \sigma_{kn} - \sigma_{n-1,n})x_k + \cdots \\ + (\sigma_{n-1,n-1} + \sigma_{nn} - 2\sigma_{n-1,n})x_{n-1} + \sigma_{n-1,n} - \sigma_{nn} \end{pmatrix} \tag{3-47}$$

如果令

$$\begin{aligned}\boldsymbol{P}_1 &= (1,0,0,\cdots,0,0,-1) \\ \boldsymbol{P}_2 &= (0,1,0,\cdots,0,0,-1) \\ &\vdots \\ \boldsymbol{P}_{n-1} &= (0,0,0,\cdots 0,1,-1)\end{aligned}, \quad \boldsymbol{W} = \begin{pmatrix} x_1 \\ x_2 \\ \vdots \\ x_{n-1} \\ 1 \end{pmatrix}, \quad \boldsymbol{Q} = \begin{pmatrix} 1 & 0 & \cdots & 0 & 0 \\ 0 & 1 & \cdots & 0 & 0 \\ \vdots & \vdots & & \vdots & \vdots \\ 0 & 0 & \cdots & 1 & 0 \\ -1 & -1 & \cdots & -1 & 1 \end{pmatrix}$$

则方程（3-45）在 $(x_1, x_2, \cdots, x_{n-1})$ 处的法向量可以化简为：

$$(\boldsymbol{P}_1\boldsymbol{\Sigma}\boldsymbol{Q}\boldsymbol{W}, \boldsymbol{P}_2\boldsymbol{\Sigma}\boldsymbol{Q}\boldsymbol{W}, \cdots, \boldsymbol{P}_k\boldsymbol{\Sigma}\boldsymbol{Q}\boldsymbol{W}, \cdots, \boldsymbol{P}_{n-1}\boldsymbol{\Sigma}\boldsymbol{Q}\boldsymbol{W})^T \tag{3-48}$$

由临界线定义，可得临界线方程：

$$\frac{\boldsymbol{P}_1\boldsymbol{\Sigma}\boldsymbol{Q}\boldsymbol{W}}{R_1 - R_n} = \frac{\boldsymbol{P}_2\boldsymbol{\Sigma}\boldsymbol{Q}\boldsymbol{W}}{R_2 - R_n} = \cdots = \frac{\boldsymbol{P}_i\boldsymbol{\Sigma}\boldsymbol{Q}\boldsymbol{W}}{R_i - R_n} = \cdots = \frac{\boldsymbol{P}_{n-1}\boldsymbol{\Sigma}\boldsymbol{Q}\boldsymbol{W}}{R_{n-1} - R_n} = k \tag{3-49}$$

其中，k 为一固定常数，由式（3-49）可得到 $n-2$ 个方程构成的线性方程组：

$$\begin{cases} a_{11}x_1 + a_{12}x_2 + \cdots + a_{1,n-1}x_{n-1} = b_1 \\ a_{21}x_1 + a_{22}x_2 + \cdots + a_{2,n-1}x_{n-1} = b_2 \\ \vdots \\ a_{n-2,1}x_1 + a_{n-2,2}x_2 + \cdots + a_{n-2,n-1}x_{n-1} = b_{n-2} \end{cases} \tag{3-50}$$

其中

$$a_{ij}=\frac{\sigma_{i+1,j}+\sigma_{nn}-\sigma_{i+1,n}-\sigma_{jn}}{R_{i+1}-R_n}-\frac{\sigma_{1j}+\sigma_{nn}-\sigma_{jn}-\sigma_{1n}}{R_1-R_n}$$

$$b_i=\frac{\sigma_{i+1,n}-\sigma_{nn}}{R_{i+1}-R_n}+\frac{\sigma_{1n}-\sigma_{nn}}{R_1-R_n} \quad (i=1,2,\cdots,n-2, j=1,2,\cdots,n-1)$$

于是,对于不同的投资者的预期收益率 R_p,联立式(3-44)和线性方程组(3-50),即可在临界线上求得证券组合的最优投资权重,使风险水平达到最小,这时只需要用线性方程组的消元法即可完成。因为线性方程组(3-50)的秩是 $(n-2)$(证明见附录 3-3),所以它的基础解系的个数是 1,即 $x_2,x_3,\cdots,x_{n-1}$ 都可由 x_1 表示(利用消元法可得)。同理,如果投资者所能承受的风险一定,联立式(3-45)和线性方程组(3-50),我们就可求得在风险水平一定的情况下,使预期收益率达到最大的证券组合的投资权重。

回到案例 3-6 中,通过对这四只股票的数据研究,我们可以得到这四只股票的收益率以及它们的方差矩阵如下:

$$R=\begin{pmatrix}0.81\%\\1.91\%\\1.37\%\\-0.02\%\end{pmatrix}, \quad \Sigma=\begin{pmatrix}25.5513 & -1.6511 & 3.4148 & -1.0757\\-1.6511 & 16.953 & 7.2356 & -1.0411\\3.4148 & 7.2356 & 12.3263 & 1.0159\\-1.0757 & -1.0411 & 1.0159 & 6.0245\end{pmatrix}$$

根据临界线公式,得到该证券组合的临界线方程组如下:

$$\begin{cases}31.71x_1-13.66x_2-2.94x_3-1.95=0\\39.00x_1-2.01x_2+4.97x_3-5.71=0\end{cases}$$

如果投资者要求证券组合的预期收益率达到 1.5%,则有:

$$1.5=0.81x_1+1.91x_2+1.37x_3-0.02(1-x_1-x_2-x_3)$$

化简可得:$0.83x_1+1.93x_2+1.39x_3-1.52=0$。

联立临界线方程组与预期收益率方程,即可解得此时投资组合的投资权重:

$$X_1=\begin{pmatrix}-0.9238\\-3.7676\\+6.8763\\-1.1849\end{pmatrix}$$

此时证券组合对应的标准差为:$\sigma_p=0.3246\%$。

现在假设如果投资者希望自己的投资组合的风险方差水平控制在 1% 左右,此时利用已知信息可以知道由这四只股票构成的同心椭圆可以用以下的解析式来表示:

$29.4244x_1^2+25.0597x_2^2+16.319x_3^2+12.904x_1x_2+18.9982x_1x_3$
$+26.5709x_2x_3+14.2004x_1+14.1312x_2-10.0142x_3+6.0145=0$

将所得到的同心椭圆与上面已经得到的临界线方程组进行联立,得到一个关于 x_1、x_2、x_3 的三元二次方程组。求解这个三元二次方程组,得到这四只股票的投资权重:

$$X_2=\begin{pmatrix}14.3226\%\\21.3709\%\\-11.1412\%\\-23.5523\%\end{pmatrix}$$

并且得到这个时候的投资组合的预期收益率,即 $R_p=1.376\%$。

综上可知,如果想要由案例 3-6 中所给出的三只股票构成的证券组合的预期收益率达到 1.5%,应该按照以上 X_1 的投资权重将自己的资金分别分配给新开普、华致酒行、金刚玻璃和康欣新材这四只股票,此时,对应的投资风险标准差为 1.1603%;同时如果投资者希望将风险控制在 1% 的水平左右时,应该按照以上 X_2 的投资权重将自己的资金分别分配给上述四只股票,此时对应的收益率为 1.376%。

第四节　无风险借贷下的证券组合

【案例 3-7】

国债又称国家公债,国家以其信用为基础,按照债的一般原则,通过向社会筹集资金所形成的债权债务关系。国债是由国家发行的债券,是中央政府为筹集财政资金而发行的一种政府债券,是中央政府向投资者出具的、承诺在一定时期支付利息和到期偿还本金的债权债务凭证,由于国债的发行主体是国家,所以它具有最高的信用度,被公认为是最安全的投资工具。中国的国债专指财政部代表中央政府发行的国家公债,由国家财政信誉作担保,信誉度非常高,历来有"金边债券"之称,稳健型投资者喜欢投资国债。其种类有凭证式国债、无记名(实物)国债、记账式国债三种。2020 年 6 月 15 日,财政部发布通知明确,2020 年抗疫特别国债启动发行。9 月,富时罗素公司宣布,中国国债将被纳入富时世界国债指数(WGBI)。

【案例 3-8】

由 2018 年国债收益率曲线标准期限信息中的所有一年期的国债的收益率的算术平均值可得知,无风险利率为 2.7484%。在这样的一个无风险利率下,如果想要投资于由一种无风险证券——国债和三只股票(英飞特,股票代码 300582;金盾股份,股票代码 300411;斯迪克,股票代码 300806)构成的证券组合,这时投资者的预期收益率和标准差水平两者之间有什么关系?或者说这时证券组合的有效前沿应该怎么表示?

在本章第三节中,我们从两个角度——标准差-预期收益率平面和权重空间对只含风险证券的 Markowitz 优化模型进行了研究。一方面,因为没有哪一个资产与其他资产之间具有完全负相关性,所以所有的证券组合持有期内都将具有风险。另一方面,不允许投资者借钱与初始资金一起去购买一个证券组合,这意味着不允许投资者使用金融杠杆手段。然而,投资者的投资方式是多种多样的,他既可以选择收益大、风险也大的证券,还可以选择低风险、低收益证券,希望通过证券组合降低投资风险;也可以选择一个无风险证券,保留更多的选择机会,使投资收益稳定,风险较小。

在本节中，Markowitz模型将得到进一步扩展。首先，将允许投资者不仅能投资风险资产，而且也可以投资无风险资产；其次，将允许投资者借入资金，但必须支付利息。

无风险证券的介入，使得证券之间的协方差矩阵不再是正定矩阵，原有的投资者决策方法失败，所以必须对含有无风险证券的证券组合予以专门研究。

一、无风险证券

在Markowitz的方法中，无风险资产的确切含义是什么？因为Markowitz方法仅涉及单一投资期，这就意味着无风险资产的收益率是确定的，如果投资者在初期购买了一种无风险资产，那么他将准确地知道在持有期期末这笔资产的准确价值。由于无风险资产的最终价值没有任何不确定性，所以其标准差为零。

由于无风险资产的标准差为零，因此无风险资产的方差也为零，并且无风险资产与风险资产之间的协方差也为零。这是因为证券i与证券j之间的协方差是$\sigma_{ij}=\rho_{ij}\sigma_i\sigma_j$，如果证券$i$是无风险证券，那么$\sigma_i=0$，因此$\sigma_{ij}=0$。

因为无风险证券具有确定的收益率，所以这种类型的资产必定是某种具有固定收益，并且没有任何违约可能的证券。由于所有的公司证券从原则上讲都存在着违约的可能性，因此无风险证券不可能由公司来发行，因而必须是政府发行的证券。但是，应该注意的是，并不是任何一种由政府发行的证券都是无风险证券。

假设某一投资者有持有期为6个月的资产，他购买了5年到期的国库券，这样的证券投资是有风险的，因为投资者不知道他在投资期末时这笔证券将值多少钱。由于在投资者持有期内利率极有可能以不可预料的方式发生变化，这种利率风险的存在使得国库券的价值不确定，因此它不能被看作一种无风险资产。实际上，任何一种到期日超过投资者持有期的证券都不能作为无风险资产看待。

我们再考虑一种国库券，它在投资者的持有期结束之前到期。比如一个30天到期的国库券，而此时投资者的资产持有期却是3个月。在这种情况下，投资者在持有期期初并不知道30天后利率是多少，这意味着利率在投资者的持有期内具有不确定性，而这个利率正是投资者将其30天到期国库券的收益在剩下持有期内进行再投资的基础。所有到期日在投资者持有期结束之前的国库券都存在这种"再投资利率风险"，这种风险的存在意味着这样的在持有期结束之前到期的证券也不能作为无风险证券。

这样，就只留下一种类型的国库券可以作为无风险资产，这一类国库券就是到期日与投资者的投资期限相匹配的国库券。例如，持有期为3个月的投资者将发现3个月到期的国库券具有确定的收益率。因为这种证券的到期日与投资者的投资期限相同，而且在投资期满时它将给投资者一笔资金，而这笔资金的数量早在投资者做出投资决策时就已经确切地知道，这样的国库券就不存在上面所说的"再投资利率风险"，所以我们把到期日与投资者持有期相匹配的国库券称为"无风险证券"。

对高效率的资本市场来说，可能有很多种无风险证券。假如没有其他因素的影响，各种无风险证券的收益率应该相同，否则高收益的证券会使低收益的证券失去市场。因此，我们可以假设市场中只有一种无风险证券，它的收益率是r_f。

结合案例3-7，我们可以知道国债是一种能够按时履约的固定收入的证券，即表明对国债的投资是没有任何风险的,此时具有无风险证券的特点。而在证券界,我们将期限小于三个月的短期贴现国债视为无风险证券,由此我们得到了无风险利率。

对无风险证券的投资被称为是"无风险贷出",因为这样的投资意味着购买国库券,实际上表现为投资者向政府提供一笔贷款。而当投资者从银行借入资金时,他必须为这笔贷款付出利息,由于利率是已知的,所以偿还也是确定的,因此这种行为常常被称为"无风险借入"。

二、单一风险证券与无风险证券的组合

在介绍了无风险证券的定义后,投资者现在可以将他的资金的一部分投资于这种无风险资产,并把剩余的部分投资于包含在 Markowitz 模型的可行集中的任一证券组合。增加这种新的机会明显地会扩展可行集,并且更重要的是,它极大地改变了 Markowitz 有效集的位置。既然投资者所关心的是从有效集中选取某个证券组合,就有必要对有效集的位置的变化情况进行分析。下面我们先考察只包含无风险证券和一种风险证券的证券组合,然后再考察包含无风险证券和一个证券组合构成的新证券组合。

假设现在有一个由风险证券 A 与无风险证券 B 这两只构成的证券组合,其中风险证券 A 的投资权重为 x_A,预期收益率为 R_A,风险为 σ_A^2;无风险证券 B 的预期收益率为 r_f。那么由它们所组成的证券组合的预期收益率和风险分别为:

$$R_p = x_A R_A + (1-x_A) r_f \tag{3-51}$$

$$\sigma_p^2 = x_A^2 \sigma_A^2 \tag{3-52}$$

由式(3-52)可得:

$$x_A = \frac{\sigma_p}{\sigma_A} \tag{3-53}$$

将式(3-53)代回式(3-51)中,得到:

$$R_p = r_f + \frac{1-r_f}{\sigma_A} \sigma_p \tag{3-54}$$

由此可知,该组合在 σ-R 平面上表示为一条直线,如图 3-14 所示,该直线的截距为无风险证券的预期收益率。

如图 3-14 所示,当 $\sigma < \sigma_A$ 时,表明投资者将自由的资金在证券 A、B 中任意进行分配,并且不卖空任意一种证券;而当 $\sigma > \sigma_A$ 时,表明投资者以无风险利率 r_f 借入资金去购买证券 A。

从图 3-14 中也可以看出,由无风险证券和风险证券构成的任何一种组合都将落在连接它们的直线上;其在直线上的确切位置将取决于投资这两种资产的相对比例。不仅如此,这一结论还可以推广到任意无风险资产与风险资产的组合上。这意味着,对于任意一个由无风险证券和风险证券所构成的组合,其相应的预期收益率和风险都落在连接无风险资产和风险资产的直线上,如图 3-15 所示。

下面,我们通过一个例子加深对上述内容的理解。

【例 3-3】 假设无风险证券的预期收益率 $r_f = 4.0\%$,而风险资产的预期收益率和方差分别为 $R_1 = 16.2\%$,$\sigma_1 = 12.08\%$。我们用 x_0 表示投资无风险证券的比例,而投资风险证

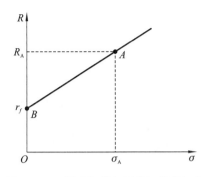

图 3-14 无风险证券与风险证券的组合

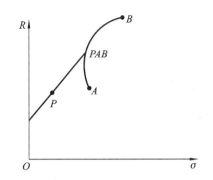

图 3-15 无风险证券与风险证券组成的证券组合

券的比例为 $x_1=1-x_0$。如果投资者全部资金投资无风险证券,则有 $x_0=1.00, x_1=0.00$,反之亦然。现在我们分析下面这五种组合(见表 3-1),进而对无风险证券与单一风险证券构成的证券组合在 $\sigma\text{-}R$ 平面上的表现形式进行探究。

表 3-1 一种无风险证券与一种风险证券的证券组合

证券的比例	组合 A	组合 B	组合 C	组合 D	组合 E
x_0	1.00	0.75	0.5	0.25	0.00
x_1	0.00	0.25	0.5	0.75	1.00

下面,我们分别对这 5 种证券组合计算它的预期收益率和风险,由前面的内容可知,在上述情况下,组合的预期收益率 R_p 和方差 σ_p 分别为:

$$R_p = \sum_{i=1}^{N} x_i R_i = x_0 r_f + x_1 R_1 = 4.0\% x_0 + 16.2 x_1$$

$$\sigma_p = \left[\sum_{i=1}^{N}\sum_{j=1}^{N} x_i x_j \sigma_{ij}\right]^{1/2} = [x_0^2 \sigma_0^2 + 2x_0 x_1 \sigma_{01} + x_1^2 \sigma_1^2]^{1/2} = [x_1^2 \sigma_1^2]^{1/2} = 12.08\% x_1$$

对于组合 A 和组合 E 来说,因为投资者把所有资金投资于单个证券,从而很容易得到其预期收益率和方差分别为:

$$R_A = 4.0\%, \quad \sigma_A = 0, \quad R_E = 16.2\%, \quad \sigma_E = 12.08\%$$

对于组合 B、C、D 而言,它们的预期收益率和方差分别是:

$$R_B = 0.75 \times 4\% + 0.25 \times 16.2\% = 7.05\%, \quad \sigma_B = 0.25 \times 12.08\% = 3.02\%$$
$$R_C = 0.5 \times 4\% + 0.5 \times 16.2\% = 10.10\%, \quad \sigma_C = 0.5 \times 12.08\% = 6.04\%$$
$$R_D = 0.25 \times 4\% + 0.75 \times 16.2\% = 13.15\%, \quad \sigma_D = 0.75 \times 12.08\% = 9.06\%$$

综上所述,这 5 个组合的预期收益率和方差如表 3-2 和图 3-16 所示。

表 3-2 5 种证券组合的预期收益率和方差

组合	x_0	x_1	预期收益率	风险
A	1.00	0.00	4.00%	0.00%
B	0.75	0.25	7.05%	3.02%
C	0.50	0.50	10.10%	6.04%
D	0.25	0.75	13.15%	9.06%
E	0.00	1.00	16.20%	12.08%

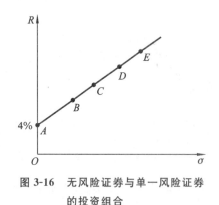

图 3-16 无风险证券与单一风险证券的投资组合

从图 3-16 可以看出来,这些点都位于连接代表无风险资产与风险资产的两个点的直线上。尽管这里仅对 5 个特定的无风险资产与风险资产的组合进行了分析,但仍可以证明上面所提到的结论:由无风险资产和风险资产证券构成的任何一种组合都将落在它们的直线上;其在直线上的确切位置取决于投资这两种资产的相对比例。

三、无风险借贷下的证券组合有效集

我们已经介绍了由无风险资产和单一风险资产构成的证券组合,下面,我们将考虑当一个组合中除了无风险证券外,还包括一种以上的风险证券的情况。

现在假设有 $(n+1)$ 项资产进行组合,其中有 n 项风险资产,1 项无风险资产。需要注意的是,这时的 $(n+1)$ 项风险资产所形成的协方差矩阵不再是正定的对称矩阵,且该矩阵不可逆(因为无风险资产的方差与其他任何风险资产的协方差均为 0),这时我们前面所讲过的投资组合的相关处理方法失效。鉴于此,我们应该对这样的 $(n+1)$ 项资产的投资组合寻找其新的可行集。

处理方法如下:首先把这样的 $(n+1)$ 项资产分为 n 种风险资产和 1 种无风险资产。由前面的所学内容可知,这 n 种风险资产所构成的证券组合的协方差矩阵是正定且对称的可逆矩阵,并且这 n 种风险资产所构成的证券组合的可行集在 σ-R 平面上可以表示为由双曲线的右半支所形成的弹丸形区域。而随着无风险贷出的引进,证券组合的可行集将会有明显的改变。由图 3-17 可以看出,包含无风险证券的证券组合的可行集的点一定会落在从无风险利率出发连接某个风险证券或风险证券组合的直线上。因此,引进了无风险贷出后,证券组合的可行集表示为图 3-17 中的扇形区域,该区域有两条边界,每一条边界都由一条从无风险利率出发的直线和一条曲线段构成,而且每一条直线段都与原来的风险证券组合的可行集相切,切点分别记为 T、T^*,它们也是直线段的另一个端点。

类似前面的分析,无风险贷出时证券组合的有效集应该是其可行集的上边界,它是由一条直线和一条曲线段构成的,直线段从无风险利率出发到切点 T,代表无风险证券和风险证券组合以各种比例结合形成的证券组合。

现在假设投资者选择了 $(n+1)$ 种证券进行投资,其中第一种是无风险证券,其余 n 种证券是风险证券,并设这 n 种风险证券的协方差是 $\boldsymbol{\Sigma}_n$。无风险证券的收益率为 r_f,其余 n 种证券的预期收益率分别为 $R_1, R_2, \cdots, R_n$,这 $n+1$ 种证券的投资权重向量 $\boldsymbol{X} = (x_0, x_1, \cdots, x_n)^{\mathrm{T}}$,则 Markowitze 优化模型就变成:

$$\min \sigma_p^2 = \boldsymbol{X}^{\mathrm{T}} \begin{pmatrix} 0 & 0 \\ 0 & \boldsymbol{\Sigma}_n \end{pmatrix} \boldsymbol{X}$$

$$\max R_p = x_0 r_f + x_1 R_1 + x_2 R_2 + \cdots + x_n R_n$$

$$\text{s. t.} \quad x_0 + x_1 + x_2 + \cdots + x_n = 1 \tag{3-55}$$

第一种证券是无风险证券,因此它的风险或方差以及它与其他证券的协方差均为 0。

如前面的分析可知,在 σ-R 平面上,无风险证券的借出与贷入把原来证券组合的最小方差集合——双曲线 $\widehat{ABT}$ 变成了直线 $\overline{CTD}$,如图 3-18 所示。这条直线从纵轴上无风险利率点 C 处向上延伸,与风险证券构成的证券组合的有效前沿相切与点 T。这条直线包含了所有风险证券构成的证券组合与无风险借贷的组合。直线 $\overline{CTD}$ 就是无风险借贷下证券组合的有效前沿,有时也称为无风险借贷下证券组合的最小方差集合,直线 $\overline{CTD}$ 同时也是模型(3-55)的解。

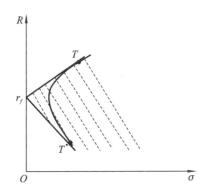

图 3-17　无风险贷出时证券组合的可行集　　图 3-18　无风险借贷下的证券组合的有效前沿

既然无风险借贷下证券组合的有效前沿在 σ-R 平面上是一条直线 $\overline{CTD}$,那么这条直线的方程是什么?或是如何求解无风险借贷下的证券组合的投资最优解?如果能够求出这条直线的方程,那么我们自然就能得到模型(3-55)的解。下面,从几个不同的角度求解这条直线方程。

(一)用代数法求解无风险借贷下证券组合的优化模型

从图 3-18 中可以看出,直线 $\overline{CTD}$ 是由 T 和 C 这两点确定的。而点 C 的坐标是已知的,即 $(0, r_f)$,因此,只要求出点 T,即可用两点式或是点斜式求出直线 $\overline{CTD}$ 的方程了,由此我们就可以得出无风险借贷下证券组合的有效前沿。

首先,我们设点 T 的坐标为 (σ_T, R_T),直线 $\overline{CTD}$ 的方程则可以表示为:

$$R_T = r_f + k\sigma_T \tag{3-56}$$

其中,k 表示直线 $\overline{CTD}$ 的斜率。

又从前面的内容我们知道,风险证券构成的证券组合的最小方差集合曲线 $\widehat{ATB}$ 是一条双曲线,所以在 T 点处的风险可以用以下的曲线方程表示:

$$\sigma_T^2 = h_{11} R_T^2 + 2h_{12} R_T + h_{22} \tag{3-57}$$

下面,我们将从这两个角度求出无风险证券借贷下证券组合有效前沿的斜率。

(1) 方法一。

将式(3-56)整体代入式(3-57),可得:

$$\sigma_T^2 = h_{11}(r_f + k\sigma_T)^2 + 2h_{12}(r_f + k\sigma_T) + h_{22} \tag{3-58}$$

通过化简、移项等处理,得到一个关于 σ_T^2 一元二次方程:

$$(h_{11}k^2 - 1)\sigma_T^2 + (2h_{11}r_f k + 2h_{12}k)\sigma_T + h_{11}r_f^2 + h_{12}r_f + h_{22} = 0 \tag{3-59}$$

又因为点 T 是直线 $\overline{CTD}$ 与由无风险证券构成的证券组合的最小方差集合曲线 $\overset{\frown}{ATB}$ 的切点,由图 3-18 也可以观察到,双曲线方程与直线应该有且只有一个交点,从方程的角度理解,得到的一元二次方程只有一个实数根,所以其判别式要等于 0,即 $\Delta = 0$,可得:

$$4k^2(h_{11}r_f + h_{12})^2 - 4(h_{11}k^2 - 1)(h_{11}r_f^2 + h_{12}r_f + h_{22}) = 0$$

$$k^2 = \frac{h_{11}r_f^2 + 2h_{12}r_f + h_{22}}{h_{11}h_{22} - h_{12}^2} \tag{3-60}$$

从图 3-18 中进行观察可知,得到的直线的斜率应该是大于 0 的,因此,我们对所得到的式(3-60)进行开根号的处理,对负数的 k 进行舍弃,留下的大于 0 的 k 即为所求的直线斜率,这样我们就可以求出直线 $\overline{CTD}$ 的方程,进而得到模型(3-55)的解。

(2) 方法二。

先对式(3-56)进行变式,在假设直线 $\overline{CTD}$ 斜率不为零的前提下,将其转化为 σ_T 的表达式,可得:

$$\sigma_T = \frac{R_T - r_f}{k} \tag{3-61}$$

将上式整体代入式(3-57),即可得到一个关于 R_T 的一元二次方程:

$$(h_{11}k^2 - 1)R_T^2 + (2r_f + 2h_{12}k^2)R_T + h_{22}k^2 - r_f^2 = 0 \tag{3-62}$$

又因为,点 T 是直线 $\overline{CTD}$ 与无风险证券构成的证券组合的最小方差集合曲线 $\overset{\frown}{ATB}$ 的切点,且双曲线与直线应该有且只有一个交点,即所得到的一元二次方程有且只有一个实数根,所以由根的判别式 $\Delta = 0$,可得:

$$(2r_f + 2h_{12}k_2)^2 - 4(h_{11}k^2 - 1)(h_{22}k^2 - r_f^2) = 0$$

$$k^2 = \frac{h_{11}r_f^2 + 2h_{12}r_f + h_{22}}{h_{11}h_{22} - h_{12}^2} \tag{3-63}$$

同样地,对上式进行开方处理,保留斜率大于 0 的结果,这样利用点斜式,我们就可得到直线 $\overline{CTD}$ 的方程,即可得到无风险证券借贷下证券组合的有效前沿,即直线 $\overline{CTD}$ 的方程为:

$$R_p = r_f + \sqrt{\frac{h_{11}r_f^2 + 2h_{12}r_f + h_{22}}{h_{11}h_{22} - h_{12}^2}} \sigma_p \tag{3-64}$$

(二) 用求导法求解无风险借贷下证券组合的优化模型

因为点 T 是切点,利用切点的基本性质,在切点处,曲线方程和直线方程的斜率应该是相等的。我们这里用在点 T 处的导数表示斜率,将式(3-56)和式(3-57)分别对 σ_p 在点 T 处进行求导,可得:

$$\frac{\mathrm{d}R_p}{\mathrm{d}\sigma_p} = k$$

$$2\sigma_p = 2h_{11}R_p \frac{dR_p}{d\sigma_p} + 2h_{12}\frac{dR_p}{d\sigma_p} \tag{3-65}$$

将得到的式(3-65)的第一个方程代入第二个方程,即可得到一个关于 k 的表达式:

$$k = \frac{\sigma_T}{h_{11}R_T + h_{12}}$$

同时,由式(3-56),我们还可以得到另一个关于 k 的表达式:

$$k = \frac{R_T - r_f}{\sigma_T}$$

联立这两个关于 k 的表达式,可得:

$$\sigma_T^2 = h_{11}R_T^2 + (h_{12} - h_{11}r_f)R_T - h_{12}r_f \tag{3-66}$$

这时,联立式(3-57)与式(3-66),最终将解得点 T 在 σ-R 平面上的坐标:

$$\begin{cases} R_T = -\dfrac{h_{22} + h_{11}r_f}{h_{12} + h_{11}r_f} \\ \sigma_T = \sqrt{h_{11}R_T^2 + 2h_{12}R_T + h_{22}} \end{cases}$$

由此,利用两点式,我们就可得到直线 $\overline{CTD}$ 的方程,进而得到模型(3-55)的解。

上面两种方法,一个共同点就是要提前明确风险证券组合最小方差集合的双曲线方程,操作起来较为复杂,在一定的程度上也增加了计算的难度,下面,我们将介绍另外的方法,不涉及对风险证券组合最小方差集合的双曲线方程的计算。

(三)用几何方法求解无风险借贷下证券组合的优化模型

由前面的内容我们可知,无风险借贷下证券组合的有效前沿可以用下面直线来表示:

$$R_p = r_f + \frac{R_T - r_f}{\sigma_T}\sigma_p$$

我们将它改写为如下形式:

$$R_p = r_f + k\sigma_p \tag{3-67}$$

再进一步转化为如下形式:

$$\sigma_p^2 = \frac{1}{k^2}(R_p^2 - 2R_p r_f + r_f^2) \tag{3-68}$$

将 $\boldsymbol{R}_p = \boldsymbol{X}^\mathrm{T}\boldsymbol{R}$ 和 $\sigma_p^2 = \boldsymbol{X}^\mathrm{T}\boldsymbol{\Sigma}\boldsymbol{X}$ 代入式(3-68),就得到:

$$\boldsymbol{X}^\mathrm{T}\boldsymbol{\Sigma}\boldsymbol{X} = \frac{1}{k^2}[r_f^2 - 2r_f\boldsymbol{X}^\mathrm{T}\boldsymbol{R} + (\boldsymbol{X}^\mathrm{T}\boldsymbol{R})^2] \tag{3-69}$$

因为线性方程组(3-50)的秩是 $n-2$(证明过程参考上一小节),所以它的基础解系的系数是 1,即 $x_2, x_3, \cdots, x_{n-1}$ 都可以用 x_1 表示(利用消元法可得),又因为 $\sum x_i = 1$,因此 x_n 也可以用 x_1 表示,即有

$$x_i = c_i x_1 + d_i \quad (i = 1, 2, \cdots, n)$$

将所得到的 $x_2, x_3, \cdots, x_{n-1}, x_n$ 代入式(3-69),就可以得到一个关于 x_1 的一元二次方程,又因为点 T 是切点,所以得到的方程有且只有一个根。根据判别式 $\Delta = 0$ 和求根公式,就可以求出 k 和 x_1,然后自然就可以得到 $x_2, x_3, \cdots, x_n$ 的值,这就是点 T 的权重,

同时也由 k 的值和式(3-67)得到直线 $\overline{CTD}$ 的方程。最后,由 $R_p = X^T R$ 和 $\sigma_p^2 = X_T \Sigma X$,我们就分别得到点 T 的预期收益率 R_T 和方差 σ_T^2。

用临界线的方法看起来比较复杂,但其操作性强,不需要知道证券组合的最小方差集合的双曲线方程也可以求解,在一定程度上减小了计算的复杂度。

现在我们用第四种方法对案例 3-8 中的证券组合进行有效前沿的计算。在案例 3-8 中,已知无风险利率为 2.7484%,并且根据这三只股票的历史交易数据,我们可计算出这三只股票的收益率和协方差矩阵如下:

$$R = \begin{pmatrix} 0.014\% \\ 0.037\% \\ 0.191\% \end{pmatrix}, \quad \Sigma = \begin{pmatrix} 5.5618 & 1.2855 & 0.6039 \\ 1.2855 & 6.0779 & 1.7851 \\ 0.6039 & 1.7851 & 5.8766 \end{pmatrix}$$

根据协方差矩阵可以得到关于这三只股票的临界线方程:

$$73x_1 - 40x_2 - 48 = 0$$

进而可得到三只股票的投资权重有以下的关系:

$$X = \begin{pmatrix} x_1 \\ 1.825x_1 - 1.2 \\ 2.2 - 2.825x_1 \end{pmatrix}$$

将已知数据整理代入式(3-69),得到一个关于 x_1 的一元二次方程:

$$(55.5839k^2 - 0.2099)x_1^2 + (-74.9915k^2 - 2.1738)x_1 + (27.7696k^2 - 5.6099) = 0$$

再根据判别式和求根公式,进一步可以求出 $k = 2.6267, x_1 = 0.6778, x_2 = 0.03694, x_3 = 0.28527$,最后再根据预期收益率公式和风险的标准差公式,可以计算出在切点处的预期收益率和标准差分别为:

$$R_T = 6.532\%$$
$$\sigma_T = 1.8374\%$$

在这种无风险利率下,证券组合的有效前沿可以用以下直线表示:

$$R_p = 2.75484 + 2.6267\sigma_p$$

为了巩固上述所讲内容,我们举一个例子加深对上述内容的理解。

【例 3-4】 已知一个证券组合由一只无风险证券与三只风险证券构成,无风险证券的预期收益率为 $r_f = 3.7\%$。三只风险证券的如表 3-3 所示。

表 3-3 三种风险证券的预期收益率、标准差及其相关性

风险资产	预期收益率(%)	标准差(%)	相关性		
A	15.5	30.3	1.00	0.56	0.22
B	12.3	20.5	0.56	1.00	0.14
C	5.4	8.7	0.22	0.14	1.00

由表 3-3 可以得到这三只风险证券的协方差矩阵:

$$\Sigma = \begin{pmatrix} 918.090 & 347.844 & 57.994 \\ 347.844 & 420.250 & 24.969 \\ 57.994 & 24.969 & 75.690 \end{pmatrix}$$

令

$$A = \begin{pmatrix} 15.5 & 12.3 & 5.4 \\ 1 & 1 & 1 \end{pmatrix}$$

则可得：

$$(A\Sigma^{-1}A^{\mathrm{T}})^{-1} = \begin{pmatrix} 29.3986 & -1.6337 \\ -1.6337 & 0.0983 \end{pmatrix}$$

所以这三只风险证券在 σ-R 平面上的双曲线方程为：

$$\sigma_p^2 = 29.3986 R_p^2 - 3.26974 R_p + 0.0983$$

利用上面的四种方法对这样的一个证券组合的有效前沿进行求解：

(1) 方法一：用代数法求解证券组合的有效前沿。

解：

因为 T 点是切点，所以在 T 点处满足以下两个条件，即

$$\begin{cases} R_T = 3.7 + k\sigma_T \\ \sigma_T^2 = 29.3986 R_T^2 - 3.2674 R_T + 0.0983 \end{cases} \quad \text{①式}$$

将①式中的第一个方程代入第二个方程，得到一个关于 σ_T 的一元二次方程，又根据切点的性质，两条直线的切点有且仅有一个，所以，根据一元二次方程根的判别式 $\Delta = 0$，可得到直线的斜率 k 的值：

$$k^2 = \frac{h_{11} r_f^2 + 2 h_{12} r_f + h_{22}}{h_{11} h_{22} - h_{12}^2} = \frac{29.3986 \times 0.037^2 + 2 \times (-1.6337) \times 0.037 + 0.0983}{29.3986 \times 0.0983 - (-1.6337)^2} = 0.0801$$

又因为，从图 3-18 中可以看出，证券组合的有效前沿应该是从无风险证券收益率出发向右上方延伸的，因此，有效前沿的直线斜率应该为正，综上可得：

$$k = \sqrt{0.0801} = 0.2830$$

所以，该证券组合的有效前沿可以表示为：

$$R_p = 3.7 + 0.2830 \sigma_p$$

(2) 方法二如下。

解：

由前面的内容可知，在 T 点处满足以下两个条件：

$$\begin{cases} \sigma_T = \dfrac{R_T - r_f}{k} = \dfrac{R_T - 0.037}{k} \\ \sigma_T^2 = 29.3986 R_T^2 - 3.2674 R_T + 0.0983 \end{cases} \quad \text{②式}$$

将②式中的第一个方程代入第二个方程，得到一个关于 R_T 的一元二次方程，同理，根据切点的性质，两条线的切点有且仅有一个，所以，由判别式 $\Delta = 0$，可得到直线的斜率 k 的值：

$$k^2 = \frac{h_{11} r_f^2 + 2 h_{12} r_f + h_{22}}{h_{11} h_{22} - h_{12}^2} = \frac{29.3986 \times 0.037^2 + 2 \times (-1.6337) \times 0.037 + 0.0983}{29.3986 \times 0.0983 - (-1.6337)^2} = 0.0801$$

又因为，从图 3-18 中可以看出，证券组合的有效前沿应该是从无风险证券收益率出发向右上方延伸的，因此，有效前沿的直线斜率应该为正，综上可得：

$$k = \sqrt{0.0801} = 0.2830$$

所以,该证券组合的有效前沿可以表示为:
$$R_p = 3.7 + 0.2830\sigma_p$$

(3) 方法三:用求导法求解证券组合的有效前沿。

解:

直接对①式中的两个方程,分别对 σ_T 进行求导,并将得到的第一个方程代入第二个方程中可得一个关于 k 的表达式,如下:
$$k = \frac{\sigma_T}{h_{11}R_T + h_{12}} = \frac{\sigma_T}{29.3986 \times R_T - 1.6337}$$

又由①式中的第一个方程,我们再次得到关于 k 的另一个表达式:
$$k = \frac{R_T - r_f}{\sigma_T} = \frac{R_T - 0.037}{\sigma_T}$$

令两个关于 k 的表达式相等,得到:
$$\sigma_T^2 = h_{11}R_T^2 + (h_{12} - h_{11}r_f)R_T - h_{12}r_f = 29.3986R_T^2 - 2.7214R_T - 0.0604$$

此时,与风险证券组合在 σ-R 平面上所表示的双曲线进行联立,即
$$\begin{cases} \sigma_T^2 = 29.3986R_T^2 - 3.2674R_T + 0.0983 \\ \sigma_T^2 = 29.3986R_T^2 - 2.7214R_T + 0.0604 \end{cases}$$

最终解得:
$$\begin{cases} R_T = 6.94\% \\ \sigma_T = 11.46\% \end{cases}$$

所以,由两点式最终得到证券组合的有效前沿的表达式为:
$$R_p = 3.7 + 0.2830\sigma_p$$

(4) 方法四:用几何方法求解证券组合的有效前沿。

解:

由已知条件,我们可以得到证券组合的临界线方程为:
$$-0.0026x_1 + 0.0021x_2 - 0.0004 = 0$$

化简可得:
$$x_2 = 0.1905 + 1.2381x_1$$
$$x_3 = 1 - x_1 - x_2 = 0.8095 - 2.2381x_1$$

由于 $r_f = 3.7\%$,因而方程式(3-69)则变成:
$$\boldsymbol{X}^T \boldsymbol{\Sigma} \boldsymbol{X} = \frac{1}{k^2}[r_f^2 - 2r_f \boldsymbol{X}^T \boldsymbol{R} + (\boldsymbol{X}^T \boldsymbol{R})^2] = \frac{1}{k^2}[0.00137 - 0.074\boldsymbol{X}^T \boldsymbol{R} + (\boldsymbol{X}^T \boldsymbol{R})^2]$$

将 $\boldsymbol{R} = \begin{pmatrix} 15.5 \\ 12.3 \\ 5.4 \end{pmatrix}$, $\boldsymbol{\Sigma} = \begin{pmatrix} 918.090 & 347.844 & 57.994 \\ 347.844 & 420.250 & 24.969 \\ 57.994 & 24.969 & 75.690 \end{pmatrix}$, $\boldsymbol{X} = \begin{pmatrix} x_1 \\ x_2 \\ x_3 \end{pmatrix} = \begin{pmatrix} x_1 \\ 0.1905 + 1.2381x_1 \\ 0.8095 - 2.2381x_1 \end{pmatrix}$ 代

入上式,得到一个关于 x_1 的一元二次方程,根据根的判别式,要使 x_1 只有一个根,就必须满足判别式 $\Delta = 0$,即可解得:
$$k = 0.2830$$

同时,由这个关于 x_1 的一个一元二次方程,可解得:
$$x_1 = 0.0123$$

将 x_1 代入 x_2 和 x_3 中,即可得在切点处的投资权重:
$$x_2 = 0.1905 + 1.2381x_1 = 0.1905 + 1.2381 \times 0.0123 = 0.2057$$
$$x_3 = 0.8095 - 2.2381x_1 = 0.8095 - 2.2381 \times 0.0123 = 0.7820$$

这样,我们就可以得到在切点处的预期收益率和方差分别是:
$$R_p = 6.94\%$$
$$\sigma_p = 11.46\%$$

此时,证券组合的有效前沿为:
$$R_p = 3.7 + 0.2830\sigma_p$$

四、不同借贷利率下的证券组合有效集

Markowitz 模型通常假定投资者可以无限制地以同样的无风险利率借入和贷出资金,这在现实的市场运作中是无效的。由中央银行对利率的调控我们可知,金融中介机构在贷出资金时的利率会比借入时高,这样投资者的利差中将会包括自身的边际利润和对信用风险的补偿增益,因此,借入资金需要比贷出或投资资金更高的利率。所以探讨不同利率下的证券组合问题在理论上和金融实践活动中都很有意义。

我们将把不同借贷利率下的两条切线(L_1 和 L_2)用证券组合的权重向量表示出来,再由切线的定义就可在 Markowitz 模型的最小方差组合曲线上分别求出这两条切线与 Markowitz 模型的最小方差集合曲线的切点,同时也得到不同借贷利率下切线的斜率,这样我们就得到了不同借贷利率下证券组合的有效前沿,如图 3-19 所示。

假设投资者的借入利率为 r_{f1},贷出利率为 r_{f2},且 $r_{f1} < r_{f2}$,则不同借贷利率下的切线分别是图 3-19 中的 L_1 和 L_2,它们的方程分别是:
$$R_p = r_{f1} + k_1 \sigma_p \tag{3-70}$$
$$R_p = r_{f2} + k_2 \sigma_p \tag{3-71}$$

因此,要求出不同利率借贷利率下证券组合有效前沿的两条切线,我们只需求出这两条切线的斜率 k_1 和 k_2 即可。斜率 k_1 和 k_2 的求解可仿照上一小节中直线 $\overline{CTD}$ 的斜率求解。同时,我们也可以仿照前面中切点 T 的求解过程类似得到切点 T_1 和 T_2 的投资权重 X_{T1}、X_{T2} 及它们的预期收益率和方差 R_{T1}、R_{T2} 和 σ_{T1}^2、σ_{T2}^2。

得到不同借贷利率下证券组合的有效前沿的两条切线 L_1 和 L_2 后,我们就能确定不同的借贷利率下证券组合的有效前沿,它就是图 3-19 中的实线 CT_2T_1F 这是由两条直线(L_1 和 L_2)和一段弧线(T_1T_2)组成的光滑曲线(此时在点 T_1 和 T_2 处的左右导数相等)。这时,投资者有三种可供选择的预期收益率,如图 3-20 所示。

① 当投资者的预期收益率低于 R_{T2} 时,他就以贷出利率 r_{f2} 贷出无风险资产和投资于风险资产。

② 当投资者的预期收益率介于 R_{T2} 和 R_{T1} 之间时,他就仅投资于风险资产。

③ 当投资者的预期收益率高于 R_{T1} 时,他就以借入利率 r_{f1} 借入无风险资产并投资于风险资产。

【例 3-5】 假设银行的存贷款利率分别为 2.0% 和 3.7%,则投资者的借贷利率分别为 3.7% 和 2.0%,已知三种风险资产的相关信息如表 3-4 所示。

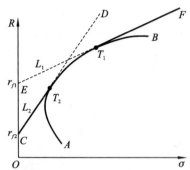
图 3-19 不同借贷利率下证券组合的有效前沿

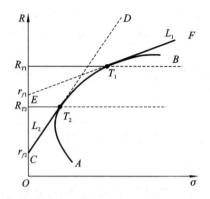
图 3-20 不同借贷下证券组合的三种选择

表 3-4 三种风险资产的预期收益率、标准差及其相关性

风险资产	预期收益率(%)	标准差(%)	相关性		
A	15.5	30.3	1.00	0.56	0.22
B	12.3	20.5	0.56	1.00	0.14
C	5.4	8.7	0.22	0.14	1.00

由表 3-4 我们可知，$\boldsymbol{R} = \begin{pmatrix} 15.5 \\ 12.3 \\ 5.4 \end{pmatrix}$，并且这三只风险资产的协方差矩阵如下：

$$\boldsymbol{\Sigma} = \begin{pmatrix} 918.090 & 347.844 & 57.994 \\ 347.844 & 420.250 & 24.969 \\ 57.994 & 24.969 & 75.690 \end{pmatrix}$$

利用已知信息，我们可以得到证券组合的临界线方程为：

$$-26x_1 + 21x_2 - 4 = 0$$

所以

$$x_2 = 0.1905 + 1.231x_1$$
$$x_3 = 1 - x_1 - x_2 = 0.8095 - 2.2381x_1$$

由于 $r_{f1} = 3.7\%$，因而方程式(3-69)则变成：

$$\boldsymbol{X}^\mathrm{T} \boldsymbol{\Sigma} \boldsymbol{X} = \frac{1}{k_1^2} [r_{f1}^2 - 2r_{f1} \boldsymbol{X}^\mathrm{T} \boldsymbol{R} + (\boldsymbol{X}^\mathrm{T} \boldsymbol{R})^2] = \frac{1}{k_1^2} [0.00137 - 0.074 \boldsymbol{X}^\mathrm{T} \boldsymbol{R} + (\boldsymbol{X}^\mathrm{T} \boldsymbol{R})^2]$$

将 $\boldsymbol{R} = \begin{pmatrix} 15.5 \\ 12.3 \\ 5.4 \end{pmatrix}, \boldsymbol{\Sigma} = \begin{pmatrix} 918.090 & 347.844 & 57.994 \\ 347.844 & 420.250 & 24.969 \\ 57.994 & 24.969 & 75.690 \end{pmatrix}, \boldsymbol{X} = \begin{pmatrix} x_1 \\ x_2 \\ x_3 \end{pmatrix} = \begin{pmatrix} x_1 \\ 0.1905 + 1.2381x_1 \\ 0.8095 - 2.2381x_1 \end{pmatrix}$ 代

入上式，得到一个关于 x_1 的一元二次方程，根据根的判别式，要使 x_1 只有一个根，就必须满足判别式 $\Delta = 0$，即可解得：

$$k_1 = 0.2830$$

同时，由这个关于 x_1 的一个一元二次方程，可解得：

$$x_1 = 0.0123$$

将 x_1 代入 x_2 和 x_3 中,即可得在 T_1 点的投资权重:
$$x_2 = 0.1905 + 1.2381x_1 = 0.1905 + 1.2381 \times 0.0123 = 0.2057$$
$$x_3 = 0.8095 - 2.2381x_1 = 0.8095 - 2.2381 \times 0.0123 = 0.7820$$
即
$$\boldsymbol{X}_1 = \begin{pmatrix} 0.0123 \\ 0.2057 \\ 0.7820 \end{pmatrix}$$

并且,我们可得,在 T_1 点的预期收益率和方差分别是:
$$R_{T1} = 6.94\%, \quad \sigma_{T1} = 11.46\%$$

此时,直线 L_1 的方程为:
$$R_{p1} = 3.7 + 0.2830\sigma_{p1}$$

同理,由 $r_{f2} = 2.0\%$,方程式(3-69)则变成:
$$\boldsymbol{X}^\mathrm{T}\boldsymbol{\Sigma}\boldsymbol{X} = \frac{1}{k_2^2}[r_{f2}^2 - 2r_{f2}\boldsymbol{X}^\mathrm{T}\boldsymbol{R} + (\boldsymbol{X}^\mathrm{T}\boldsymbol{R})^2] = \frac{1}{k_2^2}[0.0004 - 0.04X^T R + (X^T R)^2]$$

重复上述步骤,可以得到:
$$k_2 = 0.0450$$

以及在切点 T_2 处的投资权重为:
$$\boldsymbol{X}_2 = \begin{pmatrix} -0.0231 \\ 0.1619 \\ 0.8612 \end{pmatrix}$$

因此,切点 T_2 处的预期收益率和方差分别为:
$$R_{T2} = 6.28\%, \quad \sigma_{T2} = 9.51\%$$

此时,直线 L_2 的方程为:
$$R_{p2} = 2.0 + 0.450\sigma_{p2}$$

因此,这时投资者有最优的三种投资方式。

①如果投资者要求的预期收益率 6.28% 时,他就贷出无风险资产并投资于风险资产,此时他的投资组合位于直线 L_2 上。

②如果投资者要求的预期收益率介于 6.28% 到 6.94% 之间时,他就仅投资于风险资产,此时他的投资组合位于曲线 $\overset{\frown}{T_1 T_2}$ 上。

③如果投资者要求的预期收益率高于 6.94% 时,他就借入无风险资产并投资于风险资产,此时他的投资组合位于直线 L_1 上。

第五节　证券组合的效用最大化

【案例 3-9】

张奶奶是一名退休老人,对她来说,她更乐意将退休金等存进银行而不是将资金投资于股票市场;陈先生今年 40 岁,对他来说,他比较倾向于购买保险和进行一些较为稳健的投资,比如购买银行的理财产品;而对于才工作两三年的赵老师,他就比较倾向于将自己的部分资金投资于高风险高收益的创业板市场。那么,为什么会出现这种情形呢? 在这三种情况中,每个人都是否实现自己的效用最大化呢?

【案例 3-10】

小何今年打算将自己的投资资金部分进行无风险的投资,由 2018 年国债收益率曲线标准期限信息中的所有一年期的国债的收益率的算术平均值可知,无风险利率为 2.7484%。在这样的一个无风险利率下,如果想要投资于由一种无风险证券——国债和两只股票(英飞特,股票代码 300582;金盾股份,股票代码 300411)构成的证券组合。这时如果小何希望自己的投资能达到效用最大化,请问这时小何应该怎样选择自己的投资组合,在达到效用最大化时,该证券组合的预期收益率和风险方差水平又是多少呢?

在前三节中,我们深入研究了 Markowitz 证券组合优化模型。Markowitz 证券组合优化模型有两个隐含的假设:风险厌恶与不满足。风险厌恶是指投资者在预期收益率相同的两个证券组合中进行选择时,总是选择标准差较小的那个证券组合;不满足是指投资者在标准差都相同的两个证券组合进行选择时,总是选择那个预期收益率较高的证券组合。这两个假设导致的结果就是投资者只能在证券组合的有效前沿中进行选择。

由第四节的内容,我们知道证券组合的有效前沿在 σR 平面中是一条连续曲线,它要么是双曲线的右半支(只由风险证券构成的证券组合),要么是一条直线(允许无风险借贷,且借贷利率相同),要么是两条直线和一条双曲线合成的一条光滑曲线(允许无风险借贷,但借贷利率不同)。那么在不同的情况下,投资者应该从这些曲线中选择哪个证券组合呢? 答案是要依据投资者对收益与风险的偏好程度来确定。在更概念化的基础上,选择最优的证券组合是一种使投资者期望效用最大化的活动。

一、效用函数与无差异曲线

我们知道,每个投资者在进行投资的过程中,都有自己对收益与风险的偏好程度,即投资活动要遵循一个关于投资风险的效用函数。因此,效用函数可以看成是"风格投资"

的具体化,这是因为每个投资者都有他自己的投资风格,有些人比较保守,而有些人却愿意冒很大的风险以获取更多的收益,这些投资者个人所具有的秉性在投资中就反映在他们对收益于风险的偏好程度上。

关于效用函数理论的研究可以追溯到 18 世纪 Daniel Beroulli 的工作,但它的发展时期是在 20 世纪,John Von Neumann、Kenneth J. Arrow、Paul J. H. Schoemaker 等人在这方面都做了大量的工作。按照古典经济学的分析,这个效用函数在 $\sigma\text{-}R$ 平面中表示为无差异曲线(IDC),它是用均值-方差来表现风险-预期收益率这两者相互替代的大小和形式的关系。由前面的所学内容,我们可知,预期收益率与风险两者是互补的关系,即高的预期收益率意味着面临高的风险,同理,低的预期收益率所蕴含的风险也较低。从这一理论知识我们可以得知,在 $\sigma\text{-}R$ 平面上的无差异曲线应该是一条向上方倾斜的曲线。

为了更好地了解无差异曲线,我们先看一个例子。考虑两个可供选择的证券组合 A 和 B,A 的年预期收益率为 8%,B 的年预期收益率为 12%,A 和 B 的年收益率的标准差分别为 10% 和 20%。假设投资者持有的初始财富为 100000 元,持有期为一年,这两个证券组合在期末的财富情况如表 3-5 所示。

表 3-5 两个证券组合 A、B 的期末财富水平的比较

期末财富水平(元)	低于该期末财富水平的百分比可能性(%)	
	A	B
70000	0	2
80000	0	5
90000	4	14
100000	21	27
110000	57	46
120000	88	66
130000	99	80

如果分别投资于证券组合 A 和 B,相应的期末财富分别为 108000 元和 112000 元,这似乎表明证券组合 B 更有吸引力。但另一方面,从表 3-5 我们可以看出,如果购买证券组合 B,那么投资者将有 2% 的可能性只能获得 70000 元或者是更少的期末财富;而购买证券组合 A,投资者的期末财富一定超过 70000 元(由表 3-5,证券组合 A 低于 70000 元的可能性为 0,即表明 A 的期末财富不可能低于 70000 元)。同样购买证券组合 B,投资者将有 5% 的可能性只能获得 80000 元或是更少的期末财富;而购买证券组合 A,投资者则没有这种担忧。继续由表 3-5 可知,证券组合 B 将有 14% 的可能使其期末财富小于或等于 90000 元,而相比之下,证券组合 A 期末财富小于或等于 90000 元的可能性只有 4%。再往下看,证券组合 B 的期末财富有 27% 的可能性将低于 100000 元,而证券组合 A 只有 21% 的可能性低于投资者自身所持有的初始财富。也就是说,证券组合 B 有一个较大的概率(27%)获得负收益,而证券组合 A 获得负收益的概率仅为 21%。所以,由表 3-5 可以看出,证券组合 A 的风险在总体上要比证券组合 B 小。从这方面似乎表明了证券组合 A 比证券组合 B 更具吸引力。那么投资者该选择证券组合 A 还是 B 呢?这

就要看该投资者对风险和收益的偏好程度,也就是要看他的无差异曲线是怎么样的了。

无差异曲线在 $\sigma\text{-}R$ 平面上表示一个投资者对风险和收益的偏好程度,如图 3-21 所示。每条曲线都表示该投资者的一条无差异曲线,所有的无差异曲线代表在同一给定的满意水平下的全部的证券组合。例如拥有图 3-21 的无差异曲线的投资者,将发现证券组合 A 和 B 虽然有不同的预期收益率和标准差,但都具有相同的满意程度(它们在同一条无差异曲线 I_3 上)。证券组合 B 的标准差(23%)要比证券组合 A 的标准差(10%)高,从这个指标看,证券组合 B 的满意程度要低于证券组合 A。然而证券组合 B 在这方面满意程度的损失恰好被相对于证券组合 A 的预期收益率(8%)的更高的预期收益率(15%)所提供的满意程度弥补了,从而使得证券组合 A 和 B 具有相同的满意程度。这个例子导出了无差异曲线的第一个重要特征:一条给定的无差异曲线上的所有组合对投资者来说,其提供的满意程度是相同的。

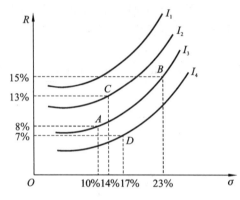

图 3-21 无差异曲线

虽然图 3-21 所示的投资者发现证券组合 A 和 B 所提供的满意程度是一样的,但他发现预期收益率为 13%、标准差为 14% 的证券组合 C 比这两个组合都要好。这是因为证券组合 C 相对于 A 有一个足够大的预期收益率,超过了对其高标准差的弥补,这个差额使得它比证券组合 A 更令人满意。另一方面,证券组合 C 相对于证券组合 B 有一个足够小的标准差,超过了其低预期收益率的弥补,这个差额使得证券组合 C 比证券组合 B 更令人满意。且由图 3-21,证券组合 C 在无差异曲线 I_2 上,而 I_2 在 I_3 的"西北"方向,这就导出了无差异曲线的第二个重要特征:投资者将发现位于"更西北"的无差异曲线上的证券组合要比"更东南"的无差异曲线上的证券组合更令人满意。

综上所述,每个投资者都拥有一族无差异曲线来表示他对预期收益率和标准差的偏好。这意味着投资者将按图 3-21 那样对每一可能的证券组合确定出预期收益率和标准差,并选择位于最西北的那条无差异曲线上的证券组合。在这个例子中,在可能的四个证券组合 A、B、C、D 中,投资者将选择证券组合 C。

除了上面所指出的无差异曲线的两个重要特征,无差异曲线还具有如下性质。

(1) 同一投资者在同一时点的任何两条无差异曲线都不能相交,证明过程如下。

反证法:如图 3-22 所示,假设现有两条相交的无差异曲线 I_1 和 I_2,由前面所学的无差异曲线的性质——同一条无差异曲线上投资者的满意程度是相同的。因此,从图 3-22

可知,证券组合 A 和证券组合 X 具有相同的满意程度,而证券组合 B 也与证券组合 X 有相同的满意程度,由满意程度的传递性可知,证券组合 A 和证券组合 B 也将具有相同的满意程度。

然而,从图 3-22 中观察发现,证券组合 A 和 B 具有相同的风险,但明显证券组合 A 的预期收益率要高于 B 的预期收益率,从这方面看,证券组合 A 应该要具有比证券组合 B 更高的满意程度,所以假设不成立,即在同一投资者的前提下,不存在任意两条相交的无差异曲线。

(2) 任何两条无差异曲线之间,都存在第三条无差异曲线,证明过程如下。

由前面的所学内容可知,无差异曲线表示的是同一投资者对不同证券组合满意程度。而满意程度可以用实数来表示。所以设在图 3-23 中的两条无差异曲线 I_1 和 I_2 的满意程度分别为 U_1 和 U_2,且由图可知,无差异曲线 I_1 相对于无差异曲线 I_2 位于"更西北"的方程,所以可知满意程度 $U_1 > U_2$。

由实数的连续性定理可知,存在 $U_3 = \dfrac{U_1 + U_2}{2}$,有 $U_2 < U_3 < U_1$。

又因为满意程度越大,无差异曲线向"西北"方向移动,因此,代表满意程度为 U_3 的无差异曲线设为 I_3,将会介于无差异曲线 I_1 和 I_2 之间,如图 3-23 所示。

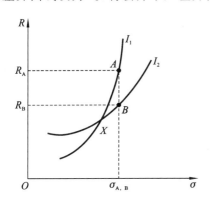

图 3-22 无差异曲线相交的情况

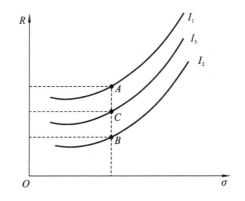

图 3-23 两条无差异曲线之间的第三条无差异曲线

(3) 无差异曲线的斜率为正,证明过程如下。

已知斜率的定义:

$$k = \lim_{\Delta\sigma \to 0} \frac{\Delta R}{\Delta \sigma}$$

由图 3-24 可知,$\Delta\sigma > 0$,且又因为当风险增加时,投资者需要有更高的预期收益率作为补偿,因此 ΔR 也会大于 0,综上可知 $\dfrac{\Delta R}{\Delta \sigma} > 0$ 恒成立,所以斜率 k 也会大于 0,由此可证明无差异曲线的斜率为正。

(4) 无差异曲线是下凸的,证明过程如下。

任何的效用函数都遵循着边际效用递减规律,风险厌恶者的投资效用函数也是如此,随着风险的增加,投资者得到的效用的增量将会较少,因为此时对于投资者来说,风险的增加将会抵消部分预期收益率的增加所带来的效用,从而最终使得效用的增量减少。

从数学的角度上看,边际效用递减,即表现为效用函数的二阶导数小于零,即 $U''<0$,所以我们可以得知,效用函数是凹函数,而凹函数将在平面中表示为凸集,且效用函数在平面中表示为无差异曲线,所以得证无差异曲线是下凸的。

现在我们已经知道,投资者的一条无差异曲线上的各点进行风险-预期收益率相互替换对该投资者来说是无差异的,如果无差异曲线是已知的,则最优的证券组合就可由无差异曲线族与证券组合的有效前沿的切线来确定,该切点是一切被选中证券组合中效用最大的证券组合,如图 3-25 所示。

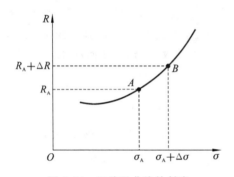

图 3-24　无差异曲线的斜率

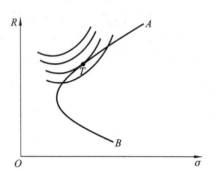

图 3-25　有效前沿上的最优证券组合

我们已知效用函数在标准差-预期收益率平面上表示为无差异曲线,那么投资者的效用函数该怎样表示呢?尽管效用理论的概念十分清晰,可是在实际应用中却极为困难。这是因为建立一个投资者的无差异曲线的完全模型简直是不可能的。甚至,即使只是建立风险与收益之间相互替换的近似关系也极为困难。

Tobin 在其文章 *Liquidity Preference As Behavior Toward Risk*(1958)中曾对证券组合的效用函数与预期收益率的关系做出了如下的研究。

Tobin 发现,只有在效用函数是二次函数的假设下,证券组合的预期收益率均值和标准差偏差才是合理的,因此,他对效用函数做出如下的假设:

$$U(R)=(1+b)R+bR^2 \tag{3-72}$$

其中,当 $0<b<1$ 时,该投资者是风险偏好者;而当 $-1<b<0$ 时,该投资者则为风险厌恶者。并且,他认为式(3-72)中的证券组合的预期收益率 R 由两个参数共同决定——证券组合中每只证券的收益率 r_i 以及证券的风险 σ_i。

最终经过一系列的化简与假设,Tobin 认为效用函数应该是收益率与方差的二次函数,即具有如下形式:

$$U=(1+B)E(R)+b[E(R)^2+\sigma^2] \tag{3-73}$$

又因为在这里我们都认为投资者都是风险厌恶者,并且都有损失厌恶这一心理倾向,从而使得收益率和风险改变同一单位的前提下,风险对效用的改变远远大于收益率对效用的作用,为此,我们提出风险厌恶系数这一概念,对式(3-73)做进一步的化简,得到效用、预期收益率与标准差这三者的关系:

$$u=R-\frac{1}{2}a\sigma^2 \tag{3-74}$$

其中，a 表示投资者的风险厌恶系数，a 是一个大于或等于 0 的数，且 a 越大，投资者对风险的厌恶程度越高。

当 $0<a<1$ 时，表明该投资者是风险偏好者；

当 $a=1$ 时，该投资者是风险中性者；此时风险与收益率对投资者的效用影响不随着风险的改变而改变；

当 $a>1$ 时，表明该投资者是风险厌恶者。

正如式（3-74）所示，效用会随着预期收益率的增加而增加，随着风险的增加而减少。这与传统概念是一致的。方差减少效用的大小依赖于指数 a，即投资者回避风险的程度。注意，若对于非回避风险且对风险无差异的投资者，系数 a 将为 0，这时效用函数变为预期收益率的一元函数。对于投资者是风险回避者这种更实际的情况，投资者对风险的厌恶程度可以体现在他的回避风险的参数 a 上，a 的大小，会随着投资者回避风险程度的加大而增加。

从式（3-74）我们还可以看出，a 的值不一样，无差异曲线的斜率也不一样，投资者的无差异曲线与证券组合的有效前沿的切点也不一样，所以投资者的最优证券组合也是不同的，因此，无差异曲线可以看成是"风格投资"的具体化。由案例 3-9 可知，不同的人，在外部因素和自身因素的影响下，有不同的风险厌恶系数。如年纪较大的已退休老者由于自身没有太多的收入来源，并且货币需求动机较为强烈，这时他更不愿将自身资金用于投资，他对风险的厌恶系数更高，本身是个极为厌恶风险的投资者；而对于中年人来说，他们既要赡养老人，又要抚养小孩，家庭经济压力较大，这时他们将更倾向于较为稳健的投资，他们能接受一定程度的风险，但不代表偏好风险，此时他们仍是一个风险厌恶者，但是其风险厌恶系数要比老年人低；而对于案例 3-9 中的第三种情况，对于一些刚刚进入社会工作的年轻人，他们所能接受的风险程度远大于上面两种情况，并且他们更有可能是风险偏好者，对应的风险厌恶系数极低或是小于 0。

因为给投资者直接设定回避风险的参数是很困难的，所以在投资者从证券组合的有效前沿中选择最优证券组合时，确定性等价方法只能得到有限应用。

二、效用最大化的风险证券组合

从以上的内容我们知道，图 3-21 是投资者的无差异曲线族，在曲线上的各点进行风险-预期收益率相互替换对该投资者来说是无差异的。一旦这些曲线是已知，则最优的风险证券组合就可由无差异曲线族与风险证券组合的有效前沿的切点 T 来确定，切点 T 是一切被选中证券组合中效用最大的证券组合，如图 3-25 所示。

在图 3-24 中，双曲线 $\widehat{AB}$ 称为 Markowitz 模型的有效前沿：

$$\begin{cases} \min \sigma_p^2 = \boldsymbol{X}^T \boldsymbol{\Sigma} \boldsymbol{X} \\ \max E(r_p) = \boldsymbol{X}^T \boldsymbol{R} \\ \text{s. t.} \quad \sum_{i=1}^n x_i = 1 \end{cases} \quad (3\text{-}75)$$

由前面的内容可知，这个有效前沿可由下列 $\Sigma = [\sigma_{ij}]_{n \cdot n} n - 2$ 个方程构成的线性方程组表示：

$$\begin{cases} a_{11}x_1 + a_{12}x_2 + \cdots + a_{1,n-1}x_{n-1} = b_1 \\ a_{21}x_1 + a_{22}x_2 + \cdots + a_{2,n-1}x_{n-1} = b_2 \\ \vdots \\ a_{n-2,1}x_1 + a_{a-2,2}x_2 + \cdots + a_{n-2,n-1}x_{n-1} = b_{n-2} \end{cases} \tag{3-76}$$

其中

$$a_{ij} = \frac{\sigma_{(i+1),j} + \sigma_{nn} - \sigma_{(i+1),n} - \sigma_{jn}}{R_{i+1} - R_n} - \frac{\sigma_{1j} + \sigma_{nn} - \sigma_{jn} - \sigma_{in}}{R_1 - R_n}$$

$$b_i = \frac{\sigma_{(i+1),n} - \sigma_{nn}}{R_{(i+1)} - R_n} + \frac{\sigma_{1n} - \sigma_{nn}}{R_1 - R_n} \quad (i=1,2,\cdots,n-2; j=1,2,\cdots,n-1)$$

在模型(3-76)中,$R=[R_1,R_2,\cdots,R_n]^T$,$R_i=E(r_i)$是第 i 种证券的预期收益率,$X=[x_1,x_2,\cdots,x_n]^T$ 是证券组合的投资权重向量,是 n 种证券之间的协方差矩阵,$R_p=E(r_p)$ 和 $\sigma_p^2=\mathrm{Var}(r_p)$ 分别是证券组合的预期收益率和方差。σ_p 称为证券组合的标准差,表示证券组合的收益率 r_p 偏离 $E(r_p)$ 的幅度,被 Markowitz 用于度量证券组合的风险。

对于一个投资者来说,他对风险的回避程度是可以确定的,即式(3-74)中的系数 A 是已知的,我们把效用函数(3-74)变形为:

$$\sigma_p^2 = \frac{2}{A}(R_p - u) \tag{3-77}$$

将 $R_p = X^T R$ 和 $\sigma_p^2 = X^T \Sigma X$ 代入式(3-77),就得到

$$X^T \Sigma X = \frac{2}{A}(X^T R - u) \tag{3-78}$$

因为线性方程组(3-76)的秩是 $n-2$,所以它的基础解系的个数为 1,即 $x_2, x_3, \cdots, x_{n-1}$ 都可以用 x_1 表示(利用消元法可得),又因为 $\sum x_i = 1$,因此 x_n 也可以用 x_1 表示,即有

$$x_i = c_i x_1 + d_i \quad (i=1,2,\cdots,n)$$

将所得到的 $x_2, x_3, \cdots, x_{n-1}, x_n$ 代入式(3-78),就可以得到一个关于 x_1 的一元二次方程,又因为点 T 是切点,所以 x_1 只有一个根。由求根公式,就可以求出 u 和 x_1,然后自然就可以得到 $x_2, x_3, \cdots, x_n$ 的值,这就得到效用最大化的最优风险证券组合(即点 T 的权重),同时也由 u 的值得到投资者的无差异曲线。

最后,由 $R_p = X^T R$ 和 $\sigma_p^2 = X^T \Sigma X$,我们就分别得到效用最大化的最优风险证券组合的预期收益率 R_T 和方差 σ_T^2。

为了说明效用最大化在资产配置中的作用,我们用一个例子加以说明。

【例 3-6】 表 3-6 已列出三种风险资产的相关信息。

表 3-6 三种风险资产的预期收益率、标准差及其相关性

证券	预期收益率(%)	标准差(%)	相关性		
A	12.3	20.5	1.000	0.114	−0.500
B	5.4	8.7	0.114	1.000	0.240
C	3.7	3.3	−0.500	0.240	1.000

由表 3-6 可知,$R=[12.3, 5.4, 3.7]^T$,并且由标准差与相关性这两类数据,我们可

以得到这三种风险资产之间的协方差矩阵,如下:

$$\boldsymbol{\Sigma} = \begin{pmatrix} 402.250 & 20.3319 & -34.825 \\ 20.3319 & 76.900 & 6.8904 \\ -34.825 & 6.8904 & 10.89 \end{pmatrix}$$

将上面的数据代入式(3-43),我们可得证券组合的临界线方程为:

$$-3.19x_1 + 5.29x_2 + 1.41 = 0$$

因而得到:

$$x_2 = 0.6030x_1 - 0.2665$$

$$x_3 = 1 - x_1 - x_2 = -1.6030x_1 + 1.2665$$

现假设该投资者的风险厌恶系数 $A = 0.6$,则式(3-78)就可化简为:

$$\boldsymbol{X}^{\mathrm{T}} \boldsymbol{\Sigma} \boldsymbol{X} = \frac{2}{A}(X^{\mathrm{T}}R - u) = \frac{2}{0.6}(X^{\mathrm{T}}\boldsymbol{R} - u)$$

将已知的信息 $\boldsymbol{R}$、$\boldsymbol{\Sigma}$ 和 $\boldsymbol{X}$ 代入上式,就可以得到一个关于 x_1 的一元二次方程,根据所学知识,证券组合的效用最大化的点恰好是证券组合的可行集和无差异曲线的切点。因此,根据切点的定义性质——两条曲线的切点有且仅有一个,我们可知,上述关于 x_1 的一元二次方程的解有且只有一个,根据根的判别式 $\Delta = 0$,可解得:

$$u = 0.0964$$

同时,根据求根公式,得到 $x_1 = 0.3447$,将 x_1 代入 x_2、x_3 的表达式中,得:

$$x_2 = 0.6030x_1 - 0.2665 = -0.0586$$

$$x_3 = 1 - x_1 - x_2 = -1.6030x_1 + 1.2665 = 0.7139$$

因此,我们得到在效用最大化时得最优证券组合的权重:

$$\boldsymbol{X} = \begin{pmatrix} 0.3447 \\ -0.0586 \\ 0.7139 \end{pmatrix}$$

并且由 $R_p = \boldsymbol{X}^{\mathrm{T}}\boldsymbol{R}$ 和 $\sigma_p^2 = \boldsymbol{X}^{\mathrm{T}}\boldsymbol{\Sigma}\boldsymbol{X}$,我们可得效用最大化时证券组合的预期收益率和方差分别为:

$$R_p = 6.56\%$$

$$\sigma_p^2 = 3.55\%$$

此时,根据效用函数的形式,我们可得该投资者的无差异曲线应为:

$$R_p = u + \frac{1}{2}A\sigma_p^2 = 0.0964 + 0.3\sigma_p^2$$

三、无风险借贷下的证券组合效用最大化

无风险资产的借入和贷出把原来的 Markowizt 模型的有效前沿 $\overset{\frown}{AMB}$ 变成了直线 $\overline{CMD}$,如图3-26所示。这条直线从纵轴上无风险利率点 C 向上延伸,与原有效前沿相切于点 M,它包含了所有风险证券构成的证券组合 M 与无风险证券借贷的组合,直线 $\overline{CMD}$ 就是无风险借贷下的证券组合的有效前沿。

一旦无风险曲线是已知的,则无风险借贷下最优的证券组合就可以由无差异曲线与

含无风险资产时证券组合有效前沿的切点 T 来确定,该切点 T 是一切被选证券组合中效用最大的证券组合,如图 3-27 所示。

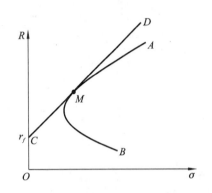

图 3-26　无风险借贷下证券组合的有效前沿

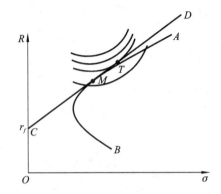

图 3-27　无风险借贷下证券组合的最优选择

由本章第四节的内容,我们知道风险证券组合 M 处的权重向量 $X=[x_1,x_2,\cdots,x_n]^T$ 及直线 $\overline{CMD}$ 的斜率 k 都由下列方程组确定:

$$\begin{cases} a_{11}x_1+a_{12}x_2+\cdots+a_{1,n-1}x_{n-1}=b_1 \\ a_{21}x_1+a_{22}x_2+\cdots+a_{2,n-1}x_{n-1}=b_2 \\ \vdots \\ a_{n-2,1}x_1+a_{a-2,2}x_2+\cdots+a_{n-2,n-1}x_{n-1}=b_{n-2} \\ x_n=1-x_1-x_2-\cdots-x_{n-1} \\ X^T\Sigma X=\dfrac{1}{k^2}[r_f^2-2r_fX^TR+(X^TR)^2] \end{cases} \quad (3\text{-}79)$$

其中

$$a_{ij}=\frac{\sigma_{(i+1),j}+\sigma_{nn}-\sigma_{(i+1),n}-\sigma_{jn}}{R_{i+1}-R_n}-\frac{\sigma_{1j}+\sigma_{nn}-\sigma_{jn}-\sigma_{1n}}{R_1-R_n}$$

$$b_i=\frac{\sigma_{(i+1),n}-\sigma_{nn}}{R_{(i+1)}-R_n}+\frac{\sigma_{1n}-\sigma_{nn}}{R_1-R_n} \quad (i=1,2,\cdots,n-2,j=1,2,\cdots,n-1)$$

r_f 是无风险利率,$R=[R_1,R_2,\cdots,R_n]^T$,$R_i=E(r_i)$ 是第 i 种证券的预期收益率,$\Sigma=|\sigma_{ij}|_{n\times n}$ 是 n 种风险证券之间的协方差矩阵。

进一步得到切点 M 处的预期收益率 R_M 和方差 σ_M^2:

$$R_M=X^TR \quad (3\text{-}80)$$

$$\sigma_M^2=X^T\Sigma X \quad (3\text{-}81)$$

同时,由 k 的值也可以得到无风险借贷下证券组合的有效前沿 $\overline{CMD}$:

$$R_p=r_f+k\sigma_p \quad (3\text{-}82)$$

将方程(3-82)代入式(3-77)得到:

$$\sigma_p^2=\frac{2}{A}(r_f+k\sigma_p-u) \quad (3\text{-}83)$$

这是一个一元二次方程。因为 T 是式(3-77)和式(3-82)的切点,所以方程(3-83)在 T 处只有一个根,由根的判别式可得:

$$4k^2-4\mathbf{A}(2u-2r_f)=0$$

由上式可得：

$$k^2=\mathbf{A}(2u-2r_f)$$

化简得：

$$r_f-u=-\frac{k^2}{2\mathbf{A}}$$

将其代回式(3-83)得：

$$\sigma_p^2-2\frac{k}{\mathbf{A}}\sigma_p+\left(\frac{k}{\mathbf{A}}\right)^2=0$$

通过完全平方公式，我们最终解得证券组合在切点 T 处的标准差：

$$\sigma_T=\frac{k}{\mathbf{A}} \tag{3-84}$$

所以，证券组合的最大效用值为：

$$u=r_f+\frac{k^2}{2\mathbf{A}} \tag{3-85}$$

由 u 的值可以得到效用最大的无差异曲线方程，同时由点 T 处的标准差也可分别得到无风险借贷下使效用达到最大的证券组合 T 的预期收益率 R_T 和方差 σ_T^2：

$$R_T=r_f+k\sigma_T=r_f+\frac{k^2}{\mathbf{A}} \tag{3-86}$$

$$\sigma_T^2=\frac{k^2}{\mathbf{A}^2} \tag{3-87}$$

令 W 代表投资无风险证券的比例，$1-W$ 为投资风险证券 M 的比例，则无风险借贷下使效用达到最大化的证券组合 T 的预期收益率和方差分别可表示为：

$$R_T=Wr_f+(1-W)R_M$$
$$\sigma_T=(1-W)\sigma_M$$

因此

$$W=1-\frac{\sigma_T}{\sigma_M} \tag{3-88}$$

即效用最大的证券组合 T 中有 $W\times 100\%$ 的无风险资产。

在案例 3-10 中，经过计算我们可以得出小何在这种情况下的证券组合的有效前沿可表示为如下的一条直线：

$$R_p=2.75+1.8438\sigma_p$$

并且经过研究发现，小何对风险的厌恶系数为 4，进而得到小何的效用函数，表示为：

$$u=\mathbf{R}-\frac{1}{2}\times 4\times \sigma_p^2$$

由于证券组合达到效用最大化时，效用函数与证券组合的有效前沿相切，在切点处，由斜率相等这一关系，我们可以得到：

$$1.8438=4\sigma_p$$
$$\sigma_p=46.10\%$$
$$R_p=87.74\%$$

此时对应的效用最大值为：$u = 0.8774 - \frac{1}{2} \times 4 \times 0.4610^2 = 0.4524$。

四、不同借贷利率下的证券组合效用最大化

假定投资者可以以同样的无风险利率借入和贷出，不仅是人们提高了对市场行为的了解，而且还提供了实践上的便利，同时也为评估风险调整中的业绩提供了一种实用的方法。然而，这个假设在现实的市场运作中是无效的。金融中介机构在贷出资金时的利率会比借入时要高，这样投资者的利差就包括了自身的边际利润和对信用风险的补偿增益，因此借入资金需要支付比贷出或投资资金更高的利率。所以探讨不同借贷利率下的证券组合问题在理论上和金融实践活动中都很有意义。

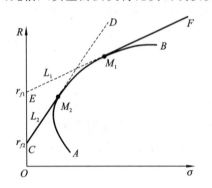

图 3-28 不同借贷利率下证券组合的有效前沿

假设投资者的借入利率为 r_{f1}，贷出利率为 r_{f2}，则有：$r_{f1} > r_{f2}$。

由前面的内容可知，不同借贷利率下证券组合的有效前沿是图 3-28 中的折线，

其中两条直线的方程分别是：

$$R_p = r_{f1} + k_1 \sigma_p \qquad (3\text{-}89)$$

$$R_p = r_{f2} + k_2 \sigma_p \qquad (3\text{-}90)$$

因此，要求不同借贷利率下证券组合的有效前沿，我们只需求出两条直线（L_1 和 L_2）的斜率 k_1 和 k_2 及两切点（M_1 和 M_2）的预期收益率和方差即可。

由前面的内容，我们知道点 M_1 处的权重向量 $X_1 = [x_1, x_2, \cdots, x_n]^T$ 及直线 $\overline{EM_1F}$ 的斜率 k_1 都由下列方程组确定：

$$\begin{cases} a_{11}x_1 + a_{12}x_2 + \cdots + a_{1,n-1}x_{n-1} = b_1 \\ a_{21}x_1 + a_{22}x_2 + \cdots + a_{2,n-1}x_{n-1} = b_2 \\ \vdots \\ a_{n-2,1}x_1 + a_{a-2,2}x_2 + \cdots + a_{n-2,n-1}x_{n-1} = b_{n-2} \\ x_n = 1 - x_1 - x_2 - \cdots - x_{n-1} \\ X_1^T \boldsymbol{\Sigma} X_1 = \frac{1}{k_1^2}(r_{f1}^2 - 2r_{f1}X_1^T \boldsymbol{R} + (X_1^T \boldsymbol{R})^2) \end{cases} \qquad (3\text{-}91)$$

其中

$$a_{ij} = \frac{\sigma_{(i+1),j} + \sigma_m - \sigma_{(i+1),n} - \sigma_{jn}}{R_{i+1} - R_n} - \frac{\sigma_{1j} + \sigma_m - \sigma_{jn} - \sigma_{in}}{R_1 - R_n}$$

$$b_i = \frac{\sigma_{(i+1),n} - \sigma_{m}}{R_{(i+1)} - R_n} + \frac{\sigma_{1n} - \sigma_{m}}{R_1 - R_n} \quad (i = 1, 2, \cdots, n-2; j = 1, 2, \cdots, n-1)$$

知道了点 M_1 处的权重向量 X_1，我们就可以得到 M_1 处的预期收益率 R_{M1} 和方差 σ_{M1}^2。

同样地，点 M_2 处的权重向量 $X_2 = [x_1, x_2, \cdots, x_n]^T$ 及直线 $\overline{CM_2D}$ 的斜率 k_2 都由下列方程组确定：

$$\begin{cases} a_{11}x_1+a_{12}x_2+\cdots+a_{1,n-1}x_{n-1}=b_1 \\ a_{21}x_1+a_{22}x_2+\cdots+a_{2,n-1}x_{n-1}=b_2 \\ \vdots \\ a_{n-2,1}x_1+a_{a-2,2}x_2+\cdots+a_{n-2,n-1}x_{n-1}=b_{n-2} \\ x_n=1-x_1-x_2-\cdots-x_{n-1} \\ X_2^{\mathrm{T}}\boldsymbol{\Sigma}X_2=\dfrac{1}{k_2^2}(r_{f2}^2-2r_{f2}X_2^{\mathrm{T}}\boldsymbol{R}+(X_2^{\mathrm{T}}\boldsymbol{R})^2) \end{cases} \quad (3\text{-}92)$$

其中

$$a_{ij}=\frac{\sigma_{(i+1),j}+\sigma_{m}-\sigma_{(i+1),n}-\sigma_{jn}}{R_{i+1}-R_n}-\frac{\sigma_{1j}+\sigma_{m}-\sigma_{jn}-\sigma_{m}}{R_1-R_n}$$

$$b_i=\frac{\sigma_{(i+1),n}-\sigma_{m}}{R_{(i+1)}-R_n}+\frac{\sigma_{1n}-\sigma_{m}}{R_1-R_n} \quad (i=1,2,\cdots,n-2;j=1,2,\cdots,n-1)$$

知道了点 M_2 处的权重向量 X_2，我们就可以得到 M_2 处的预期收益率 R_{M2} 和方差 σ_{M2}^2。

在得到两条直线（L_1 和 L_2）的斜率 k_1 和 k_2 后，我们就能确定不同借贷利率下证券组合的有效前沿，它就是图 3-28 中的实线 $\overline{CM_2M_1F}$，这是由两条直线（L_1 和 L_2）和一段弧线（$\overline{M_2M_1}$）组成的光滑曲线。这时，投资者有三种可供选择的预期收益率，如图 3-29 所示。

① 当投资者的预期收益率低于 R_{M2} 时，他就贷出无风险资产和投资于风险资产；
② 当投资者的预期收益率介于 R_{M2} 和 R_{M1} 之间时，他就仅投资于风险资产；
③ 当投资者的预期收益率高于 R_{M1} 时，他就借入无风险资产并投资于风险资产。

一旦我们知道了无差异曲线，则不同借贷利率下最优的证券组合就可由无差异曲线族与不同借贷利率下证券组合有效前沿的切点来确定，该切点（T_1、T_2、T_3 中的一个）是一切被选中投资组合中效用最大的证券组合，如图 3-30 所示。

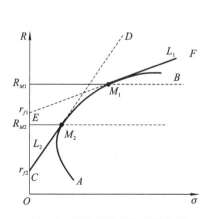

图 3-29 投资者的三种投资选择

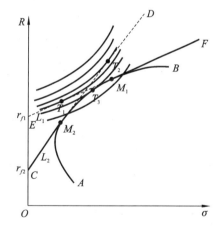

图 3-30 不同借贷利率下证券组合的最优选择

类似于式(3-86)和式(3-87)，我们可以分别得到借入无风险资产时使投资者效用达到最大的证券组合 T_1 的预期收益率和方差 R_{T1}、σ_{T1}^2：

$$R_{T1}=r_{f1}+k_1\sigma_{T1}=r_{f1}+\frac{k_1^2}{A} \quad (3\text{-}93)$$

$$\sigma_{T1}^2 = \frac{k_1^2}{A^2} \tag{3-94}$$

以及贷出无风险资产时使投资者效用最大的证券组合 T_2 的预期收益率和方差 R_{T2}、σ_{T2}^2：

$$R_{T2} = r_{f2} + k_1 \sigma_{T2} = r_{f2} + \frac{k_2^2}{A} \tag{3-95}$$

$$\sigma_{T2}^2 = \frac{k_2^2}{A^2} \tag{3-96}$$

类似于前面第三小节的方法，我们也可以得到效用最大化的风险证券组合的预期收益率和方差 R_{T3}、σ_{T3}^2。

在得到 T_1、T_2、T_3 的预期收益率和方差后，我们就能确定这三个切点中哪一个位于不同借贷利率下证券组合的有效前沿上，而这个位于有效前沿上的切点就是我们要求的不同借贷利率下效用最大化的证券组合。

综上所述，求不同借贷利率下效用最大化的证券组合可以按以下步骤进行。

①求不同借贷利率下证券组合的有效前沿（即要求出 M_1、M_2 的预期收益率和方差及直线 L_1、L_2 的斜率 k_1、k_2）。

②根据投资者回避风险程度的指数 A 的值，求出有效前沿与无差异曲线的可能的三个切点 T_1、T_2、T_3 的预期收益率和方差。

③根据切点 T_1、T_2、T_3 的预期收益率和方差，确定出哪一个点位于不同借贷利率下证券组合的有效前沿上，而这个位于有效前沿上的切点就是不同借贷利率下效用最大化的证券组合。

由于无风险借贷下证券组合效用最大化过程能在不同借贷利率下证券组合的效用最大化的过程中得到体现，所以为了具体说明证券组合的效用最大化的过程，我们仅考虑不同借贷利率下证券组合的效用最大化的过程。

【例 3-7】 假设银行的存贷款利率分别为 2.0% 和 3.7%，则投资者的借贷利率分别为 3.7% 和 2.0%，已知三种风险资产的相关信息如表 3-7 所示。

表 3-7 三种风险资产的相关信息

风险资产	预期收益率(%)	标准差(%)	相关性		
A	15.5	30.3	1.00	0.56	0.22
B	12.3	20.5	0.56	1.00	0.14
C	5.4	8.7	0.22	0.14	1.00

由表 3-7 我们可知，$R = \begin{pmatrix} 15.5 \\ 12.3 \\ 5.4 \end{pmatrix}$，并且这三只风险资产的协方差矩阵如下：

$$\Sigma = \begin{pmatrix} 918.090 & 347.844 & 57.994 \\ 347.844 & 420.250 & 24.969 \\ 57.994 & 24.969 & 75.690 \end{pmatrix}$$

利用已知信息，我们可以得到证券组合的临界线方程为：

$$-26x_1 + 21x_2 - 4 = 0$$

因而
$$x_2 = 0.1905 + 1.2381x_1$$
$$x_3 = 1 - x_1 - x_2 = 0.8095 - 2.2381x_1$$

由于 $r_{f1} = 3.7\%$，方程式(3-69)则变成：
$$\boldsymbol{X}^T \boldsymbol{\Sigma} \boldsymbol{X} = \frac{1}{k_1^2}[r_{f1}^2 - 2r_{f1}\boldsymbol{X}^T\boldsymbol{R} + (\boldsymbol{X}^T\boldsymbol{R})^2] = \frac{1}{k_1^2}[0.001369 - 0.074\boldsymbol{X}^T\boldsymbol{R} + (\boldsymbol{X}^T\boldsymbol{R})^2]$$

将 $\boldsymbol{R} = \begin{pmatrix} 15.5 \\ 12.3 \\ 5.4 \end{pmatrix}, \boldsymbol{\Sigma} = \begin{pmatrix} 918.090 & 347.844 & 57.994 \\ 347.844 & 420.250 & 24.969 \\ 57.994 & 24.969 & 75.690 \end{pmatrix}, \boldsymbol{X} = \begin{pmatrix} x_1 \\ x_2 \\ x_3 \end{pmatrix} = \begin{pmatrix} x_1 \\ 0.1905 + 1.2381x_1 \\ 0.8095 - 2.2381x_1 \end{pmatrix}$ 代入

上式，得到一个关于 x_1 的一个一元二次方程，根据根的判别式，要使 x_1 只有一个根，就必须满足判别式 $\Delta = 0$，即可解得：
$$k_1 = 0.283$$

同时，由这个关于 x_1 的一个一元二次方程，可解得：
$$x_1 = 0.0123$$

将 x_1 代入 x_2 和 x_3 中，即可得在 M_1 点的投资权重：
$$x_2 = 0.1905 + 1.2381x_1 = 0.1905 + 1.2381 \times 0.0123 = 0.2057$$
$$x_3 = 0.8095 - 2.2381x_1 = 0.8095 - 2.2381 \times 0.0123 = 0.7820$$

即
$$\boldsymbol{X}_1 = \begin{pmatrix} 0.0123 \\ 0.2057 \\ 0.7820 \end{pmatrix}$$

并且可得，在 M_1 点的预期收益率和标准差：
$$R_{M1} = 6.94\%, \quad \sigma_{M1} = 11.46\%$$

此时，直线 L_1 的方程为：
$$R_{p1} = 3.7 + 0.283\sigma_{p1}$$

同理，由 $r_{f2} = 2.0\%$，方程式(3-69)则变成：
$$\boldsymbol{X}^T \boldsymbol{\Sigma} \boldsymbol{X} = \frac{1}{k_2^2}[r_{f2}^2 - 2r_{f2}\boldsymbol{X}^T\boldsymbol{R} + (\boldsymbol{X}^T\boldsymbol{R})^2] = \frac{1}{k_2^2}[0.0004 - 0.04\boldsymbol{X}^T\boldsymbol{R} + (\boldsymbol{X}^T\boldsymbol{R})^2]$$

重复上述步骤，我们可以得到：
$$k_2 = 0.450$$

以及在切点 M_2 处的投资权重为：
$$\boldsymbol{X}_2 = \begin{pmatrix} -0.0231 \\ 0.1619 \\ 0.8612 \end{pmatrix}$$

因此，切点 M_2 处的预期收益率和标准差分别为：
$$R_{M2} = 6.28\%, \quad \sigma_{M2} = 9.51\%$$

此时，直线 L_2 的方程为：
$$R_{p2} = 2.0 + 0.450\sigma_{p2}$$

假设 $A=0.6$，则由式(3-94)可知借入无风险资产时使投资者效用最大化的证券组合的 T_1 标准差为：

$$\sigma_{T1}=\frac{k_1}{A}=\frac{0.283}{0.6}=47.17\%$$

由式(3-93)和式(3-94)，借入无风险资产时投资者效用最大化的证券组合 T_1 的预期收益率和方差分别为：

$$R_{T1}=r_{f1}+k_1\sigma_{T1}=0.037+0.283\times 0.4717=17.05\%$$

$$\sigma_{T1}^2=0.4717^2=22.25\%$$

式(3-96)，贷出无风险资产时使投资者效用最大化的证券组合的 T_2 标准差为：

$$\sigma_{T2}=\frac{k_2}{A}=\frac{0.450}{0.6}=75\%$$

由式(3-95)和式(3-96)，贷出无风险资产时投资者效用最大化的证券组合 T_2 的预期收益率和方差分别为：

$$R_{T2}=r_{f2}+k_2\sigma_{T2}=0.02+0.450\times 0.75=35.75\%$$

$$\sigma_{T2}^2=0.75^2=56.25\%$$

由于 $A=0.6$，所以效用函数方程可变式为：

$$\boldsymbol{X}^{\mathrm{T}}\boldsymbol{\Sigma}\boldsymbol{X}=\frac{2}{A}(\boldsymbol{X}^{\mathrm{T}}\boldsymbol{R}-u)=\frac{2}{0.6}(\boldsymbol{X}^{\mathrm{T}}R-u)$$

将 $\boldsymbol{R}=\begin{bmatrix}15.5\\12.3\\5.4\end{bmatrix}$，$\boldsymbol{\Sigma}=\begin{bmatrix}918.090 & 347.844 & 57.994\\347.844 & 420.250 & 24.969\\57.994 & 24.969 & 75.690\end{bmatrix}$，$\boldsymbol{X}=\begin{bmatrix}x_1\\x_2\\x_3\end{bmatrix}=\begin{bmatrix}x_1\\0.1905+1.2381x_1\\0.8095-2.2381x_1\end{bmatrix}$ 代入

上式，得到一个关于 x_1 的一元二次方程，根据根的判别式，要使 x_1 只有一个根，就必须满足判别式 $\Delta=0$，即可解得：

$$u=0.1989$$

并且可解得：

$$x_1=0.0566$$

将 x_1 代入 x_2 和 x_3 中，即可得效用最大化证券组合 T_3 的投资权重：

$$x_2=0.1905+1.2381x_1=0.1905+1.2381\times 0.0566=0.2606$$

$$x_3=0.8095-2.2381x_1=0.8095-2.2381\times 0.0566=0.6829$$

最终得到效用最大化证券组合 T_3 的预期收益率和方差分别为：

$$R_{T3}=X_3^{\mathrm{T}}\boldsymbol{R}=7.78\%$$

$$\sigma_{T3}^2=X_3^{\mathrm{T}}\boldsymbol{\Sigma}X_3=10.83\%$$

经过比较，T_1 位于不同借贷利率下证券组合的有效前沿上，所以 T_1 就是不同借贷利率下效用最大化的组合。

此时，由式(3-82)得投资者的最大效用：

$$u_1=r_{f1}+\frac{k_1^2}{2A}=0.037+\frac{0.283^2}{2\times 0.6}=0.1037$$

令 W 代表无风险资产在投资组合中的占比，则 $1-W$ 为投资于风险资产的占比，故投资者效用最大化的证券组合 T_1 的预期收益率和方差可以表示为：

$$R_{T1} = Wr_{f1} - (1-W)R_{M1}$$
$$\sigma_{T1} = (1-W)\sigma_{M1}$$

因此

$$W = 1 - \frac{\sigma_{T1}}{\sigma_{M1}} = 1 - \frac{0.4717}{0.1146} = -3.1161$$

即效用最大化的证券组合中贷出无风险资产的比例为 3.1161，也就是说，效用最大化的证券组合中有 3 倍多的资金是存放在银行中的。

附录 3-1

$A\Sigma^{-1}A^T$ 是可逆矩阵。

证明：

首先，证明 $A\Sigma^{-1}A^T$ 是对称矩阵，

利用对称矩阵的定义和协方差矩阵 Σ 是对称矩阵，即 $\Sigma = \Sigma^T$ 这一性质，可得：

$(A\Sigma^{-1}A^T)^T = A(\Sigma^{-1})^T A^T = [(A\Sigma^T)^{-1}A^T]^T = A\Sigma^{-1}A^T$，满足对称矩阵的定义，

得证，$A\Sigma^{-1}A^T$ 是对称矩阵；

接着证明 $A\Sigma^{-1}A^T$ 是正定矩阵，

同样地，由正定矩阵的定义和协方差矩阵正定这一性质，有

对于任意的不为零的向量 $X \in R_n$，则有 $x(A\Sigma^{-1}A^T)x^T = (xA)\Sigma^{-1}(xA)^T$，

令 $c = xA$，由上式可得，$(xA)\Sigma^{-1}(xA)^T = c\Sigma^{-1}c^T > 0$ 恒成立，

即 $x(A\Sigma^{-1}A^T)x^T = (xA)\Sigma^{-1}(xA)^T > 0$ 恒成立

得证 $A\Sigma^{-1}A^T$ 是正定矩阵，

综上可得，$A\Sigma^{-1}A^T$ 是可逆的。

附录 3-2

$(A\Sigma^{-1}A^T)^{-1}$ 是对称矩阵。

证明：

由附录 3-1，我们可知 $A\Sigma^{-1}A^T$ 是对称矩阵，即 $(A\Sigma^{-1}A^T)^T = A\Sigma^{-1}A^T$，

所以，$[(A\Sigma^{-1}A^T)^{-1}]^T = [(A\Sigma^{-1}A^T)^T]^{-1} = (A\Sigma^{-1}A^T)^{-1}$，

得证 $(A\Sigma^{-1}A^T)^{-1}$ 是对称矩阵。

附录 3-3

线性方程组的秩为 $n-2$。

证明：

设式(3-43)中线性方程组的系数矩阵为 A，观察可得：

矩阵 A 是一个 $(n-2)(n-1)$ 矩阵，这时矩阵的秩 $r(A) \leqslant \min(n-2, n-1) = n-2$。

从几何的角度上看,方程组的解恰恰为切点的坐标。

由切点的定义性质可知,给定的两条直线的切点是唯一的,即可得方程组的解是唯一的,所以该方程组是一个满秩的方程组。

综上可知,方程组的秩应等于 $n-2$。

阅读材料

证券组合投资理论

利用证券组合的预期收益率和风险度量公式,Harry Markowitz 于 1952 年建立了如下的证券组合优化模型:

$$\begin{cases} \max R_p = x_1 R_1 + x_2 R_2 + \cdots + x_n R_n \\ \min \sigma_p^2 = [x_1, x_2, \cdots, x_n] \mathbf{\Sigma} [x_1, x_2, \cdots, x_n]^{\mathrm{T}} \\ \text{s. t.} \quad x_1 + x_2 + \cdots + x_n = 1 \end{cases}$$

其中,R_p 是证券组合的预期收益率,$R_i(i=1,2,\cdots,n)$ 是证券 i 的预期收益率,x_i 是证券 i 在证券组合中的权重,n 是证券组合中证券的数目,σ_p^2 是证券组合的方差,其开方 σ_p 是证券组合的标准差,被用来度量证券组合中的风险,Σ 是 n 种证券之间的协方差矩阵。

Markowitz 的投资理论是建立在单一期间和终点财富预期效用最大化的基础上的。所谓单一期间是指投资者持有资产的时间是确定的,在期间开始持有证券并在期间结束时出售。由此简化了对一系列现金流的贴现和复利的计算。

终点财富的预期效用最大化的假设,区别于预期终点财富最大化。因为财富最大化本身不是投资者的目标,而效用这一概念既包括了财富的预期值,也考虑了获得这种财富的不确定性,即风险效用的最大化才是投资者真正追求的目标。

此外,Markowitz 投资理论模型还包含着下列的假设前提。

①证券市场是有效的,即市场是一个信息完全公开、信息完全传递、信息完全解读、无信息时滞的市场。

②投资者为理性投资者,遵循不满足和风险厌恶的行为方式,且影响投资决策的变量是预期收益率和风险方差两个因素。在同一风险水平上,投资者偏好收益较高的投资组合;在同一收益水平上,则偏好风险较小的资产组合。

③投资者在单一期间以均值和方差为标准来评价资产和投资组合。该前提假设隐含了证券收益率的正态分布假设,即证券的收益率是具有一定概率分布的随机变量,一般情况下它服从正态分布,$R_i \sim N(\sqrt{R_i}, \sigma^2)$。正态分布的特性在于随机变量的变化规律通过两个参数就可以完全确定,即期望值和方差在收益率服从正态分布的假设下,投资者投资该证券的预期收益率和风险就可以通过期望值和方差加以描述。

④资产具有无限可分性。

在上述假设的基础上,通过揭示资产投资组合的可行集,并从中分离出资产投资中的有效集,再结合无差异曲线,最终得到投资者的最优选择,这就是 Markowitz 资产组合理论的逻辑脉络和核心内容。

思考题

第四章 资产定价理论

本章课件

本章要点

1. 资本资产定价模型的概念、假设、意义。
2. 资本市场线和证券市场线的概念、推导。
3. 单个证券的期望收益计算和风险分解。
4. 证券组合业绩评价的三大经典指数的概念和意义。
5. 单因素模型、多因素模型、纯因素模型的概念和相关推导。
6. 套利与套利组合的概念。
7. 套利定价模型、Fama-French 三因素模型的推导和意义。

在第三章,我们通过证券组合分析和证券组合最大化过程深入研究了 Markowitz 的证券组合选择理论及其进展,并介绍了投资者如何根据其风险偏好在 Markowitz 优化模型的有效前沿上来选择自己的最优证券组合。现在我们转而研究证券是如何通过市场来进行定价的理论,这些理论主要有两个:资本资产定价模型(CAPM)和以因素模型为基础的套利定价理论(APT)。

第一节 资本资产定价模型(CAPM)

【案例 4-1】

2021 年 4 月 19—23 日,上证指数一周的收益率是 1.39%,五日收益率分别是 1.49%、−0.13%、−0.0001%、−0.23%、0.26%;一周十年国债的收益率为 3.17%,而小何手里持有 1000 万元,打算购买完全复制上证指数的股指基金和国债,他该如何分配自己的资金呢？

【案例 4-2】

2021年4月19—23日，长安汽车（股票代码000625）一周的收益率是2.81%，五日收益率分别是9.99%、3.57%、-6.83%、0.18%、-4.10%。那么根据这些数据我们该怎么分析长安汽车的股票目前定价是否合理呢？

Markowitz模型是规范性的——它指明了投资者应该如何去行动，这一行动需要解决如下隐含的问题：①证券的价格行为；②投资者预期的风险-收益率关系的类型；③衡量证券风险的适当方法。1964—1966年，Sharp、Lintner和Mossin分别独立地发现了资本资产定价模型（Capital Asset Pricing Model，CAPM），这是一个一般均衡模型，它试图为这些问题提供较为明确的答案。[1][2][3] CAPM不仅使人们提高了对市场行为的了解，而且还提供了实践上的便利，同时也为风险调整中的业绩提供了一种实用的评估方法。因此CAPM为证券组合分析的多方面的应用提供了一种原始的基础。

资本资产定价模型是现代金融经济学的奠基石，通过该模型我们可以对资产风险与期望收益之间的关系进行精确的预测，而明确这两者的关系有两个重要的作用，一是可以为评估各项投资提供一个基准收益，例如我们在分析案例4-2的长安汽车时，希望知道该股票在给定的风险水平下的期望收益与其"合理"收益之间的差异。二是可以帮助我们对还没有上市的交易资产的期望收益做出合理的估计，例如如何对首次公开发行的股票进行定价？一个新的重大投资项目使投资者对公司股票的收益率产生怎么样的影响？尽管资本资产定价模型与实际验证的结论并不完全一致，但其在诸多重要的实践应用中的精确度得到了普遍的认同，并且具有较强的洞察力，使其得到广泛应用。

一、资本资产定价模型概述

资本资产定价模型是在风险资产的期望收益均衡基础上的预测模型，即以第三章所涉及的Markowitz的现代投资组合选择理论为基础发展出来的。

资本资产定价模型的关键是假设所有投资者都根据Markowitz的原则来最大化投资效用，也就是说每个投资者都会用一系列的投资组合（期望收益和协方差矩阵）来绘制包含了所有风险资产的有效边界，从而通过绘制有效边界的切线，即资产配置线（Capital Allocation Line，CAL）来确定一个有效风险组合P，所以每个投资者在可投资集中持有证券并通过Markowitz最优化过程来确定持有比例。具体的假设罗列如下。

(1) 存在着大量投资者，每个投资者的财富相对于所有投资者的财富总和来说是微不

---

[1] William Sharpe. Capital asseet price: A theory of market equilibrium[J]. Journal of Finance, 1964(September).

[2] John Linter. The valuation of risk assets and the selection of risky investments in stock portfolios and captal budgets[J]. Review of Economics and Statistics, 1965(February).

[3] Jan Mossin. Equilibrium in a capital asset market[J]. Econometrica, 1966(October).

足道的。投资者是价格的接受者,单个投资者的交易行为对证券价格不发生影响。这一假定与微观经济学中对完全竞争市场的假定是一样的。

(2) 所有投资者的投资期限均相同。

(3) 投资者根据证券组合在单一投资期内的预期收益率和标准差来评价这些投资组合。

(4) 投资者永不满足,当面临其他条件相同的两种选择时,他们将选择具有较高预期收益率的那一种。

(5) 投资者是厌恶风险的,当面临其他条件相同的两种选择时,他们将选择具有较小标准差的那一种。

(6) 每种资产都是无限可分的。

(7) 投资者的投资范围仅限于证券市场上交易的证券,并且可按相同的无风险利率借入或贷出资金。

(8) 税收和交易费用均忽略不计。在实际生活中,我们自然知道投资者处于不同的税收级别,这直接影响到投资者对投资资产的选择。举例来说,利息收入、股息收入、资本利得所承担的税负不尽相同。此外,在实际交易中也发生费用支出,交易费用依据交易额度的大小而不同。

(9) 对于所有投资者来说,信息都是免费的并且是立即可得的。

(10) 投资者对于各种资产的收益率、标准差、协方差等具有相同的预期。也就是说,无论证券价格如何,所有的投资者的投资顺序均相同。

资本资产定价模型提出的问题是:如果所有的投资者都有着同样的可投资集,并用同样的投资组合来绘制有效边界,将会怎么选择投资组合?显然,他们的有效边界相同,面对同样的无风险利率,投资者们会画出同样的资产配置线 CAL,并且自然而然地得到同样的风险资产组合 P,具体如下。

(1) 所有投资者将按照包括所有可交易证券的市场组合 M 来成比例地复制自己的风险证券组合。为了简化起见,我们将风险证券特定为股票。每只股票在市场组合中所占的比例等于这只股票的市值(每股价格乘以股票流通在外的股数)占所有股票市值的比例。

(2) 市场组合不仅在有效前沿上,而且市场组合也与资本配置线 CAL 相切,如图 4-1 所示。这样一来,所有的投资者选择持有市场组合作为他们的最优风险证券组合,投资者之间的差别只是投资最优风险证券组合与投资无风险资产的比例有所不同而已。造成这种差别的唯一原因在于不同的投资者关于风险偏好是不同的,即他们有不同的无差异曲线,这也是所谓投资者"风格投资"的具体化。这意味着每一个投资者将他的资金投资于市场组合和无风险证券的借入与贷出上。

这一特征常被称为分离定理:一个投资者的最佳风险证券组合可以在并不知道投资者对风险和收益的偏好时就加以确定。

(3) 市场组合的风险溢价与市场风险和个人投资者的风险厌恶程度成比例。

(4) 个人资产的风险溢价与市场组合 M 的风险溢价成比例,与相关市场组合的贝塔系数也成比例。贝塔是用来测度股票与市场组合一起变动情况下证券收益的变动程度的。

所以我们可以看出,资本资产定价模型将情况简化为一个极端的情形:每一个人拥有同样的信息,并且对证券的前景具有一致的看法,投资者以同一种方式来分析和处理信息;证券市场是完全市场,没有任何摩擦阻碍投资。因为投资者采取同样的态度,所以可以避开考虑每个投资者是如何做出投资选择的难题,然后分析证券价格变化情况,最终通过考察市场上所有投资者的集体行为,我们可以获得每一种证券的风险和收益之间均衡关系的特征。

二、资本市场线

在引入资本市场线之前,先了解什么是市场投资组合。当我们把每个单一投资者的资产组合加总起来时,借与贷将会互相抵消,其加总起来的风险资产组合的价值等于整个市场中的全部财富,这就是市场投资组合 M。

资本资产定价模型的一个关键观点是:因为市场组合是所有风险组合的加总,市场组合内的资产比例也是投资者的持有比例,所以如果所有投资者选择相同的风险资产组合,这个组合一定是市场组合 M,即可投资集中所有资产以市值加权平均得到的组合,因此每个投资者最优风险资产组合之上的资产配置线实际上就是图 4-1 所示的资本市场线(Capital Market Line,CML)。市场均衡时,每一种证券在市场组合的构成中具有一个非零的比例,每只股票在这个资产组合中所占的比例等于股票的市值(每股价格乘以公司股票总股数)占股票总市值的比例。当然从理论上说,M 不仅由普通股构成,还包括优先股、债券、房地产等其他资产,但在现实中,人们常将 M 局限于普通股。

根据资本资产定价模型的假设,我们可以容易地找出有效组合的收益与风险之间的关系,这是一个线性关系,如图 4-2 所示。点 M 代表市场组合,r_f 代表无风险利率。从 r_f 出发可以画一条经过点 M 的直线,这条线就是在允许无风险借贷情况下的线性有效集,在此我们称为资本市场线,它代表有效组合预期回报率 R_p 和它的标准差 σ_p 之间的均衡关系:

$$R_p = r_f + \frac{R_M - r_f}{\sigma_M} \sigma_p \tag{4-1}$$

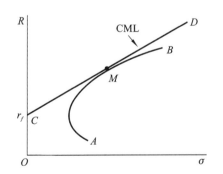

图 4-1 无风险借贷下证券组合的有效前沿

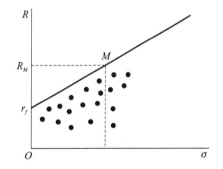

图 4-2 资本市场线

从式(4-1)和图 4-2 可以看出,资本市场线的截距为无风险利率 r_f,资本市场线的斜率等于市场组合预期收益率与无风险证券收益率之差 $R_M - r_f$ 除以它们的风险之差 $\sigma_M - 0$,它是证券组合增加单位风险导致增加的预期收益率的大小,被称为风险的价格或单位风险报酬。从图 4-2 还可以看出,任何不使用市场组合以及不进行无风险借贷的其他组合都将位于资本市场线的下方。

由上述分析容易知道，每位投资者的资产组合包括两个部分：第一部分是对风险资产的选择，在该部分所有的投资者会持有相同的风险资产组合（即市场组合 M）；第二部分是把无风险资产与风险资产组合 M 相结合，构造新的资产组合。然后每位投资者根据自己风险偏好程度决定在风险资产和无风险资产之间的资金分配比例，这也就是分离定理，如图 4-3 所示。U_1 代表风险厌恶程度较高投资者的无差异曲线，其无风险资产的资金占比较高；而 U_2 代表风险厌恶程度较低投资者的无差异曲线，其风险资产的资金占比较高。虽然两者的最佳资产组合分别是 A 和 B，但他们的最佳风险资产组合都是一样的，是市场组合 M，不同的是风险资产和无风险资产之间的资金分配比例。

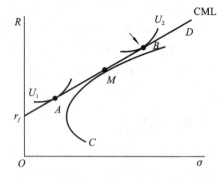

图 4-3　资金分配比例

结合案例 4-1，我们用上证指数的收益率代表市场组合的收益率，则根据第二章的内容，我们可以算出国债日收益率为：$r_f = 3.17\% \div 5 = 0.634\%$，市场组合的日收益率样本均值为：

$$R_M = \frac{1}{5}(1.49\% - 0.13\% - 0.0001\% - 0.23\% + 0.26\%) = 0.278\%$$

市场组合的日收益率方差是：

$$\begin{aligned}\sigma_M^2 &= \frac{1}{5-1}\big[(1.49 - 0.278)^2 + (-0.13 - 0.278)^2 + (-0.0001 - 0.278)^2 \\ &\quad + (-0.23 - 0.278)^2 + (0.26 - 0.278)^2\big] \\ &= \frac{1}{4}(1.468944 + 0.166464 + 0.07733961 + 0.258064 + 0.000324) \\ &= 0.4927839025\end{aligned}$$

因此市场组合日收益率的标准差是：$\sigma_M = 0.702\%$。

如果小何是一个风险厌恶者，希望将 70% 资金投资无风险资产，30% 资金投资市场组合 M，则该组合的标准差 $\sigma_P = \sigma_M \times 0.3 = 0.2106\%$，整个组合 P 的收益率为：

$$R_P = r_f + \frac{R_M - r_f}{\sigma_M} \sigma_P = 0.634\% + \frac{0.278\% - 0.634\%}{0.702\%} \times 0.2106\% = 0.5272\%$$

那么如果小何是一个风险喜好者，希望将 70% 资金投资风险资产，30% 资金投资无风险资产，收益率又会是多少呢？

三、单个证券的期望收益

由资本市场线的定义可知，有效组合可以用标准差衡量投资者承担的具有收益回报的风险。这是因为有效组合中的非系统风险通常已经被完全分散，只剩下可以带来收益的系统风险，所以可以用标准差衡量有效组合的风险。但是对于单个的风险证券，就不能再用标准差衡量投资者承担的这种风险了，原因是单个证券的风险总是包含系统风险和非系统风险，在均衡状态下，只有系统风险能够得到补偿，非系统风险却与收益没有关系。资本资产定价模型认为,单个证券的合理风险溢价取决于单个资产对投资者资产投资组合的风险贡献程度。

由第三章的内容,我们知道风险证券组合的标准差是:

$$\sigma_p = \Big(\sum_{i=1}^{n}\sum_{j=1}^{n} x_i x_j \sigma_{ij}\Big)^{\frac{1}{2}} \tag{4-2}$$

由于市场组合既是无风险借贷下证券组合的有效前沿上的点,也是风险证券组合有效前沿上的点,因此它的标准差也可以由式(4-2)表示,所以市场组合的方差是:

$$\sigma_M^2 = \sum_{i=1}^{n}\sum_{j=1}^{n} x_{iM} x_{jM} \sigma_{ij} \tag{4-3}$$

其中,x_{iM} 和 x_{jM} 分别表示证券 i 和证券 j 在市场组合中的比例。

如果我们用 σ_{iM} 表示证券 i 与市场组合之间的协方差,则:

$$\sigma_{iM} = \text{cov}(r_i, r_M) = \text{cov}\Big(r_i, \sum_{j=1}^{n} x_{jM} r_j\Big) = \sum_{j=1}^{n} x_{jM} \text{cov}(r_i, r_j) = \sum_{j=1}^{n} x_{jM} \sigma_{ij}$$

因此,我们可将式(4-3)展开,得:

$$\begin{aligned}
\sigma_M^2 &= \sum_{i=1}^{n}\sum_{j=1}^{n} x_{iM} x_{jM} \sigma_{ij} \\
&= x_{1M}\sum_{j=1}^{n} x_{jM}\sigma_{1j} + x_{2M}\sum_{j=1}^{n} x_{jM}\sigma_{2j} + \cdots + x_{nM}\sum_{j=1}^{n} x_{jM}\sigma_{nj} \\
&= x_{1M}\sigma_{1M} + x_{2M}\sigma_{2M} + \cdots + x_{nM}\sigma_{nM} \\
&= \sum_{i=1}^{n} x_{iM}\sigma_{iM}
\end{aligned} \tag{4-4}$$

式(4-4)表明,市场组合的方差等于所有证券与市场组合协方差的加权平均,权数为证券在市场组合中的比例。所以可以用单个证券与市场组合之间的协方差来衡量该证券对市场组合方差的贡献大小,具有较大 σ_{iM} 值的证券被认为对市场组合的风险有较多的贡献。

由此可见,在衡量市场组合风险时,重要的不是各证券的总风险,而是各证券与市场组合的协方差,而衡量单个资产的风险水平时,也不是取决于其自身的整体风险,而是其与市场组合的协方差。因而,具有较高风险的证券不一定会有较高的预期收益率,较低风险的证券的预期收益率也不一定就较低,单个证券的风险水平应该由其与市场组合的协方差来衡量。

在均衡状况下,单个证券的风险和收益的关系可以写为:

$$R_i = r_f + \frac{R_M - r_f}{\sigma_M^2}\sigma_{iM} \tag{4-5}$$

由此我们可以得出结论:具有较大 σ_{iM} 值的证券必须按比例提供较大的预期收益率以吸引投资者。由于市场组合的预期收益率和标准差分别是各证券预期收益率和它们与市场组合的协方差的加权平均,权重等于各证券在市场组合中的比例,因此如果某证券的预期收益率相对于它与市场组合的协方差值太低的话,投资者只要删除该证券就可以提高其证券组合的预期收益率,从而导致市场组合不再是最优组合,于是该证券价格被高估而偏离均衡状态了。同样地,如果某证券的预期收益率相对于它与市场组合的协方差值太高的话,投资者只要增加该证券在组合中的份额就能提高其证券组合的预期收益率,从而导致市场组合也不再是最优组合,于是该证券价格被低估而偏离均衡状态。

四、证券市场线

资本市场线(CML)代表有效组合预期收益率和其标准差之间的均衡关系,而单个证券资产作为高度分散化资产组合的一部分,其风险测度并不是资产的标准差或方差,而是该资产对资产组合方差的贡献程度,所以为了描述单个证券资产的收益与风险之间的关系,我们将式(4-5)所表明的均衡状态下,单个证券与市场组合之间的协方差与该证券的预期收益率之间的关系,称为证券市场线(Security Market Line,SML),如图4-4所示。

显然,一个 $\sigma_{iM}=0$ 的风险证券的预期收益率必须等于无风险利率 r_f,而一个 $\sigma_{iM}=\sigma_M^2$ 的风险证券一定与市场组合有相同的预期收益率。

如果我们令

$$\beta_{iM} = \frac{\sigma_{iM}}{\sigma_M^2} \tag{4-6}$$

则证券市场线可以写成:

$$R_i = r_f + (R_M - r_f)\beta_{iM} \tag{4-7}$$

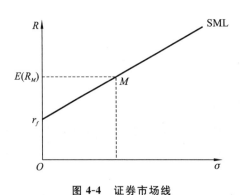

图 4-4 证券市场线

式(4-7)所定义的 β_{iM} 就是我们通常所说的 β 系数(或简称 β 值),它有一个重要特征:证券组合的 β 值等于该组合中各证券的 β 值的加权平均数,权数为各证券在该组合中所占的比例,即

$$\beta_{pM} = \sum_{i=1}^{n} x_i \beta_{iM} \tag{4-8}$$

其中,β_{pM} 是证券组合的 β 值,n 是该组合中所含证券的个数,x_i 是第 i 种证券在证券组合中的权重。

比较资本市场线和证券市场线,我们可以看出,只有最优的证券组合才落在资本市场线上,而其他组合和证券则落在资本市场线下方。对于证券市场线来说,无论是有效组合还是非有效组合,它们都落在证券市场线上。式(4-7)表明,单个证券的风险溢价是单个证券对市场组合风险的贡献度的函数。我们称这个函数为资本资产定价模型(CAPM),也就是说,资本资产定价模型就是式(4-7)。

由上述分析可知,资本市场线反映的是达到均衡时有效组合的收益率与风险之间的关系,用标准差测度投资组合的总风险,其风险溢价是该资产组合标准差的函数。但它对于单个资产以及其他组合是非有效的,也就说资本市场线不能体现非有效的单个资产或资产组合的预期收益率与标准差之间的关系;证券市场线反映的是单个资产的风险溢价是该资产风险的函数,它不再是用方差或者标准差来测度,而是用 β 值来衡量这一贡献度。所以只要有了 β 值就可以根据证券市场线来获取投资者投资该项资产的期望收益。另外证券市场线还可以用于描述有效组合的收益率与风险之间的关系,因此对于资本市场线上的所有组合在证券市场线上必定有一个点与其相对应,而那些位于证券市场线上的非有效点则落在资本市场线以下。

结合案例 4-2 以及案例 4-1 的分析,我们可以同样得到:$R_M=0.278\%$,$r_f=0.634\%$,而长安汽车的日收益率样本均值为:$r_{长安}=(9.99\%+3.57\%-6.83\%+0.18\%-4.1\%)\div 5=0.562\%$。

如果长安汽车的 $\beta=1.5$,根据资本资产定价模型,长安汽车的均衡日收益率应为:
$$R_{长安}=r_f+\beta(R_M-r_f)=0.634\%+1.5(0.278\%-0.634\%)=0.1\%$$

可以看出来实际的收益率 $r_{长安}=0.562\%$,高于资本资产定价模型的收益率 $R_{长安}=0.1\%$,所以长安汽车的价格被低估了,低于均衡价格,这时投资长安汽车就存在盈利的可能。

类似地,如果长安汽车的 $\beta=0.8$,根据资本资产定价模型,长安汽车的收益率又该是多少呢?是属于高估还是低估呢?

五、风险分解

因为资本资产定价模型(4-7)反映的是单个证券的预期收益率与市场组合的预期收益率之间的线性关系,所以如果要检验资本资产定价模型是否反映真实世界,我们可将资本资产定价模型(4-7)变换为如下的单方程计量模型:
$$r_i=\alpha_i+\beta_{iM}r_M+\varepsilon_i \tag{4-9}$$

其中,截距项 α_i 和斜率 β_{iM} 是要利用 r_i 和 r_M 的实际数据进行估计的,斜率 β_{iM} 是证券 i 的收益率变化对市场组合收益率变化的敏感性指标,被用来衡量证券 i 的系统风险,ε_i 是随机误差项,被用来衡量证券 i 的非系统风险,它的期望值为 0,而且它与 r_M 的协方差也为 0。另外,我们还假定当 $i\neq j$ 时,ε_i 与 ε_j 是不相关的。

下面我们来看看证券 i 的风险结构。首先,证券 i 的预期收益率是:
$$R_i=E(r_i)=E(\alpha_i+\beta_{iM}r_M+\varepsilon_i)=\alpha_i+\beta_{iM}R_M$$

因此
$$\begin{aligned}\sigma_i^2&=E(r_i-R_i)^2=E[\beta_{iM}(r_M-R_M)+\varepsilon_i]^2\\&=E[\beta_{iM}^2(r_M-R_M)^2+2\beta_{iM}(r_M-R_M)\varepsilon_i+\varepsilon_i^2]\\&=\beta_{iM}^2\sigma_M^2+2\beta_{iM}E(r_M\varepsilon_i)-2\beta_{iM}R_ME(\varepsilon_i)+\sigma_{\varepsilon i}^2\\&=\beta_{iM}^2\sigma_M^2+\sigma_{\varepsilon i}^2\end{aligned} \tag{4-10}$$

由式(4-10)可以看出,证券 i 的方差由两部分组成:一部分是 $\beta_{iM}^2\sigma_M^2$,它与市场组合的风险 σ_M^2 有关,我们称之为系统风险;另一部分是 $\sigma_{\varepsilon i}^2$,它只反映证券 i 自身所特有的风险,我们称之为个别风险或非系统风险。

现在我们来考察证券组合的风险结构。

设一个证券组合 P 由 n 种证券构成,证券 i 在组合中的权重是 x_i,它的收益率按式(4-9)确定,则证券组合 P 的收益率由下式表示:

$$r_p = \sum_{i=1}^n x_i r_i = \sum_{i=1}^n x_i(\alpha_i + \beta_{iM} r_M + \varepsilon_i) = \sum_{i=1}^n x_i \alpha_i + \sum_{i=1}^n x_i \beta_{iM} r_M + \sum_{i=1}^n x_i \varepsilon_i$$
$$= \alpha_p + \beta_{pM} r_M + \sum_{i=1}^N x_i \varepsilon_i$$

其中

$$\alpha_p = \sum_{i=1}^n x_i \alpha_i, \quad \beta_{pM} = \sum_{i=1}^n x_i \beta_{iM}$$

这里,α_p 称为证券组合的截距,β_{pM} 称为证券组合的 β 值。由此可得证券组合 P 的预期收益率是:

$$R_p = E(r_p) = E(\alpha_p + \beta_{pM} r_M + \sum_{i=1}^n x_i \varepsilon_i) = \alpha_p + \beta_{pM} E(r_M) = \alpha_p + \beta_{pM} R_M$$

因此,证券组合 P 的方差是:

$$\sigma_p^2 = E(r_p - R_p)^2 = E[\beta_{pM}(r_M - R_M) + \sum_{i=1}^n x_i \varepsilon_i]^2$$
$$= E[\beta_{pM}^2 (r_M - R_M)^2 + 2\beta_{pM}(r_M - R_M)\sum_{i=1}^n x_i \varepsilon_i + (\sum_{i=1}^n x_i \varepsilon_i)^2] \quad (4-11)$$
$$= \beta_{pM}^2 \sigma_M^2 + \sum_{i=1}^n x_i^2 \sigma_{\varepsilon i}^2 = \beta_{pM}^2 \sigma_M^2 + \sigma_{\varepsilon p}^2$$

式(4-11)说明,任何证券组合的风险也都由两部分组成:一部分是 $\beta_{pM}^2 \sigma_M^2$,它与市场组合的风险 σ_M^2 有关,是系统风险;另一部分是 $\sigma_{\varepsilon p}^2$,它反映证券组合 P 特有的风险,是非系统风险。

证券组合方差的系统风险是依赖于市场运动的部分,它依赖于单个证券的敏感度系数 β 值。因此这部分风险依赖于证券组合的 β 值的和与 β_{pM} 之差,不管证券组合分散化程度如何都不会改变。无论持有多少股票,它们在市场中暴露的一般风险将反映在证券组合的系统风险中。

证券组合方差的非系统风险来源于公司的特有成分 ε_i。因为这些 ε_i 是相互独立的,都具有零期望值,所以平均法则可以被用来得出这样的结论:随着越来越多的股票加入资产组合,公司特有风险倾向于被消除,结果只剩下越来越小的非市场风险,这些风险被认为是可分散的。为更准确地理解这一点,考虑公司特有成分的等权重"证券组合"的方差公式。如果组合中单个证券的非系统风险的最大值是 σ_0^2,且各证券在组合中的投资比例都相同,即对所有证券 i,x_i 都是 $1/n$,则证券组合的非系统风险 $\sigma_{\varepsilon p}^2$ 就变成:

$$0 \leqslant \sigma_{\varepsilon p}^2 = \sum_{i=1}^n x_i^2 \sigma_{\varepsilon i}^2 \leqslant \sum_{i=1}^n x_i^2 \sigma_0^2 = n \frac{1}{n^2} \sigma_0^2 = \frac{\sigma_0^2}{n} \xrightarrow[n \to \infty]{} 0$$

因此,当 $n \to \infty$ 时,证券组合的非系统风险 $\sigma_{\varepsilon p}^2$ 趋于 0。也就是说,证券组合的非系统风险可以经过多样化投资来降低。

简而言之,随着分散化程度的加强,证券组合的方差接近于系统方差。系统方差定义为市场组合的方差乘以证券组合敏感系数 β_{pM} 的平方。

随着越来越多的证券组成证券组合，由于分散了公司特有风险，证券组合的方差下降。然而，分散化的能力是有限的。甚至对于一个相当大的 n，仍然存在着部分风险，因为所有资产实际上仍暴露于市场组合因素之上。因此，我们说系统风险是不可分散的。

第二节　证券组合业绩评价

【案例 4-3】

2021 年 4 月 19—23 日，上证指数一周的收益率是 1.39%；中证 500ETF（基金 ETF，股票代码 510500）一周收益率是 1.82%，那么单纯的根据收益率的大小能否正确判断中证 500ETF 的业绩表现比市场组合的业绩表现好呢？

【案例 4-4】

2021 年 4 月 19—23 日，上证指数一周的收益率是 1.39%，五日收益率分别是 1.49%、−0.13%、−0.0001%、−0.23%、0.26%；一周十年国债的收益率为 3.17%；深红利（基金 ETF，股票代码 159905）所持的证券组合一周收益率为 4.23%，五日收益率分别是 2.33%、0.15%、0.33%、0.22%、1.20%，那么深红利所持的证券组合与市场组合的一周业绩表现哪个更好呢？

对证券组合业绩的评价，早期全部都基于单位资产净值和收益率的波动性来刻画，然而由本章第一节的内容可知，证券投资的收益与风险呈正相关关系，投资组合的目的就是在追求预期收益相同的情况下风险最小，或者在风险相同的条件下收益最高，因此证券组合的绩效衡量除了收益大小之外，还要考虑其承担风险的水平。

例如案例 4-3 中，我们如果仅从收益率的大小角度来看，认为中证 500ETF 的证券组合业绩表现比上证指数代表的市场组合业绩更好，但这并不全面，我们不知道这两个证券组合所承担的风险分别是多少，而只看到了最终的收益。如若中证 500ETF 证券组合所承担的风险是市场组合的 10 倍，那么我们的结论就不一样了。

自从现代金融理论的出现，特别是资本资产定价模型 CAPM 的提出，对证券组合业绩评价产生了深刻的影响，特别是经风险调整的业绩测度指标的构建。1965 年 Treynor 在《哈佛商业评论》上发表"如何评价投资基金的管理"，首次提出了风险调整收益的概念，为证券组合的业绩评价创造出新的技术工具。故本节将逐一介绍介绍证券组合业绩评价的三大经典指数：Sharpe 指数、Treynor 指数和 Jensen 指数。

一、Sharpe 指数

Sharpe 指数是美国经济学家 Sharpe[①] 于 1966 年根据资本资产定价模型（CAPM）提出的指标，它是将某一段时间内证券组合的超额收益率除以这个时期收益的标准差，从而用来衡量证券组合 P 的单位总风险水平的超额收益率，其计算公式为：

$$S_p = \frac{R_p - r_f}{\sigma_p} \tag{4-12}$$

其中，R_p 表示证券组合 P 的预期收益率，r_f 表示考察期内的无风险利率，σ_p 为证券组合 P 收益率的标准差。

Sharpe 指数是经总风险调整后的收益指标，Sharpe 指数越大，表示单位总风险下风险溢价越高，如图 4-5 所示。在标准差－预期收益率图上，Sharpe 指数 S_p 等于该证券组合的位置与无风险利率之间连线的斜率。当这一斜率大于资本市场线的斜率时（P_1），其证券组合位于资本市场线上方，表明此时的证券组合业绩表现总体好于市场组合；当这一斜率小于资本市场线的斜率时（P_2），其证券组合位于资本市场线下方，表明此时的证券组合业绩表现总体低于市场组合。

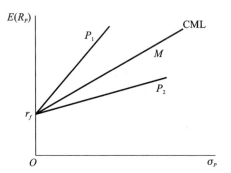

图 4-5 Sharpe 指数衡量证券组合业绩

Sharpe 指数越大，说明证券组合单位风险所获得的风险回报越高；反之，则说明在衡量期内证券组合的平均净值增长率低于无风险利率，在以同期银行存款利率作为无风险利率的情况下，说明证券组合比银行存款要差，组合的投资表现不如从事国债回购。

结合案例 4-4，我们可以简化实际条件，计算出深红利所持证券组合 Sharpe 指数的大小。首先，利用深红利的周收益率 4.23% 和五日收益率，可以计算出深红利的日收益率均值是 0.846%；由于无风险利率是国债的周收益率是 3.17%，因此无风险日收益率就是 $r_f = 0.634\%$；利用深红利的五日收益率，可以计算出它的日收益率方差是：

$$\begin{aligned}\sigma_i^2 &= \frac{1}{5-1}[(2.33-0.846)^2 + (0.15-0.846)^2 + (0.33-0.846)^2 \\ &\quad + (0.22-0.846)^2 + (1.2-0.846)^2]\\ &= \frac{1}{4}(2.202256 + 0.484416 + 0.266256 + 0.391876 + 0.125316)\\ &= 0.86753\end{aligned}$$

因此，深红利的日收益率的标准差是 $\sigma_i = 0.9314\%$。

由式（4-12）可知，深红利所持证券组合的 Sharpe 指数为：

$$S_p = \frac{R_p - r_f}{\sigma_p} = \frac{0.846\% - 0.634\%}{0.9314\%} = 0.2276$$

---

① William F Sharpe. Mutual fund performance[J]. Journal of Business, 1966, 39(January).

同样地，我们用上证指数的收益率代表市场组合的收益率，利用上证指数的五日收益率和周收益率 1.39%，可以计算出市场组合的日收益率均值 0.278%，市场组合的日收益率方差：

$$\sigma_M^2 = \frac{1}{5-1}[(1.49-0.278)^2 + (-0.13-0.278)^2 + (-0.0001-0.278)^2$$
$$+ (-0.23-0.278)^2 + (0.26-0.278)^2]$$
$$= \frac{1}{4}(1.468944 + 0.166464 + 0.07733961 + 0.258064 + 0.000324)$$
$$= 0.4927839025$$

市场组合的日收益率标准差为 $\sigma_M = 0.702\%$，则市场组合的 Sharpe 指数为：

$$S_p = \frac{R_p - r_f}{\sigma_p} = \frac{0.278\% - 0.634\%}{0.702\%} = -0.507$$

所以深红利所持的证券组合的 Sharpe 指数大于市场组合的 Sharpe 指数，其证券组合的业绩表现好于市场组合的业绩表现。

我们可以从深度和广度来综合考察证券组合的业绩，深度与证券组合的超额收益大小有关，广度与证券组合中能获取超额收益的证券数量有关。假设每种额外的证券具有 2% 的超额收益，且其 β 值等于组合原有的证券 β 值，那么组合的预期收益率不变，但组合的残差方差由于分散作用而变小，而这导致组合的标准差将变小，Sharpe 指数将上升。这说明 Sharpe 指数对于广度很敏感。当然组合超额收益率的变大，其 Sharpe 指数也将变大，也即其对深度也很敏感。

二、Treynor 指数

Treynor 指数由美国经济学家 Treynor[①] 于 1966 年根据 CAPM 理论提出的一种经风险调整的业绩测度指标，表示的是证券组合的单位系统风险的的超额收益率。Treynor 认为好的证券组合应当是风险分散良好的，所以应以系统风险作为评价依据，而不包括非系统风险，因此证券组合 P 的 Treynor 指数计算公式如下：

$$T_p = \frac{R_p - r_f}{\beta_p} \tag{4-13}$$

其中，β_p 表示证券组合 P 的 β 系数，是根据资本资产定价模型 CAPM 提出的，代表证券组合 P 的系统性风险。R_p 表示证券组合 P 的预期收益率，r_f 表示考察期内的无风险利率。

Treynor 指数是每单位系统性风险获得的风险溢价，是投资者判断基金管理者在管理基金过程中所冒风险是否有利于投资者的判断指标。Treynor 指数越大，单位风险溢价越高，基金的绩效越好，基金管理者在管理过程中所冒风险有利于投资者获利。相反 Treynor 指数越小，单位风险溢价越低，基金的绩效越差，基金管理者在管理过程中所冒风险不有利于投资者获利。

---

① Jack L Treynor. How to rate management investment funds[J]. Harvard Business Review, 1966, 43(January-February).

与 Sharpe 指数相似,当证券组合的 Treynor 指数(P_1)大于市场组合的 Treynor 指数时,表明该证券组合业绩好于市场组合的表现;反之,当证券组合的 Treynor 指数(P_2)小于市场组合的 Treynor 指数时,表明该证券组合业绩劣于市场组合的表现,如图 4-6 所示。

不管市场是处于上升阶段还是下降阶段,较大的 Treynor 指数总是表示较好的业绩。但如果证券组合中存在非系统风险,则

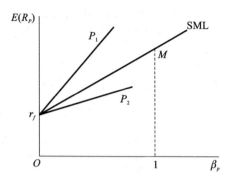

图 4-6 Treynor 指数衡量证券组合业绩

Treynor 指数可能给出错误的信息,这是因为 β 值并不会因为组合中所包含证券数量的增加而降低,这将导致 Treynor 指数不能评价证券组合分散和降低非系统风险的能力;当证券组合分散程度提高时,Treynor 指数不会随着组合中证券数量的增加而变大,因此 Treynor 指数对于证券组合业绩的广度是不敏感的。

Treynor 指数与 Sharpe 指数两者相似,区别在于 Treynor 指数使用的是系统性风险,而 Sharpe 指数则根据总体风险进行衡量,而对于一个充分分散化的证券组合来说,其总体风险等于系统性风险,此时 Treynor 指数与 Sharpe 指数相等。

三、Jensen 指数

虽然 Sharpe 指数和 Treynor 指数能比较不同证券组合的投资表现,并对其进行排序,但是它们无法告诉我们每个证券组合的表现好于市场组合的具体大小。对此,美国经济学家 Jensen[①] 于 1968 年根据资本资产定价模型(CAPM)提出的另一个证券组合业绩评价指数,Jensen 指数。Jensen 指数是证券组合的实际期望收益率与位于证券市场线上的证券组合的期望收益率之差,其计算公式为:

$$J_p = R_p - [r_f + \beta_p(R_M - r_f)] \tag{4-14}$$

其中,R_p 表示证券组合 P 的预期收益率,r_f 表示考察期内的无风险利率,β_p 表示证券组合 P 的 β 系数,代表证券组合 P 的系统性风险,R_M 表示市场组合收益率。

Jensen 指数实际上是在综合考虑了证券组合的收益与风险因素的基础上,对证券组合超额收益大小的一种衡量。

当 $J_p > 0$ 时,证券组合位于证券市场线 SML 的上方,表明该组合的业绩表现优于市场组合,J_p 越大,组合的业绩就越好;当 $J_p < 0$ 时,证券组合位于证券市场线 SML 的下方,说明该证券组合的业绩表现劣于市场组合,J_p 越小,组合的业绩就越差;如果 $J_p = 0$,那么说明该证券组合的收益率与处于相同风险水平的市场组合的收益率不存在显著差异。

Jensen 指数与 Treynor 指数一样,假设证券组合充分分散化,即该组合的风险仅仅为系统风险,用 β_p 衡量。Jensen 指数仅仅在相同风险等级的证券组合群体中可以比较,在不

---

① Michael C Jensen. The performance of mutual funds in period 1945—1964[J]. Journal of Finance,1968(May).

同风险等级的证券组合群体中不可比较。

同时Jensen指数与Sharpe指数相比,存在一个重大缺陷。例如假设我们处于牛市当中,市场组合的实际收益率异常高,在这种情况下,我们期望β_p值较高的证券组合收益率比β_p值较低的证券组合收益率要高,因为β_p值衡量证券组合对市场的反应,而在牛市中,市场业绩表现是不错的。然而当高β_p值的股票比低β_p值股票收益率更高时,却并不代表对于超额收益率情况也是这样的。在熊市中,市场指数的收益率较低,市场处于下跌状态,证券市场线的斜率为负值,但是证券组合仍然可能具有较高的Jensen指数。所以Jensen指数对于证券组合的风险和市场表现是不敏感的,因而Jensen指数对于证券组合业绩的广度是极度不敏感的。

第三节 因素模型

【案例4-5】

2020年国内生产总值GDP为1015986亿元,增速为2.30%,万达电影(股票代码002739)2020年收益率为-0.39%,小何于2021年1月初买入万达电影,如果GDP是决定股票市场经济状况的唯一宏观因素,且增速比较稳定,那么小何持有1年万达电影的收益率大概是多少呢?

【案例4-6】

2021年4月份,根据国家统计局公布的4月份的宏观经济数据中,社会消费品零售总额下降8.3%,消费者物价指数CPI下降1.0%,广义货币M2增加1.0%,工业增加值增长2.27%,失业率上升0.1%;而4月份酒ETF(基金ETF,股票代码512690)的收益率为12.17%,那么假设宏观经济发展不变,酒ETF的5月份收益率大概是多少呢?

我们从第一节的内容可知,Markowitz模型在资本资产定价模型的发展中,实现了证券风险溢价的预测方法,填补了Markowitz模型不能提供证券风险溢价的缺陷。然而Markowitz模型还存在另一个缺陷:Markowitz模型需要大量的估计数据来计算协方差矩阵。因此我们引入因素模型来简化协方差矩阵的估计,强化证券风险溢价的估计。同时除简化作用外,因素模型与有效边界和组合最优化的概念也保持一致,在实证中与收益正态分布假设一样有效。因为短期收益率用正态分布很好地近似表示,所以因素模型可以用来选择最优组合。

因素模型类似于式(4-9),也是单方程计量模型。因素模型的解释变量是引起证券价格(或收益率)在不同时期发生上涨和下跌的主要变量,而不一定必须是市场组合,也并非要求只有一个变量;因素模型的被解释变量与式(4-9)一样,仍然是证券的收益率,因此因素模型实际上是证券收益率的生成模型。根据因素的变化,不同证券会有不同程度的反应,这些不同的反应决定了不同证券的标准差以及证券之间协方差的变化。

一、单因素模型

由于市场受共同经济因素的影响(例如经济周期、利率、技术革新、自然资源、成本等常见的经济因素),证券之间的协方差总体上为正。单因素模型通过简化描述证券收益来源方式,让我们可以使用更少且更具一致性的风险参数和风险溢价估计值。简单来说,单因素模型假设证券的收益率的生成过程仅有一个因素,每一种证券都或多或少地对该因素做出反应。资本资产定价模型(4-9)是一个单因素模型,当市场组合的价格上涨时,几乎所有的证券都会跟着上涨,虽然有些证券会涨得更多,但是当我们观察一段时间内证券价格的运动时,可以认为市场组合的价格变化解释了所有证券的共同运动。通过这种将不确定性分解为系统性和公司层面的来源,单因素模型大大简化了 Markowitz 模型中协方差和相关系数的估计。

例如,证券分析人员要利用 Markowitz 模型详细地分析 50 种股票,那么需要输入以下数据:$n=50$ 个预期收益率的估计,$n=50$ 个方差的估计,$(n^2-n)/2=1225$ 个协方差的估计,要算出这些估计值是一个令人生畏的任务。从现实情况来看,50 种证券的证券组合是相当小的。如果把 n 扩大一倍,变成 100 种,要估计的值就将增加接近四倍,达到 5150 个。如果 $n=2700$,即差不多是在纽约证券交易所上市的所有股票的总数,那我们就需要对超过 360 万个数值进行估计。

而如果我们假设把所有相关经济因素组成一个宏观经济指示器,并假定它影响着整个证券市场,除了这个通常的影响外,证券收益剩下的不确定性是公司特有的,也就是说,证券之间的相关性除了通常的经济因素外没有其他来源了。公司的特有事件可包括新的发明、关键雇员去世以及其他一些只影响单个企业命运而未能以一个可测度的方式影响整个经济的因素。在这些假设下,单个证券的收益率生成过程可以表示为:

$$r_{it} = \alpha_i + b_i F_t + \varepsilon_{it} \tag{4-15}$$

这里,r_{it} 是证券 i 在时刻 t 的收益率,F_t 是非预期的宏观经济事件 F 在时刻 t 对证券 i 的收益的影响,ε_{it} 是证券 i 在时刻 t 的非预期的公司特有事件的影响,称为模型的随机误差项,其期望值为 0,它与宏观经济事件 F 不相关,并且证券 i 与证券 j 之间的随机误差项 ε_i 和 ε_j 也相互独立,α_i 和 b_i 是证券 i 的两个待估计的参数,其中 b_i 是证券 i 对宏观经济事件 F 的敏感度。

如果式(4-15)中的因素 F 就是市场组合的收益率 r_M,那么单因素模型(4-15)就变成资本资产定价模型(4-9)了,所以资本资产定价模型是一个单因素模型。

由于单因素模型没有提出具体测度某种因素是否影响证券收益的方法,因此其用途有限。一个较理智的方法是把一个主要的证券指数收益率,譬如上证综合指数的收益率,作为一般宏观因素的有效代表。

结合案例 4-5,GDP 增速为宏观经济事件,如果假设万达电影对 GDP 的敏感度为 1.2,且公司的利好消息使股价上涨 3%,那么小何于 2021 年持有 1 年万达电影的收益率为：

$$R_{万达} = \alpha_i + b_i F_t + \varepsilon_{it} = -0.39\% + 1.2 \times 2.3\% + 3\% = 5.37\%$$

由于单因素模型没有提出具体测度某种因素是否影响证券收益的方法，因此其用途有限。一个较理智的方法是把一个主要的证券指数收益率，譬如上证综合指数的收益率，作为一般宏观因素的有效代表。

根据式(4-15)，我们可以很容易地知道证券 i 的预期收益率：

$$R_i = E(r_i) = E(\alpha_i + b_i F + \varepsilon_i) = \alpha_i + b_i \overline{F} \tag{4-16}$$

依照与第一节相似的原理，由单因素模型(4-15)，我们可以把证券的风险区分成系统风险与公司特有的个别风险两部分。因此每种证券有两种风险来源：一是系统风险，它们的区别源于它们对宏观经济因素的敏感度，这个差异反映在因素 F 的系数 b_i 上；二是对公司特有风险的敏感度，这个差异反映在随机误差 ε_i 上。类似于式(4-10)，我们可以把证券 i 的收益率的方差 σ_i^2 拆分成两部分：

$$\sigma_i^2 = b_i^2 \sigma_F^2 + \sigma_{\varepsilon i}^2 \tag{4-17}$$

两种证券之间的协方差，譬如证券 i 与证券 j 的协方差，仅仅来自一般因素 F，因为 ε_i 和 ε_j 都是每个公司特有的，它们显然不相关。所以，两种证券之间的协方差为：

$$\begin{aligned}
\sigma_{ij} &= \text{cov}(r_i, r_j) = E(r_i - R_i)(r_j - R_j) \\
&= E[b_i(F - \overline{F}) + \varepsilon_i][b_j(F - \overline{F}) + \varepsilon_j] \\
&= E[b_i b_j (F - \overline{F})^2 + (b_i \varepsilon_j + b_j \varepsilon_i)(F - \overline{F}) + \varepsilon_i \varepsilon_j] \\
&= b_i b_j \sigma_F^2
\end{aligned} \tag{4-18}$$

如果我们有：n 个 α_i 的估计，n 个敏感度 β_i 的估计，n 个公司特有方差 $\sigma_{\varepsilon i}^2$ 的估计，1 个（一般）宏观经济因素的期望值 $\overline{F}$ 的估计，1 个宏观经济因素的方差 σ_F^2 的估计，那么式(4-16)、式(4-17)和式(4-18)就表明这些 $(3n+2)$ 个估计值将为我们的单因素模型准备好输入的数据。这样，对于有 50 种证券的资产组合，将需要 152 个估计值，而不是 1325 个；对整个纽约证券交易所的大约 2700 个证券，我们将需要 8102 个估计值，而不是大约 360 万个！从这个角度我们可以很容易地看出，单因素模型为什么这么有用了。对于巨大的证券市场，Markowitz 优化模型的求解过程所要求的估计数量在利用单因素模型时仅仅需要其中的很小一部分。

单因素模型的另一优点不那么明显但同样重要。单因素模型对于证券分析的特别努力具有决定意义。如果对每一对证券，我们都不得不直接计算它们的协方差，那么证券分析就不能为企业所采用。例如，如果一个小组专长于银行业，另一组则擅长于地产行业，那么谁可能具有估计中国银行与万科地产之间协方差的一般背景呢？显然这两个小组都不具备形成一个企业之间互动的信息判断所需的对其他行业的深入理解。相比较，单因素模型提出以一种简单的方式来计算协方差。证券间的协方差由单个一般因素的影响所生成，从而可以用式(4-18)简单地进行估计。

但是，这种简化来自单因素模型的假定，它并不是没有成本的。模型的"成本"在于它置于证券收益不确定性结构上的限制。把不确定性分成简单的两部分——宏观（系统）风险与微观（个别）风险，这一分类把真实世界的不确定性来源过分地简单化了，并且错过了一些依赖于证券收益的重要来源。例如，这种分类规则把行业事件排除在外了，而这些事件可能影响行业中的许多公司,但实质上却不影响整个宏观经济。统计分析表明,相对于单因素来说,一些公司的特有成分是相关的。同时,统计上有意义并不总是与经济上的重要性相吻合。

类似于第一节的分析,我们利用单因素模型可以简化证券组合的风险分析,这里就不再赘述了。从经济上来讲,与单因素模型假设更为相关的问题是,用基于单因素模型假定所估计的方差组成的证券组合方差是否与由直接来自每组股票估计的方差所组成的证券组合方差存在较大的差异。

二、多因素模型

单因素模型假定证券的收益只受一个经济因素的影响,证券之间的协方差由该因素决定,这种假定有一定适用性。但是通过对单因素模型进行实证研究发现,在某些情况下,证券收益率的随机误差项之间是相关的,这说明对证券收益率产生共同影响的因素不止一个,他们可能是 GDP、通货膨胀率以及国际政治形势等。为了全面考虑这些因素的影响,需要建立多因素模型。

另一方面,在单因素模型中我们把证券的风险分解成系统的和公司特有的两部分,但是这种把系统风险限制在单一因素内是不对的。实际上,我们在介绍单因素模型已经注意到,用市场收益来概括的系统的或宏观的因素受多种因素影响,这些因素包括经济周期的不确定性、利率和通货膨胀等。这些因素更加清晰明确地解释了系统风险,从而有可能展示不同的证券对不同的因素有不同的敏感性。这也要求建立多因素模型。

顾名思义,多因素模型就是假定证券的收益率是由多个因素共同生成的。单个证券的收益率生成过程用多因素模型可以表示为:

$$r_{it} = \alpha_i + b_{i1}F_{1t} + b_{i2}F_{2t} + \cdots + b_{im}F_{mt} + \varepsilon_{it} \tag{4-19}$$

这里,r_{it} 是证券 i 在时刻 t 的收益率,$F_{1t}, F_{2t}, \cdots, F_{mt}$ 代表 m 个能够影响证券收益率的因素在时刻 t 的具体数值,而且,这 m 个因素两两之间是不相关的,系数 b_{ik} 代表证券 i 对第 k 个因素的敏感度,ε_{it} 是证券 i 在时刻 t 的非预期的公司特有事件的影响,称为模型的随机误差项,其期望值为 0,它与所有的 m 个因素 F_k 都不相关,并且证券 i 与证券 j 之间的随机误差项 ε_i 和 ε_j 也相互独立,α_i 是证券 i 的一个待估计的参数。

与单因素模型类似,由式(4-19)可以很容易地知道证券 i 的预期收益率:

$$R_i = E(r_i) = E(\alpha_i + b_{i1}F_1 + \cdots + b_{im}F_m + \varepsilon_i) = \alpha_i + b_{i1}\overline{F_1} + \cdots + b_{im}\overline{F_m} \tag{4-20}$$

由多因素模型的假设,我们可以得到证券 i 的方差为:

$$\begin{aligned}
\sigma_i^2 &= E(r_i - R_i)^2 \\
&= E[b_{i1}(F_1 - \overline{F_1}) + b_{i2}(F_2 - \overline{F_2}) + \cdots + b_{im}(F_m - \overline{F_m}) + \varepsilon_i]^2 \\
&= E[b_{i1}^2(F_1 - \overline{F_1})^2 + b_{i2}^2(F_2 - \overline{F_2})^2 + \cdots + b_{im}^2(F_m - \overline{F_m})^2 + \varepsilon_i^2 \\
&\quad + 2\sum_{j \neq k} b_{ij}b_{ik}(F_j - \overline{F_j})(F_k - \overline{F_k}) + 2\sum_{k=1}^m b_{ik}(F_k - \overline{F_k})\varepsilon_i] \\
&= b_{i1}^2\sigma_1^2 + b_{i2}^2\sigma_2^2 + \cdots + b_{im}^2\sigma_m^2 + \sigma_{\varepsilon i}^2
\end{aligned} \tag{4-21}$$

因此,与单因素模型类似,每种证券的风险也是由两部分组成:一是系统风险,这是由 m 个经济因素 $F_1, F_2, \cdots, F_m$ 的不确定性 $\sigma_1^2, \sigma_2^2, \cdots, \sigma_m^2$ 和该证券对这些因素的敏感性 b_{i1},

$b_{i2},\cdots,b_{im}$ 共同决定的;二是对公司特有风险的敏感度,这反映在随机误差 ε_i 上。

对于由 n 个证券构成的证券组合 P 而言,如果证券 i 在组合中的权重是 x_i,它的收益率按式(4-19)确定,那么证券组合 P 的收益率由下式表示:

$$\begin{aligned} r_p &= \sum_{i=1}^{n} x_i r_i = \sum_{i=1}^{n} x_i(\alpha_i + b_{i1}F_1 + b_{i2}F_2 + \cdots + b_{im}F_m + \varepsilon_i) \\ &= \sum_{i=1}^{n} x_i\alpha_i + \sum_{i=1}^{n} x_i b_{i1} F_1 + \sum_{i=1}^{n} x_i b_{i2} F_2 + \cdots + \sum_{i=1}^{n} x_i b_{im} F_m + \sum_{i=1}^{n} x_i \varepsilon_i \\ &= \alpha_p + b_{p1} F_1 + \cdots + b_{pm} F_m + \sum_{i=1}^{n} x_i \varepsilon_i \end{aligned}$$

其中

$$\alpha_p = \sum_{i=1}^{n} x_i \alpha_i, \quad b_{pk} = \sum_{i=1}^{n} x_i b_{ik} \quad (k=1,2,\cdots,m)$$

这里 α_p 称为证券组合的截距,b_{pk} 称为证券组合 P 对因素 F_k 的敏感度。

由此我们可得证券组合 P 的预期收益率:

$$R_p = E(r_p) = E(\alpha_p + b_{p1}F_1 + \cdots + b_{pm}F_m + \sum_{i=1}^{n} x_i\varepsilon_i) = \alpha_p + b_{p1}\overline{F_1} + \cdots + b_{pm}\overline{F_m}$$

因此,证券组合 P 的方差:

$$\begin{aligned} \sigma_p^2 &= E(r_p - R_p)^2 = E\left(\sum_{k=1}^{m} b_{pk}(F_k - \overline{F_k}) + \sum_{i=1}^{n} x_i\varepsilon_i\right)^2 \\ &= E\left(\sum_{k=1}^{m} b_{pk}^2 (F_k - \overline{F_k})^2 + 2\sum_{k=1}^{m} b_{pk}(F_k - \overline{F_k})\sum_{i=1}^{n} x_i\varepsilon_i + (\sum_{i=1}^{n} x_i\varepsilon_i)^2\right) \\ &= \sum_{k=1}^{m} b_{pk}^2 \sigma_{Fk}^2 + \sum_{i=1}^{n} x_i^2 \sigma_{\varepsilon i}^2 \\ &= b_{p1}^2 \sigma_{F1}^2 + b_{p2}^2 \sigma_{F2}^2 + \cdots + b_{pm}^2 \sigma_{Fm}^2 + \sigma_{\varepsilon p}^2 \end{aligned}$$

三、Fama-French 三因素模型

由上面的多因素套利模型的推导中可以看出,在多因素模型中没有限定具体的几个因素,甚至没有确定因素的个数,那么我们该怎样来确定多因素模型中的因素呢? 有两个原则可以用来指导我们确定多因素模型中的因素:第一,我们在考虑解释证券收益的能力时,仅考虑有关的宏观因素,这是因为如果我们的模型有成百个解释变量,那么就无法简化我们对证券收益的描述;第二,我们希望选择那些看起来似乎是重要的风险因素,也就是说,那些投资者最关心的因素,他们需要有意义的风险溢价来承受这些暴露的风险因素。

现代的主流方法是用公司特征来表示系统性风险相关来源的代表因素,这些特征在实证层面能作为风险因素的代理变量,也就是说选取作为变量的因素在过去的实证中可以较好地预测平均收益,因此能获得风险溢价。这种方法最好的例子就是 Fama-French 三因素模型,它不论在实证研究方面还是业界都受到广泛关注。

确定宏观经济因素作为系统风险来源的候选者的一个可替代的方法是,利用那些在经

验背景下代表着系统风险暴露的公司特征。Fama 和 French[1]建立了一个三因素模型：

$$r_{it} = \alpha_i + \beta_{i1} r_{mt} + \beta_{i2} SMB_t + \beta_{i3} HML_t + \varepsilon_{it} \tag{4-22}$$

其中，r_m 是市场组合的收益率，在模型中扮演着一个重要角色，它用于测量源于宏观经济因素的系统性风险；SMB 代表小减大，即市值规模小的股票投资组合与市值规模大的股票投资组合的收益率之差；HML 为高减低，即由高账面-市值比的股票组成的投资组合与低账面-市值比的股票组成的投资组合高出的收益差。

选中这两个公司特征变量的原因是通过长期的观察发现，公司规模和公司市值可以用于预测平均股票收益，这与资本资产定价模型的估计相同。Fama 和 French 通过实证方法验证了这一模型：尽管 SMB 和 HML 这两个变量不是相关风险因素的代理变量，但这些变量可以近似地代替未知的更基本的变量。例如高账面-市值比的公司更容易陷入财务危机，而小公司对商业条件变化更敏感。因此这些变量可以反映宏观经济因素的敏感度。

四、纯因素组合

纯因素组合是指构建一个投资组合，该组合对其中一个因素的敏感性为 1，对其他因素的敏感性为 0，即

$$r_{pt} = \alpha_p + 0 \times F_{1t} + \cdots + 0 \times F_{k-1,t} + 1 \times F_{kt} + 0 \times F_{k+1,t} + \cdots + 0 \times F_{mt} + \varepsilon_{pt} \tag{4-23}$$

我们称由式(4-23)得到的投资组合为因素 F_k 的纯因素组合，将该纯因素组合的期望收益率记为 δ_k。

可以将一个纯因素组合看作跟踪投资组合，将该投资组合的收益跟踪某些特殊的宏观经济风险来源的演变，而与其他的风险来源无关。构建这样的纯因素组合非常简单，因为相对较少的风险因素而言，我们有大量的证券可供选择。纯因素组合可以作为推导多因素证券市场线的基准投资组合。多因素证券市场线说明对组合产生影响的每个风险因子都对其最后的总风险溢价有贡献，贡献量等于因素敏感性 b 与这一风险来源对因素组合风险溢价的乘积。

结合案例 4-6，我们假设酒 ETF 所持的证券组合是一个关于消费者价格指数 CPI 的纯因素组合。也就是说，酒 ETF 对消费者价格指数 CPI 的敏感性为 1，对其余 4 个宏观经济数据：社会消费品零售总额、广义货币 M2、工业增加值、失业率上升的敏感性全为 0。此时，5 个因素敏感性分别是：$b_1=0, b_2=1, b_3=0, b_4=0, b_5=0$。假设酒相关证券的利好消息使酒板块股价上涨 3%，那么如果全国的宏观经济发展速度维持不变，根据 4 月份的数据，我们可以估算酒 ETF 的 5 月份收益率为：

$$\begin{aligned} r_{\text{酒ETF}} &= \alpha_{\text{酒ETF}} + b_1 F_{1t} + b_2 F_{2t} + b_3 F_{3t} + b_4 F_{4t} + b_5 F_{5t} + \varepsilon_{\text{酒ETF}} \\ &= 12.17\% + 0 \times (-8.3\%) + 1 \times (-1\%) + 0 \times 1\% + 0 \times 2.27\% \\ &\quad + 0 \times 0.1\% + 3\% = 14.17\% \end{aligned}$$

所以我们可以算出酒 ETF 的 5 月份收益率为 14.17%。

---

[1] Eugene F Fama, Kenneth R French. Multifactor explanations of asset pricing anomalies [J]. Journal of Finance, 1996, 51.

第四节　套利定价理论(APT)

【案例 4-7】

2021 年 4 月 19—23 日，立讯精密（股票代码 002475）的五日收益率为 12.35%，晶方科技（股票代码 603005）的五日收益率为 3.02%，华数传媒（股票代码 000156）的五日收益率为 1.15%。如果简单地用这期间五日收益率作为预期收益率，小何希望持有这三种证券来增加投资收益，那么小何能否在不增加风险的情况下，通过调整组合中各证券的比重来提高证券组合的收益率呢？

【案例 4-8】

2021 年 4 月 28 日沪 A 中信证券（股票代码 600030）收盘价为 23.40 元/股，收益率为 0.57%，而港股中信证券（股票代码 06030.hk），收盘价为 18.32 元/股，收益率为 −0.11%，那么对于同样是中信企业，从理论上我们能否赚取无风险收益呢？

资本资产定价模型是一个描述为什么不同的证券具有不同的预期回报率的均衡模型。它在实际中主要有三个应用：一是测量证券的系统风险，这可由市场组合的风险与 β 系数来实现；二是作为证券估价的基准；三是作为绩效衡量的标准。但是，导出这个模型是基于大量的假设，其中的一些假设显得过于理想化而严重脱离现实，因此有大量的投资者对其实际应用性和有效性提出质疑。另外，对 CAPM 的检验需要确定市场组合，但是现实中没有哪一个组合能够完全符合市场组合的条件，人们通常选择市场指数作为市场组合的一个近似替代，这导致参照市场指数计算的收益率与实际的市场组合的收益率之间存在差异。

为了克服资本资产定价模型的不足，Stephen Ross 在 1976 年提出了一个新的资产定价模型——套利定价理论（Arbitrage Pricing Theory，APT）。套利定价理论是建立在比资本资产定价模型更少且更合理的假设之上的，其导出的均衡模型与资本资产定价模型有很多相似之处。套利定价理论（APT）的基本思路是"单一价格法则"：两支具有相同风险和收益率水平的证券的价格必须相同。套利定价理论从无风险套利原则的角度来考虑证券的套利与证券价格的均衡，从而推导出均衡市场中的资本资产定价关系。无风险套利原则是：每个投资者都会利用不增加风险的情况下能够增加组合的收益率的机会，利用这种机会的具体做法是使用套利组合。

那么，套利定价理论的假设是哪些呢？它们与 CAPM 的假设之间有什么不同？什么是套利？什么又是套利组合？下面我们来一个一个地讨论这些问题。

与资本资产定价模型不同的是，套利定价理论没有如下几条假设：

（1）单一投资期；

(2) 投资者以证券组合的预期收益率和标准差为基础来评价投资组合；

(3) 投资者能以相同的无风险利率自由地借入或贷出资金。

取而代之的是，套利定价理论假设证券的收益率与一组因素线性相关，即证券的收益率是由因素模型生成的。这说明证券 i 的收益率可以表示为：

$$r_{it} = \alpha_i + b_{i1}F_{1t} + b_{i2}F_{2t} + \cdots + b_{im}F_{mt} + \varepsilon_{it} \tag{4-24}$$

则证券 i 的预期收益率可以表示为：

$$R_i = \alpha_i + b_{i1}\overline{F_1} + b_{i2}\overline{F_2} + \cdots + b_{im}\overline{F_m} \tag{4-25}$$

遗憾的是，套利定价理论没有指出决定证券收益率的因素的数量和类型。我们可以推测模型中的因素是诸如利率、通货膨胀率、实际经济增长率、风险增溢率等变量以及它们之间的一些关系及其各种变化。

套利定价理论旨在从无风险套利原理的角度出发探讨套利与均衡，从投资者追逐套利组合收益的角度入手探讨市场均衡状态下各种资产的定价问题，给出均衡市场中的资本资产定价关系，而不是像资本资产定价模型那样从投资者风险偏好入手分析投资行为。

一、套利与套利组合

套利(arbitrage)是指利用证券定价之间的不一致进行资金转移，从中赚取无风险利润的行为。套利行为需要同时进行等量证券的买卖，以便从其价格关系的差异中获取利润。

当一项资产以不同的价格在两个市场进行交易时（价格差异超过了交易成本），在这两个市场进行同步交易则可做到不需要任何投资便获得安全利润（即净价格差），要做的只是将该资产在高价市场卖出同时在低价市场买入。这项净收益是正的，并且由于多头与空头头寸的互相抵消而不存在风险。因此套利获得的收益是无风险的，只要存在套利机会就一定能够获得套利收益。

因为这种无风险套利对任何一位投资者而言都是有利的，所以只要存在套利机会，投资者就会持续进行套利活动。如果某种证券具有套利机会，投资者的低买高卖行为肯定会增加低价位证券的需求量，减少高价位证券的需求量，证券需求量的变动直接影响该证券的市价：低价位证券的价格上升，高价位证券的价格下降，两者之间的价格差距减小。随着低买高卖活动的持续进行，两者的价格差距最终趋于0，套利活动随之结束。容易看出，套利活动的存在有助于提高市场的有效性，只要有一位投资者发现套利机会，他就会通过不断的低买高卖而获利，直至价格差异不再存在。当价格差异消失时，证券就被正确定价了，市场也就实现了均衡，所以市场效率通过投资者的套利行为得到提高。

结合案例4-8，假设以当日收益率作为预期收益率，我们如果同时以100万元卖空港股中信证券，并同时买进100万元沪A中信证券，那么这种交易就能获得68万元的无风险收益：

$$100 \times 0.57\% - 100 \times (-0.11\%) = 0.68(万元)$$

由于电子通信设备和实时执行操作技术的日益发达，在现代市场中套利机会已变得非常少，但并不是不存在了。同样的技术不仅可以使市场迅速地吸收新信息，同时也使敏锐的操盘手在套利机会出现的瞬间，抓住时机进行大宗交易而获得高额利润。

以上谈的是单个证券的情形，其套利特性是很清楚的。然而，套利机会可以包括"相似"的证券组合，这种相似性可以用多种方式来定义，一种广泛的方式是用影响证券价格的因素来进行定义的,即用因素模型来定义这种相似性。

因素模型表明,具有相同的因素敏感性的证券组合除了非因素风险以外将以相同的方式行动。因此,具有相同的因素敏感性的证券组合必定要求有相同的预期收益率。如不然,"准套利"机会便会存在,投资者将利用这些机会,并最终使得这些机会消失。

当投资者可以构造一个能产生安全利润的零投资证券组合时,就会产生一个套利机会。而要构造零投资证券组合,投资者必须能够卖空至少一项资产,然后再去购买一项或多项资产,这种零投资证券组合称为套利组合。

在证券投资过程中,投资者将竭力发现构造一个套利组合的可能性,以便在不增加风险的情况下,增加组合的预期收益率。首先,由于套利组合是零投资证券组合,因此它是一个不需要投资者额外资金的组合;其次,为了获得无风险收益,套利组合对任何因素的敏感性应该都为零;最后,套利组合的预期收益率应该是正的。

综上,套利组合满足三个条件:①套利组合是一个不需要投资者投入任何额外资金的组合;②套利组合对任何因素都没有敏感性;③套利组合有一个正的期望收益。

如果一个套利组合是由 n 个证券组成的,组合的权重分别是 $x_1,x_2,\cdots,x_n$,各证券的收益率生成过程都是由式(4-24)表示的,则由上述三个条件可得:

$$x_1 + x_2 + \cdots + x_n = 0 \quad (4\text{-}26)$$

$$\begin{aligned} x_1 b_{11} + x_2 b_{21} + \cdots + x_n b_{n1} &= 0 \\ x_1 b_{12} + x_2 b_{22} + \cdots + x_n b_{n2} &= 0 \\ &\vdots \\ x_1 b_{1m} + x_2 b_{2m} + \cdots + x_n b_{nm} &= 0 \end{aligned} \quad (4\text{-}27)$$

$$x_1 R_1 + x_2 R_2 + \cdots + x_n R_n > 0 \quad (4\text{-}28)$$

结合案例4-7,假设证券的收益率由单因素模型生成,立讯精密、晶方科技、华数传媒3只股票对宏观因素的敏感度分别是1.2、0.9、2.1,则由式(4-26)、式(4-27)和式(4-28)可得:

$$x_{立讯} + x_{晶方} + x_{华数} = 0$$
$$1.2 x_{立讯} + 0.9 x_{晶方} + 2.1 x_{华数} = 0$$
$$12.35 x_{立讯} + 3.02 x_{晶方} + 1.15 x_{华数} > 0$$

对于这三个方程,因为第三个是不等式,我们需要先对前两个方程求出三个未知量的一组解,然后代入不等式进行验证。因为由两个方程求解三个未知量的方程组有无穷多解,我们可以任选一个解来验证,如 $x_{立讯}=1, x_{晶方}=1, x_{华数}=-2$,然后代入不等式验证:

$$12.35 + 3.02 + 1.15 \times (-2) = 13.07 > 0$$

所以小何可以通过调整证券组合来提高收益率,而且方程的解有很多,所以调整方式也很多。

总而言之,一个套利组合对一个渴望提高收益且不关心非因素风险的投资者是具有吸引力的,因为这样的组合不需要任何额外的资金,没有任何因素风险,却能带来正的预期收益率。

二、单因素套利定价模型

根据套利原理,投资者面对一个套利机会总是通过低买高卖来赚取价差,这种套利活动的结果会使价格偏低的证券价格上升,收益率下降;价格偏高的证券价格下跌,收益率上升。这个过程将持续到证券的收益率以及证券对各因素的敏感性保持适当的关系时为止,这种适当的关系用数学公式表达出来就是套利定价模型,下面推导这种关系模型。

如果证券的收益率生成过程是由下列单因素模型表达的:

$$r_{it} = \alpha_i + b_i F_t + \varepsilon_{it} \tag{4-29}$$

则,根据式(4-26)、式(4-27)和式(4-28),一个由 n 种证券构成的套利组合为了最大化其预期收益率,必须是下列模型的解:

$$\begin{cases} \max R_p = x_1 R_1 + x_2 R_2 + \cdots + x_n R_n \\ \text{s.t.} \quad x_1 + x_2 + \cdots + x_n = 0 \\ \quad\quad x_1 b_1 + x_2 b_2 + \cdots + x_n b_n = 0 \end{cases} \tag{4-30}$$

其中,x_i 是证券 i 在套利组合中的权重,R_i 是证券 i 的预期收益率,R_p 是套利组合的预期收益率,β_i 是证券 i 对因素 F 的敏感性。

模型(4-30)是一个单目标的线性规划模型,我们可以用单纯型法求解,但为了讨论的方便,我们还是用 Lagrange 乘子法来对该线性规划模型进行求解。

首先构造 Lagrange 乘子函数:

$$L = x_1 R_1 + x_2 R_2 + \cdots + x_n R_n - \lambda_0 (x_1 + x_2 + \cdots + x_n) - \lambda_1 (x_1 b_1 + x_2 b_2 + \cdots + x_n b_n)$$

由多元微积分知识,我们知道,上述有约束的极值问题(4-29)的解满足:

$$\frac{\partial L}{\partial \lambda_0} = 0, \quad \frac{\partial L}{\partial \lambda_1} = 0, \quad \frac{\partial L}{\partial x_i} = 0 \quad (i = 1, 2, \cdots, n)$$

从 Lagrange 乘子函数对 x_i 的一阶偏导数为 0,可以得到:

$$R_i - \lambda_0 - \lambda_1 b_i = 0$$

即

$$R_i = \lambda_0 + \lambda_1 b_i \tag{4-31}$$

式(4-31)就是单因素模型下套利定价理论的资产定价方程,也称为单因素套利定价模型,其中 λ_0 和 λ_1 是两个待估计的常数。

可以看出,单因素模型下套利定价理论的资产定价方程(4-31)是一个直线方程,这意味着在均衡时,证券的预期收益率和敏感性之间存在一个线性关系。

在单因素套利定价模型(4-31)中出现的常数 λ_0 和 λ_1 有没有经济学意义的解释呢?

我们知道,无风险证券的预期收益率是一个常数——无风险利率 r_f,而且对任何因素的敏感性都是 0,所以,由式(4-31),我们有:$\lambda_0 = r_f$。

就 λ_1 而言,我们来考察一个纯因素的证券组合 P^*,它对因素 F 具有单位敏感性,即 $b_{p^*} = 1$,由式(4-31)可知,$R_{p^*} = \lambda_0 + \lambda_1 b_{p^*} = r_f + \lambda_1$,即 $\lambda_1 = R_{p^*} - r_f$。于是,$\lambda_1$ 是单位敏感性的组合的预期收益率中超出无风险利率的部分,被称为因素风险溢价或因素预期收益率溢酬。如果用 $\delta_1 = R_{p^*}$ 表示对因素具有单位敏感性的证券组合的预期收益率,则 $\lambda_1 = \delta_1 - r_f$。

得到常数 λ_0 和 λ_1 的值,我们就可以得到单因素套利定价模型的具体表达式:

$$R_i = r_f + (\delta_1 - r_f) b_i \tag{4-32}$$

单因素套利定价模型(4-32)表明:任何一种证券或证券组合的预期收益率都由两部分

组成,一部分是无风险利率 r_f,另一部分是风险补偿。风险补偿由证券或证券组合对因素的敏感性和因素预期收益率溢酬共同决定,我们把这种风险补偿称为该证券或组合的因素风险溢酬。

三、多因素套利定价模型

出于简化分析过程的目的,单因素套利定价理论假定证券的收益率生成是由单因素模型表示的,这与现实存在一定的差距。一个更普遍的假设是证券的收益率是由多因素模型生成的:

$$r_{it} = \alpha_i + b_{i1}F_{1t} + b_{i2}F_{2t} + \cdots + b_{im}F_{mt} + \varepsilon_{it} \tag{4-33}$$

根据式(4-26)、式(4-27)和式(4-28),一个由 n 种证券构成的套利组合为了最大化其预期收益率,必须是下列模型的解:

$$\begin{cases} \max R_p = x_1 R_1 + x_2 R_2 + \cdots + x_n R_n \\ \quad\quad x_1 + x_2 + \cdots + x_n = 0 \\ \quad\quad x_1 b_{11} + x_2 b_{21} + \cdots + x_n b_{n1} = 0 \\ \text{s.t.} \quad x_1 b_{12} + x_2 b_{22} + \cdots + x_n b_{n2} = 0 \\ \quad\quad\quad\quad\quad\quad \vdots \\ \quad\quad x_1 b_{1m} + x_2 b_{2m} + \cdots + x_n b_{nm} = 0 \end{cases} \tag{4-34}$$

其中,x_i 是证券 i 在套利组合中的权重,R_i 是证券 i 的预期收益率,R_p 是套利组合的预期收益率,b_{im} 是证券 i 对因素 F_m 的敏感性。

模型(4-34)与模型(4-30)一样,也是一个单目标的线性规划模型。当然在给出 b_{im} 和 R_i 的具体数值后,我们可以容易地用单纯型法求出该模型的解。但为了讨论的方便,我们还是与模型(4-30)一样采用 Lagrange 乘子法来对该线性规划模型进行求解。

我们构造 Lagrange 乘子函数:

$$\begin{aligned} L = &x_1 R_1 + x_2 R_2 + \cdots + x_n R_n \\ &- \lambda_0 (x_1 + x_2 + \cdots + x_n) \\ &- \lambda_1 (x_1 b_{11} + x_2 b_{21} + \cdots + x_n b_{n1}) \\ &- \lambda_2 (x_1 b_{12} + x_2 b_{22} + \cdots + x_n b_{n2}) \\ &\quad\quad\quad\quad\quad\quad \vdots \\ &- \lambda_m (x_1 b_{1m} + x_2 b_{2m} + \cdots + x_n b_{nm}) \end{aligned}$$

由多元微积分知识,我们知道,上述有约束的极值问题(4-33)的解满足:

$$\frac{\partial L}{\partial x_i} = 0 \quad (i = 1, 2, \cdots, n)$$

$$\frac{\partial L}{\partial \lambda_j} = 0 \quad (j = 0, 1, 2, \cdots, m)$$

从 Lagrange 乘子函数对 x_i 的一阶偏导数为 0,可以得到:

$$R_i - \lambda_0 - \lambda_1 b_{i1} - \lambda_2 b_{i2} - \cdots - \lambda_m b_{im} = 0$$

即

$$R_i = \lambda_0 + \lambda_1 b_{i1} + \lambda_2 b_{i2} + \cdots + \lambda_m b_{im} \tag{4-35}$$

式(4-35)就是多因素模型下套利定价理论的资产定价方程,也称为多因素套利定价模型,其中 $\lambda_0, \lambda_1, \lambda_2, \cdots, \lambda_m$ 是 $m+1$ 个待估计的常数。

可以看出,多因素模型下套利定价理论的资产定价方程(4-35)也是一个直线方程,这意味着在均衡时,证券的预期收益率和它对各因素的敏感性之间存在一个线性关系。

与单因素套利定价模型类似,我们也可以得到常数 $\lambda_0, \lambda_1, \lambda_2, \cdots, \lambda_k$ 的具体经济学含义。

首先,无风险证券的预期收益率是一个常数——无风险利率 r_f,而且对任何因素的敏感性都是 0,所以,由式(4-34)有 $\lambda_0 = r_f$。

其次,就 $\lambda_i (i=1,2,\cdots,m)$ 而言,我们考察纯因素的证券组合 P_i^*,它对因素 F_i 具有单位敏感性,即 $b_{p*i}=1$,而对其他因素没有敏感性,即 $b_{p*j}=0 (j \neq i)$。则由式(4-35)可知:

$$R_{p*i} = \lambda_0 + \lambda_1 \beta_{p*1} + \cdots + \lambda_i \beta_{p*i} + \cdots + \lambda_k \beta_{p*k} = \lambda_0 + \lambda_i = r_f + \lambda_i$$

即 $\lambda_i = R_{p*i} - r_f$。于是,$\lambda_i$ 是对因素 F_i 具有单位敏感性而对其他因素没有敏感性的证券组合的预期收益率中超出无风险利率的部分,被称为因素 F_i 的风险溢价或因素 F_i 的预期收益率溢酬。如果用 $\delta_i = R_{p*i}$ 表示对因素 F_i 具有单位敏感性而对其他因素没有敏感性的证券组合的预期收益率,则有:

$$\lambda_i = \delta_i - r_f \quad (i=1,2,\cdots,m)$$

在得到常数 λ_0 和 $\lambda_1, \lambda_1, \cdots, \lambda_m$ 的值之后,我们就可以得到多因素套利定价模型的具体表达式:

$$R_i = r_f + (\delta_1 - r_f) b_{i1} + (\delta_2 - r_f) b_{i2} + \cdots + (\delta_k - r_f) b_{im} \tag{4-36}$$

多因素套利定价模型(4-36)表明:任何一种证券或证券组合的预期收益率都由两部分组成,一部分是无风险利率 r_f,另一部分是风险补偿。风险补偿由证券或证券组合对 k 个因素的敏感性和各因素的预期收益率溢酬共同决定,我们把这种风险补偿称为该证券或组合的因素风险溢酬。

出于简化分析过程的目的,单因素套利定价理论假定证券的收益率生成过程是由单因素模型表示的,这与现实存在一定的差距。我们可以很容易联想到实际中存在许多在经济周期中能影响证券收益的因素,如利率波动、通货膨胀等。因此,我们需要推导一个更普遍、包含多种风险来源的多因素套利模型。

思考题

第五章
资产证券化

 本章要点

1. 抵押担保证券的概念及现金流分析。
2. 资产证券化的原理与基本流程。
3. 资产证券化的种类与现金流分析。
4. 资产证券化的风险分析。

第一节　抵押贷款与抵押担保证券

【案例 5-1】

2013 年 5 月 16 日桐乡市城市建设投资有限公司发行 7 年期固定利率债券,共筹集资金 13 亿元,以企业合法拥有的 8 宗土地使用权作为抵押,共计 365311.46 平方米,经鹏元资信评估有限公司评定债券信用等级为 AA+级,票面年利率为 Shibor(上海银行间同业拆放利率)基准利率加上基本利差,基本利差区间为 1.7%~2.2%,每年付息一次,分期偿还本金,从第 3 年开始至第 7 年,每年偿还 20% 本金。桐乡市城投公司发行的这种债券属于何种融资工具?

【案例 5-2】

中国农业银行股份有限公司于 2021 发行了"农盈汇寓 2021 年第一期个人住房抵押贷款资产支持证券",共筹集约 200 亿元人民币,以 92358 笔个人住房抵押贷款作为基础资产,总计贷款合同金额约 302 亿元人民币,农业银行将该证券划分成了三个档次:优先 A-1 档、优先 A-2 档、优先 A-3 档,信用评级均为 AAA。为什么到期收取的合同总金额为 302 亿元人民币,但农业银行却要将其用于发行证券化产品,以筹集远低于贷款合同总金额的 200 亿元人民币?这样做对农业银行有什么好处?

随着企业发展规模日益扩大,融资需求也逐步上升,融资方式主要包括债务融资、股权融资、自有资金补足等,而债券作为债务融资工具之一,在企业发展中起着重要作用。债券是一种金融契约,面向投资者发行,是一种承诺按一定利率支付利息并按约定条件偿还本金的债权债务凭证。与银行存款不同的是,债券的投资者可以是机构投资者,也可以是个人投资者,还可以是银行。投资者的来源更加丰富,能够筹集到的资金规模更大,时间更长,且可在二级市场进行交易,交易方式更灵活。

按照是否具有担保的方式来划分,债券可分为抵押债券和无抵押债券(即信用债券)。在市场风险偏好上升时,投资者更愿意购买无抵押债券,获取更高收益;而当市场风险偏好下降时,企业融资渠道受限,投资者偏谨慎,此时抵押债券则会更加受到市场欢迎。

一、抵押贷款

抵押担保证券一般是以抵押贷款为基础发行的,因此,要讨论抵押担保证券,必须先要对抵押贷款有所了解。

抵押贷款是以不动产作为担保,并以系列还款为保证而设立的贷款。这些不动产的作用是保证贷款的偿还,即当债务人无法按期偿本付息时,债权人有权针对抵押资产行使抵押权,从其处置所得中获取优先受偿权。

一般抵押贷款合约包括抵押利率(即合约利率)、贷款金额、抵押资产的相关界定、贷款期限、利息和本金的偿付方式等。

二、抵押担保证券——资产证券化的基础

抵押担保证券(mortgage bonds)是指证券发行人在发行一笔证券时,以证券发行人的部分财产作为抵押,形成抵押池,一旦证券发行人出现偿债困难,为保证投资者的利息和本金的支付,投资者可以对抵押担保人提供的抵押池中的抵押物行使抵押权,出卖这部分财产以尽可能多地回收更多的支付数额。

如案例 5-1 中桐乡市城市建设投资有限公司发行的债务融资工具正是我们这里所说的抵押担保证券,以土地使用权这类不动产作为抵押物提供担保,日后公司若发生违约行为无法偿付债务,则会通过对土地使用权行使抵押权来清偿债务。

抵押担保证券一般由两个部分组成:抵押契约或信托契约、本票。抵押契约即作为票据偿还担保品的不动产,信托契约则是委托人转给受托人,由受托人按照签订的契约进行管理和处置的资金或财产。本票是一种付款承诺,是到期日贷款人无条件支付一定金额给借款人的票据,票据上会标明偿还的金融条款,以及贷款人和借款人的权利和利益。

抵押担保证券按照担保方式可划分为"限额抵押"和"可加抵押",又称"封闭式担保"和"开放式担保"。"限额抵押"指的是一项抵押物只能够用于发行一次证券,不得再用于发行同一等级债券的抵押物,但可发行索偿顺序更低的证券;"可加抵押"指的是当抵押品价值

很大时,可以将抵押物评估价值后分为若干次抵押,按抵押权登记的先后顺序依次分为一级抵押权、二级抵押权、三级抵押权等,其索偿顺序则从一级抵押权开始由高自低,索偿顺序越靠后,其风险越高。

资产证券化是指企业或金融机构将能够产生现金收益的资产进行组合,形成基础资产,发起人将基础资产转移给特殊目的载体(SPV)来实现破产隔离,然后再由该特殊目的载体(SPV)创立一种以该基础资产产生的现金流为支撑的证券产品。

由此可见,由于资产证券化产品对投资者的现金流偿付是以其基础资产组合的现金流作为抵押支撑的,具备抵押担保证券的性质,以一定的资产作为抵押,以担保日后本金和利息的偿付,因此,抵押债券是资产证券化的基础。此外,资产证券化这一金融创新产品的由来与美国住房抵押贷款市场有关,可以说资产证券化是为适应时代发展需求和经济发展背景而衍生出来的一种金融创新型的抵押债券。

三、抵押池

抵押池指的是资产证券化过程中由基础资产组建成的资产池,是资产证券化的首要环节。资产原始持有人根据自身融资需求来确定用于证券化的资产,并通过对其未来现金流进行清理、分析和估价,确定可以被证券化的资产数额,将其汇集成一个抵押池,作为证券化的标的。

抵押池中的资产一般具有以下特征:有可预期的稳定现金流;具有良好的信用记录;与基础资产相关的信息易于获取;基础资产之间具有同质性;基础资产的债务人分布广泛;基础资产抵押物的质量较高;基础资产具有套利性。

1. 有可预期的稳定现金流

是否具备可预期的现金流主要取决于:是否有足够的现金收入来满足合同约定的利息支付;是否有足够的现金累积来满足产品到期时的本金偿付。由于资产证券化并非实物证券化,而是以实物资产产生的现金流作为证券化的基础,因此抵押池中的资产应当具备稳定性和可预测性的特质,从而保证证券化产品的本息偿付。

2. 具有良好的信用记录

这里是指资产的原始持有人在持有该基础资产期间,违约率和损失率稳定且处于一个较低水平,同时也需要有一套成熟的统计方法来计量基础资产的风险,预测损失发生概率。

3. 与基础资产相关的信息易于获取

基础资产应当在社会经济生活中具有广泛的应用,为公众所知。信息披露应当尽可能完善,降低投资者与发行人之间的信息不对称程度,从而加强投资者对该证券化产品的信赖,同时也有助于评级机构进行评级。

4. 基础资产之间具有同质性

同质性是指基础资产在现金流结构、违约风险、期限结构、收益等方面具有相似或一致性,这是构建抵押池用以发行证券化产品的关键所在,同时也是评级机构做出准确评级、投资者做出准确投资决策的基础。

5. 基础资产的债务人分布广泛

基础资产的债务人在地域和人口分布上要尽可能分散,这样做可以降低偶发因素、区域性的经济波动带来的违约风险的可能性,从而降低证券的风险。需要注意的是,这里的"债务人"指的是原始持有人在持有该基础资产时对应的债务人,并非指该证券化产品的发行方。

6. 基础资产抵押物的质量较高

较高质量的抵押物通常具备市场需求大、抵押物的市场流动性好、市场价格较为稳定且可预测、抵押物对原始债务人有较高的效用等特征,从而债务人的违约风险低、抵押物的账面价值高于一定比率的该抵押物作价估值的金额。

7. 基础资产具有套利性

当基础资产的未来现金流入能够支付本息和手续费时,才能够确保发行方的套利行为可行,这个证券化产品才是有意义的。

四、资产证券化产生的渊源

(一) 直接动因

改善金融机构经营状况是资产证券化的直接动因。资产证券化最早出现于20世纪70年代美国的住房抵押贷款市场。

在20世纪70年代以后,美国通货膨胀严重,市场利率不断上升,储蓄机构必须将利率提高到尽可能高的水平才能吸引存款,然而他们却不能够提高已经发放出去的住房抵押贷款利率,对新发放的住宅抵押贷款的高利率又限制了贷款的需求,使得储蓄机构无法通过提高贷款平均收益率来弥补吸收的高成本存款,利差收入在不断缩小,经营绩效也在不断恶化。到20世纪70年代,储蓄贷款协会整个行业的全部资产收益仅为0.6%,负债率加之20世纪80年代初经济衰退期间的大量贷款拖欠引起的损失,使储蓄贷款协会财务状况急剧恶化,全部储蓄机构都面临着严重的利率风险和生存危机,破产数量急剧增加。

为了改变上述经营困境,提高生存能力,储蓄信贷机构迫切需要通过业务创新来出售长期住房抵押贷款,调整资产负债结构,分散经营风险,在政府住房贷款机构的支持下,住房抵押贷款证券化诞生了。

(二) 外部动因

政府监管放松是资产证券化的外部动因。在20世纪30年代至70年代,各国金融监管遵循的是对金融业实行严格监管的规则,用以避免银行倒闭和由此产生的对整个社会和储户的利益损害,同时也能够防止金融垄断给经济活动带来不平等竞争和使商业银行存款货币的创造符合中央银行货币的政策意图。对金融业的严格监管在一定程度上也降低了金融体系的风险,保持了金融业的稳定,同时也降低了金融业对市场变化的适应能力。在20世纪60年代以后,在通货膨胀率持续上升、资本市场快速发展和经济衰退的压力下,银行业经营状况日渐下滑,破产倒闭的数量也不断增加,而此时得益于政府对金融监管的放松,极大地促进了银行业务的创新,而资产证券化、衍生金融工具的交易也先后出现并蓬勃发展,称为金融创新的重要组成部分之一。

五、我国资产证券化业务的发展历程

（一）早期探索阶段（20世纪90年代初）

中国资产证券化萌芽于20世纪90年代初，1992年三亚市开发建设总公司以预售地产的销售权益作为基础资产，发行了2亿元人民币的地产投资证券；1996年珠海高速公路有限公司以高速公路收费权作为基础资产，在美国发行了资产担保债券。2004年中国工商银行采用资产证券化的方式共计处理了26.02亿元不良贷款，这也是中国商业银行首次尝试以资产证券化的方式来处置不良贷款。在此阶段，为了进一步推动我国资本市场的完善和发展，扩大直接融资的币种，优化银行资产负债表结构，促进金融创新，我国金融机构借鉴欧美等发达国家的经验进行探索，并于2004年国务院出台了《国务院关于推动资本市场改革开放和稳定发展的若干意见》，其中要求"建立以市场为主导的品种创新机制。研究开发与股票和债券相关的新品种及其衍生品。加大风险较低的固定收益类证券产品的开发力度，为投资者提供储蓄替代型证券投资品种。积极探索并开发资产证券化品种"。而2005年3月21日人民银行召开的信贷资产证券化试点协调小组第一次会议，标志着我国资产证券化试点工作的正式启动。

（二）试点阶段（2005—2008年）

我国资产证券化的试点阶段，又分为两个时段，一是初步试点阶段（2005—2006年），二是扩容阶段（2006—2008年）。

2005年由人民银行与中国银行业监督管理委员会（简称银监会）联合发布了《信贷资产证券化试点管理办法》，适用于中国境内，以银行业金融机构为发起机构，将信贷资产信托给受托机构，再由受托机构将信托资产以资产支持证券的形式向投资机构发行，正式进入了由政府指导的试点阶段，其间各类信贷资产证券化产品涌现，但是总体规模一直较小。在首轮试点期间，共有两家银行采取信托方式来发起设立资产支持证券，分别是"建元2005-1个人住房抵押贷款支持证券""2005年第一期开元信贷资产支持证券""2006年开园第一期信贷资产支持证券"。虽然试点总体进展顺利，但由于资产证券化结构复杂，涉及面较广，在试点过程中也暴露了一些问题，比如，合格机构投资者范围不够宽、信息披露不够充分、资产支持证券信用评级公信力不够强等，为后续资产证券化产品市场的发展和完善提供了指引方向。

2006年7月27日人民银行组织召开信贷资产证券化试点工作协调小组办公室成员会议，研究探讨积极稳妥审慎推进信贷资产证券化的相关工作安排，继续扎实推进信贷资产证券化试点工作。人民银行与银监会于2007年1月9日联合报送了《关于稳步扩大信贷资产证券化试点工作的请示》，提出要扩大试点机构和发行规模。在扩容阶段，国内共发行了538.56亿元资产支持证券，使得信贷资产证券化产品市场初具规模，成为债券市场的重要组成部分之一。

（三）停滞阶段（2008—2012年）

2008年8月，美国房贷市场的"房利美"和"房地美"股价暴跌，使持有其发行的债券的金融机构承受巨额亏损,随之而来的则是两大顶级投行雷曼兄弟破产、美林银行被收购的问题,全球性的金融危机爆发,利率与汇率的急剧变化使银行业受到严重打击,次贷危机带来的风险经由金融领域传至实体经济,华尔街对金融衍生产品的滥用和美联储对次贷危机的估计不足使得此次金融风险失控。在此次金融危机期间,国内资产证券化的试点受到了较大的舆论压力,甚至不少人开始质疑资产证券化的理论逻辑,资产证券化产品的发行方也因此无法找到合适的投资者筹集资金,使得国内的资产证券化试点变得更加谨慎,国内相关部门和市场参与机构也充分反思并消化了美国资产证券化模式的利弊。由于我国当时的金融风险防范能力还不强,2009年我国召开会议,宣布暂停资产证券化业务试点,我国资产证券化业务停滞不前。

(四)重启阶段(2012年以后)

2012年5月17日,全球经济复苏,人民银行、银监会联合财政部发布《关于进一步扩大信贷资产证券化试点有关事项的通知》,标志着我国沉寂了三年半的资产证券化业务重启,进入新一轮发展阶段。这一轮试点重启的目的是服务实体经济,同时也对金融改革、发展和创新有重要意义。2012年9月7日,国家开发银行成功发售了101.66亿元信贷资产支持证券,成为资产证券化试点重启后的第一单交易。

在《关于进一步扩大信贷资产证券化试点有关事项的通知》中,从基础资产、机构准入、风险自留、信用评级、资本计提、会计处理、信息披露、投资者要求中介服务等方面均对资产证券化项目做出了要求,比如在基础资产方面,明确规定了信贷资产证券化产品结构要简单明晰,在扩大试点阶段禁止进行再证券化、合成型资产证券化产品试点;在风险自留方面要求信贷资产证券化的发起机构应当持有由其发起的每一单资产证券化中的最低档次资产支持证券的一定比例,原则上不得低于全部资产支持证券发行规模的5%,且持有期限不得低于最低档次证券的存续期限,防范发起机构的道德风险;在信用评级方面则要求资产支持证券投资者建立内部信用评级体系,减少对外部评级的依赖,减少信用评级机构公信力下降带来的市场波动;在信息披露方面则要求投资人及时、准确、真实、完整地披露资产证券化业务信息,更加重视以信息披露为核心的金融市场监管;最后,在投资者方面限定了银行业金融机构购买单只资产支持证券的比例不得超过其发行规模的40%,尽可能将信用风险进行分散,避免集中化。由此可见,在金融危机过后,国内在重启资产证券化业务时的相关的制度也更为完善,对风险的管控、投资者的利益保障等方面均有提高。此后至今,我国资产证券化业务蓬勃发展。

六、我国资产证券化产品推出的缘由

(一)资本充足率的要求

我国首个资产证券化的试点从银行业开始。

《巴塞尔协议Ⅲ》中的变化体现在要求对各成员国商业银行在配置最低资本金时要能够更加全面、敏感地反映资产的风险程度。要求在原先仅限于银行资产信用风险的基础上扩展至市场风险和操作风险领域;除了使用标准法来对风险进行度量以外,还鼓励各个成

员国银行使用更加贴切的内部评级法,而这些必然会对资产质量欠佳的我国银行业提出了更高的资本金要求。而国际经验表明,资产证券化具有资本释放的功能,商业银行在不断增加资本成本和负债的情况下,通过将现有资产变现,释放出一部分资本金,能够改善商业银行的资本结构,提高资本充足率。

(二)提高商业银行的资产质量

长期以来,由于计划经济和银行管理机制等多种原因,我国银行业积累了大量的不良贷款,高企不下的不良贷款率将会对我国金融系统的稳定形成较大威胁,损害我国银行业的国际竞争力和国际商誉。如何通过市场机制来解决不良资产比率过高,成了我国银行业亟待解决的问题。欧美和日本、韩国银行利用资产证券化来处理银行不良资产的成功经验,为我国商业银行提供了良好借鉴,使中国商业银行找到了一个良好的市场运作方式,以解决我国商业银行不良资产问题。

(三)有助于商业银行市场化运作

资产证券化有利于增强商业银行资产的流动性,而流动性是商业银行保持安全性和营利性的前提,同时也是商业银行经营管理的精髓所在。传统商业银行在资产负债结构上多数存在短贷长投的现象,使银行资产负债的流动性失去平衡。通过利用资产证券化这一金融创新产品,首先,商业银行能够将流动性较差的资产转化为可以交易的证券,在不改变负债、不减少利润的情况下,提高了资产的流动性;其次,资产证券化也有助于商业银行分散贷款组合的非系统性风险,长期来看,传统商业银行的客户一般都局限于某一稳定的地域和行业,而维持稳定的关系有助于减少单个贷款的信用风险;最后,资产证券化也同样有利于银行重新组合资产结构,降低贷款的非系统性风险。例如案例5-2中的中国农业银行,将个人住房抵押贷款作为证券化的基础资产,能够提前收回贷款本金。个人住房抵押贷款的贷款期限一般较长,要全部收回金额可能需要一段比较长时间的等待,而当农业银行将其作为抵押池中的基础资产时,能够提高商业银行的资产流动性,维持正常的经营活动。

(四)促进资本市场的发展

资产证券化增加了我国资本市场上融资工具的可选择性,还可以使由于自身信用级别较低而不能进入资本市场直接融资的企业拓宽了融资渠道。同时,企业可以利用资产证券化融资成本相对较低的特点来剥离不适合企业长期战略需求的资产,从而筹集到大量的资金,以便进行资产重组和并购,实现资本的优化配置。

七、资产证券化产品的类型

按照资产证券化的资产类型来划分,证券化产品可以分为房地产类产品和非房地产类产品两大类,房地产类产品统称为"抵押贷款证券(MBS)",非房地产类产品统称为"资产支持证券(ABS)"。

在抵押贷款证券(MBS)中,按照房地产用途来划分,又可以包括住房抵押贷款支持证券(RMBS)和商用房地产抵押贷款支持证券(CMBS)。此外,在这两者的基础上还有两种创新品种,即担保抵押证券(CMO)和剥离式抵押债券(SMBS)。

在资产支持证券(ABS)中,根据资产类型来划分,又可以包括贸易应收款证券化、信用卡应收款证券化、汽车消费贷款证券化、基础设施收费证券化、设备租赁费证券化、基础设施收费证券化、门票收入证券化、俱乐部会费收入证券化、保费收入证券化、中小企业贷款支撑证券化、知识产权证券化、学生贷款证券化等。此外,与担保抵押证券(CMO)类似的模式,资产支持证券(ABS)还有一种创新的模式,即担保债务凭证(CDO);而在资产支持证券(ABS)的模式基础上又出现了一种与它类似的证券化产品——资产支持票据(ABN),ABN与ABS有许多相似之处,但又有所区别。

最后,在更广义的证券化产品中,还包括房地产信托投资基金(REITs)。

由此可见,资产证券化产品由最开始的住房抵押贷款证券(MBS)现已发展成各种不同类别的证券化产品,满足不同的融资需求和投资需求。

第二节 抵押债券现金流分析

【案例 5-3】

A公司在2020年9月以多套自有房地产作为抵押物,向投资者发行了1年期、面值为100元的债券,票面年利率为9%,总计筹集了10万元资金,债券以固定利率抵押支付方式偿还,在付款期限内每个月偿还固定金额。A公司发行的这个抵押债券,未来的现金流偿付计划是什么样的?

【案例 5-4】

B公司在2019年以多宗商业用地的土地使用权作为抵押物,向投资者发行了1年期、面值为100元、票面年利率为8%的债券,总计筹集了15万元资金,债券以固定利率抵押支付方式偿还,在付款期限内每个月偿还固定金额。同时B公司发行了提前支付期权,期权费为1000元。B公司提供提前支付期权的目的是什么?

抵押债券以债券发行人的部分财产作为抵押担保,降低了违约风险带来的损失。由于在中国市场中,债券的票面面值规定为100元或1000元,因此,发行人在确定发行期限和票面利率的同时,会根据不同的票面利率和期限来进行现金流分析,从而确定最终的票面利率与期限;而投资者在对抵押债券进行投资时,一方面会考虑抵押物的价值和变现能力,另一方面则会通过现金流分析来对债券进行估值,从而做出相应的投资决策。因此,抵押债券的现金流分析是债券发行过程中至关重要的一个环节,影响债券发行成本、筹得资金规模以及投资者的预期收益,一个无法进行现金流预测的债券也难以受到投资者的青睐。

抵押债券现值应该是每期还款额的贴现值加总。用n表示抵押债券的还款期数,MP_t

表示第 t 期还款额，r_t 表示第 t 期利率，MB_0 表示债券现值，则有：

$$MB_0 = \sum_{t=1}^{n} \frac{MP_t}{(1+r_t)^t} \tag{5-1}$$

因为抵押债券的每期利率都是固定不变的，记为 i，所以式(5-1)变成：

$$MB_0 = \sum_{t=1}^{n} \frac{MP_t}{(1+i)^t} \tag{5-2}$$

在这里，$1/(1+i)^t$ 称为第 t 期贴现率。

一、固定利率抵押支付——等额还款

传统抵押债券是固定利率抵押支付的形式计算每期还款额，这也是不动产融资最常用的摊还方式，其还款方式是将贷款本息在贷款期间内均匀分摊，使得每期的偿付额相同。此种贷款后每期按固定金额偿付本金及利息。

固定利率抵押支付具有特定的分期付款期限，贷款期内每期偿还金额固定不变（即 MP_t 是一个不变的数，始终相等，记为 MP），其中包含本金和利息。虽然每期偿还金额相等，但本金和利息的相对比例却不断在发生变化。在偿还贷款的初期，利息支付所占实际偿还金额的比例较大，随着偿还期数的增加、未偿还本金金额的减少，利息支付所占比例会逐渐降低。固定利率抵押支付属于年金性质，对借款人而言，较易掌控其资金调度。

如果抵押贷款采用固定利率抵押支付方式按月还款，那么每月还款额是由两部分组成的：一是利息部分，以抵押贷款的年利率除以 12，再乘以上月的未偿还余额；二是本金部分，由固定还款额减去利息。

由式(5-2)，采用固定利率抵押支付方式按月还款的抵押债券现值为：

$$MB_0 = \sum_{t=1}^{n} \frac{MP}{(1+i)^t} = MP \sum_{t=1}^{n} \frac{1}{(1+i)^t} = MP \left[\frac{(1+i)^n - 1}{i(1+i)^n} \right] \tag{5-3}$$

因此，采用固定利率抵押支付方式按月还款的每期还款额是：

$$MP = MB_0 \left[\frac{i(1+i)^n}{(1+i)^n - 1} \right] \tag{5-4}$$

结合案例 5-3，债券采用固定利率抵押支付方式以月为单位进行偿还，由于债券期限为 1 年，本金为 10 万元，票面年利率为 9%，所以月利率 i 为 0.75%。由式(5-4)计算得出每期应偿还的固定金额为 8745.15 元，因此，每期偿还的本金和利息分别是：

每月偿付利息金额＝剩余本金×0.75%

每月偿付本金金额＝每月偿付本金和利息之和－每月偿付利息金额

第一年的现金流偿付情况如表 5-1 所示。

表 5-1　A 公司固定利率抵押支付现金流分析

月份	期初剩余本金(元)	本期偿还金额(元)	本期偿还利息(元)	本期偿还本金(元)
1	100000.0	8745.15	750.00	7995.15
2	92004.85	8745.15	690.04	8055.11
3	83949.74	8745.15	629.62	8115.53

续表

月份	期初剩余本金(元)	本期偿还金额(元)	本期偿还利息(元)	本期偿还本金(元)
4	75834.21	8745.15	568.76	8176.39
5	67657.82	8745.15	507.43	8237.72
6	59420.10	8745.15	445.65	8299.50
7	51120.60	8745.15	383.40	8361.75
8	42758.85	8745.15	320.69	8424.46
9	34334.39	8745.15	257.51	8487.64
10	25846.75	8745.15	193.85	8551.30
11	17295.45	8745.15	129.72	8615.43
12	8680.02	8745.15	65.10	8680.05
合计		104941.80	4941.77	100000.03

根据表 5-1,我们可以看到,每期偿还金额中利息部分所占比例不断下降,而偿还本金的比例则在不断上升,同时本金余额随着支付期数的累积而逐步减少,在最后一笔还款支付完毕后,本金余额为零。

由于抵押债券的还款过程可以看作针对年金的求现值过程,故将式(5-3)中的 $\frac{(1+i)^n-1}{i(1+i)^n}$ 称为年金现值系数,记为 PA,

$$PA = \left[\frac{(1+i)^n-1}{i(1+i)^n}\right]。 \tag{5-5}$$

二、提前支付期权

机构可以向外发行一种"提前支付期权",购买这种期权合约的借款人具有在合同到期前任一月份提前偿付借款的权利;而没有购买提前支付期权合约的则不允许提前偿付,从而将资金借入方对提前偿付风险的防范由被动转为主动。

结合案例 5-4,债券采用固定利率抵押支付方式以月为单位进行偿还,由于票面年利率为 8%,因此其月利率为 $i=0.67\%$,另外,债券现值是 15 万元,据此我们可以根据式(5-4)计算得出每期偿还金额、每月应偿还的利息和本金。

$$\text{每期偿还金额(MP)} = \frac{\text{债券现值}}{\text{PA}} = 150000 \times \frac{0.08(1+0.08)^{12}}{(1+0.08)^{12}-1} = 13048.3(元)$$

故

$$\text{每月偿付利息金额} = \text{剩余本金} \times 0.67\%$$

$$\text{每月偿付本金金额} = \text{每月偿付本金和利息之和} - \text{每月偿付利息金额}$$

在考虑购买提前支付期权时的现金流偿付情况如表 5-2 所示,投资者不购买提前支付期权时的现金流偿付情况如表 5-3 所示。

表 5-2 B 公司行权提前支付期权时的现金流分析

月份	期初剩余本金(元)	本期偿还金额(元)	本期偿还利息(元)	本期偿还本金(元)
0	150000.0	1000(期权费)		
1	150000.0	13048.3	1000.0	12048.3
2	137951.7	13048.3	919.7	12128.6
3	125823.1	13048.3	838.8	12209.4
4	113613.7	13048.3	757.4	12290.8
5	101322.9	13048.3	675.5	12372.8
6	88950.1	13048.3	593.0	12455.3
7	76494.8	13048.3	510.0	12538.3
8	63956.5	13048.3	426.4	12621.9
9	51334.6	13048.3	342.2	12706.0
10	38628.6	38628.6	0.0	38628.6
总计		157063.0	6063.0	150000.0

表 5-3 B 公司未购买提前支付期权时的现金流分析

月份	期初剩余本金(元)	本期偿还金额(元)	本期偿还利息(元)	本期偿还本金(元)
1	150000.0	13048.3	1000.0	12048.3
2	137951.7	13048.3	919.7	12128.6
3	125823.1	13048.3	838.8	12209.4
4	113613.7	13048.3	757.4	12290.8
5	101322.9	13048.3	675.5	12372.8
6	88950.1	13048.3	593.0	12455.3
7	76494.8	13048.3	510.0	12538.3
8	63956.5	13048.3	426.4	12621.9
9	51334.6	13048.3	342.2	12706.0
10	38628.6	13048.3	257.5	12790.7
11	25837.9	13048.3	172.3	12876.0
12	12961.9	13048.3	86.4	12961.9
合计		156579.2	6579.2	150000.0

将表 5-2 和表 5-3 进行对比,我们可以看到,在购买了提前支付期权并行权时,发行人的总偿付金额是低于未购买提前支付行权并行权时的,当提前支付时,由于投资者收取了提前支付期权费,从而使得最终偿付金额会大于不行使提前支付期权时的金额,这也印证了通过行使提前支付期权可以用于规避提前偿付风险,避免自身收益降低。

第三节　资产证券化原理与流程

【案例 5-5】

2020年10月1日中国工商银行股份有限公司发行了"工元乐居2020年第一期个人住房抵押贷款",以中海信托股份有限公司为发行人,证券主承销商为中信证券股份有限公司,资金保管机构为中国建设银行股份有限公司浙江省分公司,评级机构为中诚信国际信用评级有限责任公司和中债资信评估有限责任公司。此次工行发行的证券化产品的抵押池中基础资产为52304笔个人住房抵押贷款,合同总金额约为202.94亿元人民币,均为正常贷款,共计筹集约144.87亿元人民币,将证券划分为三个档,分别为优先A-1级、优先A-2级、次级。此次工行发行的个人住房抵押贷款支持证券的信用评级有什么特点?

【案例 5-6】

C银行于2019年发行了以一组房地产贷款作为基础资产的1年期住房抵押贷款证券,票面利率为6%,共计筹集金额70万元,采用固定利率的偿还方式,每月偿还固定金额60246.5元。由于A公司前三个季度的利润大增,决定在第10个月份时偿还70000元,高于原先计划的偿付金额。A公司此时的提前偿付行为会带来什么影响?

资产证券化最早起源于美国三大联邦抵押贷款机构:联邦国民抵押贷款协会(Fannie Mae)、政府抵押贷款协会(Ginnie Mae)和联邦住宅贷款抵押公司(Freddie Mae)。资产证券化是20世纪70年代以来国际金融领域最具影响力的金融创新之一,其结构和品种在不断创新和发展,基础资产种类也日渐多元化。资产证券化对经济发展的影响,随着经济一体化和金融全球化的趋势而日渐显著。

中国的资产证券化发展历程起源于1992年三亚地产的投资证券,以土地为发行标的,公开发行了2亿元投资证券。随后在金融监管部门的稳步推进和国有商业银行、国家政策性银行等金融机构的支持下,大力发展资产证券化业务,取得卓越成效,证券化品种日渐丰富,监管体系也日渐完善,资产证券化产品逐渐成为企业融资的工具之一。

一、资产证券化原理

资产证券化是指企业或金融机构将能够产生现金收益的资产进行组合,形成基础资产,将基础资产转移给特殊目的载体(SPV)来实现破产隔离,然后由该特殊目的载体创立一种以该基础资产产生的现金流为支撑的证券产品。

资产证券化的原理包括核心原理、资产重组原理、风险隔离原理和信用增级原理。

（一）核心原理

资产证券化的核心原理是对基础资产的现金流分析。由于证券资产风险大小的核心是基础资产是否能够带来稳定的现金收入，能够产生稳定预期现金流的资产，才能够根据现金流来进行估值，评级机构才能够对此进行评级，因此基础资产的现金流分析是资产证券化的核心和基础。现金流分析主要可以分为资产的估值、风险收益分析以及现金流结构分析。

1. 资产的估值

资产的估值可以采用现金流贴现法、相对估值法以及期权估值法。

现金流贴现法认为资产价值等于预期未来产生的现金流的现值之和；相对估值法则是根据收益、现金流、账面价值、销售额等变量，考察同类可比资产的价值，用以对该资产进行估值；期权估值法则是利用期权定价模型来估计有期权特性的资产的价值。

使用不同的估值方法，其结果会有所差异。选择合适的估值方法是现金流分析中的一个关键环节，需要结合基础资产现金流的特点、资产的性质和风险、投资者对这类资产的敏感度和偏好等因素。

2. 资产的风险收益分析

证券化产品的收益来源于基础资产产生的现金流。为了获取收益，资产的所有者需要承担相应的风险，比如以发放住房贷款的银行为例，资产的收益是贷款的本金和利息，但这种现金流的回收周期较长，而放贷资金大多来源于短期资金，有期限错配问题，从而使相关银行面临流动性风险、利率变动风险、信用风险等。而解决这类风险的其中一种方法是将期限较长、流动性较低的贷款进行证券化，尽快收回放贷资金，将风险转移给证券化产品的投资者，同时也把收益权让渡给他们。主要从怎样度量风险、怎样确定风险补偿方式和金额、风险承受能力等方面入手。

3. 现金流结构分析

基础资产产生的现金流在期限上、流量上的不同特征会直接影响以其为基础的证券的期限和本息的偿付特征，因此，在设计资产证券化产品时，必须以基础资产的现金流进行分析，在此基础上才能够设计出既符合基础资产的现金流特征，又能满足市场投资者需求的产品。

（二）资产重组原理

资产重组是指通过一定的方式和手段，将资产进行重新配置和组合。而在资产证券化业务中，资产重组原理的核心就是通过资产重新配置和组合来实现资产收益的重组和分割，构建一个合适的资产池，主要包括以下四个原理。

1. 最佳化原理

通过资产重组使基础资产的收益达到最佳水平，进而使发行证券的价值最佳化。

2. 均衡原理

资产重组应当在原持有人、投资者等利益相关者之间进行利益协调，减少证券发行的阻力，以达到各利益相关者利益均衡的目的。

3. 成本最低原理

资产重组的操作成本应当尽可能低,以达到成本最低化的目的。

4. 优化配置原理

根据边际收益递减规律,但边际收益与边际成本相等,在产出不变的情况下,各种资产相互组合或者替代不能够导致成本进一步降低的状态就是最优化配置的状态,资产投入的收益即达到最优状态。因此,资产重组不仅要提高资产利用效率,还要实现资源配置最优化,以促进可持续性发展。

资产重组是以达到发行证券价值最佳化、各利益相关者利益均衡化、资产重组操作成本最低化、资源配置最优化为目的的。

(三) 风险隔离原理

风险隔离的核心在于将基础资产与其他资产的风险进行隔离,目的是降低证券投资者的风险,提高资产运营效率。风险隔离的原理大致可以从两个方面入手:①将基础资产原始持有人不愿意承担的风险转移至愿意承担风险的投资者身上;②证券化产品的投资者只需要承担自身能力和意愿范围内的风险,并非基础资产的所有风险。而实现风险隔离的两个重要条件是真实出售和设立破产隔离的SPV。

1. 真实出售

对于真实出售的判断,主要包括资产转移时和资产转移后两个方面。

1) 资产转移时的真实出售

首先,发起人在签订资产转移合同时是基于真实的意愿表示,且要满足合同有效的其他几个有效构成要件,则资产转移合同有效,如果发起人是基于虚假意愿表示签订资产转移合同,仅在形式上贴上资产出售的标签,则不能视为其属于"真实出售";其次,被转移的相关资产应当以确定的方式出售给SPV,且该价格是公允的。由于资产证券化中还包含中介机构服务费用、相关管理费用、债务人违约风险等,因此,资产转移给SPV时通常是以折扣方式出售,应当充分考量各种费用因素,确定一个公允的转移价格。

2) 资产转移后的真实出售

首先,需要判断资产转移后发起人是否具备追索权。一般情况下,在不考虑其他因素时,如果资产转移后发起人不具备追索权,则可认为这是符合"真实出售"条件的,而在存在追索权的情况下除非是发起人的追索权没有超过以资产的历史记录为基础合理预期的资产违约率,则认为这个追索权是适度的,仍可构成"真实出售"。其次,如果发起人在资产转移后仍然享有收益和损失,即在资产获得收益时,发起人相应地获取利润分配,在资产损失时,发起人进行相应的亏损弥补,此时较难达到"真实出售"的目的。最后,当发起人担任基础资产管理的服务商时,需要确保发起人放弃对基础资产的控制,不得存在基础资产与发起人其他资产混同的风险,因此,需要确保SPV对收款账户有绝对控制权,具体体现为SPV拥有对所购买资产的账簿、会计记录、计算机数据资料的所有权,且SPV有权利随时更换服务商。

2. 破产隔离的SPV

SPV本身应当是破产隔离的,才能够确保资产证券化实现风险隔离。而SPV的破产风险来源于 SPV 的自愿破产和强制破产,因此,要实现 SPV 的破产隔离,则需要制约 SPV 自愿破产和强制破产。

1) SPV 自愿破产的制约

主要是针对 SPV 的治理结构、公司章程等条款进行相关的处理,比如当 SPV 被发起人控制时,应当要求 SPV 必须具备 1 名以上独立董事;又或者在公司章程中规定,除非出现资不抵债的状况,否则自愿破产的申请应当经过全体董事的同意;又或者通过股东大会一定比例的表决通过。

2) SPV 强制破产的制约

主要有两类方法:第一种是在公司章程中将经营范围限定于资产证券化业务,从而避免其他类型业务的索偿权带来的破产风险;第二种是限制非证券化业务的担保和负债。总结来说,即使避免 SPV 机构的业务中涉及与资产证券化业务相关以外的业务,也要尽可能地降低与之无关的破产风险,从而实现破产隔离。

(四)信用增级原理

在资产证券化的现实业务运作中,大多数资产证券化都会包含信用增级,否则证券投资者可能会承担流动性风险(即由于基础资产的现金流无法在预定时间内达到目标金额而产生的风险)。此时如果通过风险补偿的方式来弥补投资者的损失,会提高证券发行人的成本。通过信用增级这种方式,既可以获取信用和流动性的支持,又可以降低证券发行成本。

信用增级原理是指通过信用增级方式来保证和提高资产证券的信用级别,增加金融资产组合的市场价值。首先信用增级可以弥补发行者提供的条款与投资者需要的条款之间的差距,由于在资产证券化业务中,投资者的多元化需求与基础资产的信用条件难以完全吻合,为了吸引投资者并降低发行成本,需要对发行的资产证券化产品进行信用增级处理,进而提高证券的信用级别,缩小与投资者需求之间的差距,使证券的质量和现金流能够更好地满足投资者需求,通常也能够使资产证券化过程在会计制度、监管和融资目标方面达到初始目标;此外,信用增级后的证券,由于它的信用等级得到提升,增强了证券的流动性和安全性,有助于证券发售,如果资产证券化产品不进行信用增级,证券投资者可能需要承担一定的流动性风险,从而降低投资意愿,使得发起人无法筹集足够的资金。

信用增级的具体方式在后续章节中详细说明。

二、资产证券化流程

资产证券化一般按图 5-1 所示的流程进行运作,主要包括九大操作流程:构建资产池、设立特殊目的机构(SPV)、资产转移、信用增级、信用评级、发行与销售、获取发行收入、资产池管理、清偿证券。

由于商业银行通常会向借款人发放各类贷款,而其存在资本充足率、优化资本结构、优化资产流动性等需求,其资产证券化产品的发行需求更大,因此本节将以商业银行作为资产证券化产品的发行人来讨论证券化流程,如图 5-1 所示。

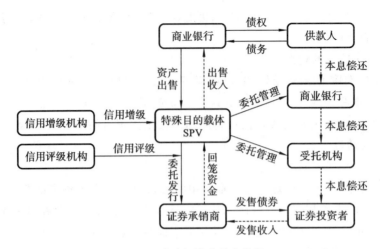

图 5-1 资产证券化基本流程

（一）确定基础资产并组建资产池

发起人在自身融资需求的基础上明确将要进行证券化的资产，必要时可将多种相似资产剥离，整合组建资产池。一般情况下资产池的组建需要借助专业机构的服务，专业服务机构对发起人被证券化的资产和其他资产进行法律上的剥离，使被证券化资产的未来现金流能够直接作为证券还本付息的保证。对于机构投资者来说，他们会着重关注基础资产的组合。因此，构建一个良好的资产池，对于顺利发行证券化产品，筹得所需资金来说是至关重要的。

如图 5-1 中，发起人是商业银行，将对借款人的债权作为基础资产，构建抵押池，以此为基础发行证券化产品。

（二）设立特别目的载体

特别目的载体（SPV）是专门为资产证券化而设立的特别法律实体，介于发起人与投资者之间，是证券化产品的真正发行人，确保能够实现基础资产与发起人之间的破产隔离。SPV 是基础资产的购买者和权利支配人，同时也是资产证券化产品的合法发行人，承担着确保证券按合同约定偿本付息的责任。此外，SPV 还需要根据基础资产的性质、发起人的融资需求以及投资者的意愿，确定相关证券化产品的种类、价格以及委托担保机构对证券进行信用增级，SPV 机构在资产证券化业务中起到核心作用。

首先是基础资产需要从原始权益人中转移至专门设立的 SPV，一旦购买了发起人的基础资产，就需要签订相关的买卖合约，确保拥有标的资产的所有权利，且必须是以"真实出售"的形式进行，以确保符合资产证券化的"风险隔离原理"。

SPV 可以是由资产证券化发起人设立的附属机构，也可以是专门进行资产证券化的机构，其形式多种多样，主要包括：特别目的信托（SPT）、特别目的公司（SPC）以及有限合伙企业。根据目前资产证券化的实际情况来看，很多 SPV 选择在百慕大群岛、开曼群岛等地方注册，以实现避税的目的。

1. 特殊目的信托(SPT)

在 SPT 模式下,资产转移是通过信托来实现的,即发起人将基础资产信托给作为受托人的 SPT,成立信托关系,由 SPT 作为资产支持证券的发行人发行代表对基础资产享有权利的信托受益凭证。在这个信托关系中,委托人是发起人,SPV 是法定的营业受托人(即有相关经营信托业务资格的机构和个人);信托财产作为基础资产;受益人是受益凭证的持有人。在 SPT 模式下,发起人将基础资产信托给 SPT 后,信托资产此时就会独立于委托人,即发起人的债权人不能够再对已交付信托的基础资产主张债权,从而实现了基础资产与发起人其他资产的破产隔离。

SPT 方式的具体运作思路如下:

第一,发起人与受托人 SPT 签订信托合同,将基础资产设立为信托资产,SPT 向发起人发放以信托财产的现金流为支持的信托受益凭证;

第二,发起人向投资者出售信托受益凭证,信托受益凭证的购买者能够成为信托资产的受益人,具有获取信托资产产生的现金流的权利;

第三,服务商负责归集现金流,并管理、经营和处置证券化基础资产,将现金收入存入受托人指定的账户中;

第四,信托资产产生的现金流按照信托收益凭证规定的方式分配给投资者;

第五,信托受益凭证可以在约定的交易市场中进行流通和交易。

2. 特殊目的公司(SPC)

在 SPC 方式下,专门设立作为资产证券化 SPV 的公司 SPC,发起人将基础资产以出售的形式转移给 SPC,SPC 以基础资产为支持向投资者发行证券。由于发起人已经将基础资产出售给 SPC,此时这个资产的所有权就属于 SPC 了,发起人的债权人无法再对这个基础资产主张债权,从而实现基础资产与发起人其他资产的破产隔离。

SPC 方式实施资产证券化具体又可以分为"独立公司模式"和"子公司模式"。在独立公司模式下,发起人把基础资产真实出售给跟自己没有控股权关系的 SPC,SPC 购买后以该基础资产组合为抵押池发行证券,使其离开发起人的资产负债表,实现破产隔离;在子公司模式下,发起人成立全资或控股子公司作为 SPC,然后把资产出售给 SPC,同时,SPV 不但可以购买母公司的资产,还可以购买第三方的资产。SPC 将购入的基础资产组成抵押池,并以此为依据发行证券。由于 SPC 是发起人设立的子公司,这笔购入的资产最终要体现在母公司的合并资产负债表上。由于母公司和子公司都具备独立的法人地位,独立承担债务,且彼此之间的破产是相互独立的,因此,虽然已出售的资产仍然会体现在集团的合并财务报表上,但同样地实现了破产隔离。

(三)资产转移

发起人将基础资产或资产池转移给 SPV,且该转让行为必须构成真实出售,以实现基础资产与发起人之间的破产隔离,确保发起人的其他债权人在发起人破产时对基础资产无追索权,同时,在发起人将基础资产转移给 SPV 的过程中,会涉及许多法律、税收和会计处理的问题。如图 5-1 中,发起人(商业银行)将资产出售给特殊目的机构(SPV),在出售的过程中,商业银行这笔资产出售行为需要满足真实出售资产的定义。真实出售资产包括以下两个方面。

（1）基础资产需要完全转移到 SPV 中。这既保证了发起人的债券对已转移的基础资产没有追索权，同时也保障了 SPV 的债权人对发起人的其他资产没有追索权。

（2）资产控制权已转移到 SPV，并在发起人的资产负债表中剔除，使资产证券化称为表外融资的一种方式。

（四）信用增级

在资产证券化中，基础资产的信用条件各不相同，难以满足所有投资者的需求。为吸引投资者并降低融资成本，需要对资产证券化产品进行信用增级，提高发行证券的信用级别。信用增级机构一般包括政府机构、保险公司、金融担保公司、银行、大型企业的财务公司等。

信用增级不仅可以缩小基础资产信用等级与投资者需求之间的差距，提高证券的信用质量，更好地满足投资者在偿付的时间性和确定性等各方面的需求，还可以满足发行人在会计制度、监管规定和融资目标方面的需求。

信用增级具体又可分为内部信用增级和外部信用增级。外部信用增级主要通过"担保"，内部信用增级包括"超额抵押、建立利差账户、划分优先/次级结构"。

1. 外部信用增级

外部信用增级的方式主要包括专业保险公司提供的保险、企业担保、信用证和现金抵押账户。

1）专业保险公司提供的保险

在外部信用增级中，最简单的形式就是专业保险公司提供的保险，这类保险公司需要为每笔投保的交易保留一定的资本用以保护投资者。如果一个经过证券化产生的证券被评为了 AAA 级别，则该专业保险公司能够担保投资者及时地得到全部利息和本金。但是需要注意的是，专业保险公司通常只会为信用等级为 BBB 以上的交易提供保险。

2）企业担保

企业担保是指企业保证具有完全追索权的债券持有人能够免受损失。企业担保既可以是针对整个交易业务的，也可以是针对交易结构中某个具体档次的。在许多证券化业务中，发行人会为某些较低信用级别的证券档次提供担保，而与专业保险不同的是，企业担保能够向投资者提供信用等级为 BBB 以下的证券担保。

3）信用证

信用证是指由金融机构发行的保险单，在信用证的保护下，金融机构必须在证券发生损失时弥补一定金额。

4）现金抵押账户

现金抵押账户是在信用卡应收款中非常常用的信用增级形式，主要是向发行信托机构提供的再投资于某些短期合格投资的贷款，贷款金额可以通过交易中获得的额外利差来偿还，所有由现金抵押账户担保的档次的损失都将由账户中的收入来弥补。

大多数外部信用增级工具都容易受到信用增级提供者信用等级下降风险的影响，比如专业保险公司提供保险、企业担保、信用证这三种增级方式都会收到信用增级提供者自身信用登记的限制,没办法达到比自身信用等级更高级别的评级,因此证券的信用评级直接受信用等级提供者信用品质的影响,但是现金抵押账户不会受到担保人的影响。

2. 内部信用增级

内部信用增级则能够避免上述外部信用增级方式带来的风险,因为它的信用增级是由基础资产的现金流提供的。内部信用增级的方式主要包括建立次级档次、超额抵押、利差账户。

1)建立次级档次

优先/次级结构即将证券划分为不同信用品质的档次,不同档次的偿还顺序可以是按比例偿还,也可以是按损失先分配给次级档的顺序来偿还,是最常用的内部信用增级手段。

2)超额抵押

超额抵押也是常用的内部信用增级方式,超额抵押的信用增级机构利用了超额利差来支付债券本金,超额利差是在支付了所有费用和债券本金和利息之后的金额,这种支付结构也被称为涡轮结构,加速了债券本金的偿还从而为损失建立了一个超额抵押的缓冲。

3)利差账户

与超额抵押的结构类似,通过交易中的额外利差,利差账户的金额会上升至由评级机构确定的预先决定的水平。与超额抵押结构不同,额外利差是以现金形式在账户中积累起来并且以某些短期合格投资的形式进行再投资的。

在实际的资产证券化业务中,大多数发行人都是结合内部信用增级和外部信用增级方式使用的,这将大大提高证券化产品的融资效率。

(五)信用评级

信用评级主要由评级机构完成,比如著名的评级机构有标准普尔、穆迪、菲奇等,信用级别通常有AAA、AA、A、BBB等。评级行为通常分为初次评级和发行评级,初次评级可帮助内部确定信用增级水平,以达到目标信用等级;而发行评级则是信用增级后由评级机构通过审查各种合同和文件的合法性及有效性,以此为基础进行的正式评级,面向投资者公布。信用等级越高,证券风险越低,融资成本也会越低。

如案例5-5中的工行发行的"工元乐居2020年第一期个人住房抵押贷款支持证券",它的信用评级特点是聘请了两个评级机构来同时进行信用评级,有助于增强投资者对证券化产品的信心,同时也能够有效地避免由于单个评级机构公信力下滑而带来的证券风险。

评级机构通常会寻求证券化业务中向凭证持有人承诺付款的强度,为确保凭证持有人获得足额付款所需要的信用增级,它们为每一个评级水平都设计了不同程度的保证水平要求。比如AAA证券要求最高水平的承诺付款凭证,评级越低的证券,它所需的保证水平也相应越低。总的来说,在抵押证券和资产担保证券交易中,评级机构将用丧失赎回权频率和损失严重性的乘积预测作为损失保护数量。丧失赎回权频率是指交易期间将会违约的贷款的百分比,损失严重性则是指交易产生的损失,包括任何由于丧失赎回权或以贷款等其他方式出售而没有收回来的贷款数量。严重性包括清算的全部资产和借款人没有支付的应计利息,评级机构将会为不同的评级水平建立不同水平的丧失赎回权频率和损失严重性。

评级机构首先会给发起人和服务机构一个总体看法,然后将要出售的基础资产进行深入研究,比如如果基础资产是抵押贷款,则会综合分析每一笔贷款的地区分散性、财产类型、贷款类型、贷款目的、抵押保险的状态和所有人的占用时间。评级机构会对抵押池中的贷款特征做一个权衡,以决定最终的信用评级。

在证券评级后,评级机构还需要定期进行跟踪监督,结合经济形势、发起人和证券发行人的信用情况、基础资产债务的履约情况、信用增级情况以及提供信用增级机构的财务状况等因素的变化,对资产证券信用级别进行调整,对外公布相关的监督报告。这也是提高证券吸引力和安全度的一个重要因素。

(六) 发售证券

发售证券由证券承销商负责,有公募和私募两种方式,这类资产化证券的发售主要由机构投资者进行认购。承销商将经过信用评级后的产品通过路演、网下询价等方式吸引投资者购买,由于这些资产一般是高收益、低风险的,因此主要由保险公司、证券投资基金和银行等购买。

(七) 向发起人支付资产购买价款

证券承销商将发行筹集得来的资金交给SPV,这笔资金首先用于支付专业中介机构的服务费用,然后按照事先约定的价格向发起人支付购买基础资产的价款。

(八) 管理资产池

为了保证基础资产现金流的回收,SPV需要聘请专业的中介机构服务商来管理资产池,不会直接管理基础资产。由于发起人对基础资产的了解程度较深,与债务人联系紧密,且具有管理基础资产的技术和人力,因此,资产池的管理一般由发起人承担。如果不由发起人来承担资产池的管理,发起人需要将与基础资产有关的所有资料都移交给负责相应管理工作的中介机构服务商,这类专业机构服务商的职责包括但不限于:首先,需要负责收取基础资产债务人每月偿还的本金和利息,将其存入SPV的收款账户,按照合同约定的期限向投资者偿本付息,以及向相关的中介机构支付专业服务费用;其次,需要负责督促债务人偿还债务,且针对债务人违约的情况设计并实施相应的补救措施;再者,专业服务机构还需要管理与资产证券化产品相关的税务和保险的事项,确保产品符合监管要求,且采用保险手段来对冲相关基础资产风险;最后,还需要负责对账户资金进行良好的管理,以实现资产增值保值。

(九) 清偿证券

需要按照证券发行说明书的约定向投资者按时、足额支付利息和本金,一般是利息定期支付,而本金的偿还日期和顺序则因基础资产和所发行证券的偿还安排的不同而异。如果偿付完毕后资产池仍有剩余资金,需要将剩余资金归还给发起人,到此为止,资产证券化业务的整个流程就结束了。

三、对抵押池计算提前支付利率

提前偿付率是指超额偿还部分占月初本金余额的比重,对超额偿还部分通常以月为单位进行衡量,但最终呈现的提前偿付利率是年化比率。提前偿付率主要包括两个常用指标:单月提前偿付率(SMM)、持续提前偿付率(CPR)。

(一)单月提前偿付率(SMM)

SMM 是计算提前偿付率最基本的指标,于 1977 年由美国第一波士顿银行提出,也是其他提前偿付指标的计算基础。在发生提前还款的月份,SMM 表现的是月初抵押池余额的一定百分比,具体可表现为当月实际提前偿付额减去当月计划偿付本息后的差额,占前一个月的未偿还本金余额减去当月计划偿还本金余额的差额的百分比。其计算公式为:

$$SMM = \frac{当月实际偿还本息金额 - 当月计划偿还本息金额}{月初未偿还本金余额 - 当月计划偿还本金余额} \times 100\% \quad (5-6)$$

若 SMM 等于 $a\%$,则意味着本月有当月计划偿还本金余额的 $a\%$ 的本息被提前偿还。

结合案例 5-6,A 公司在第 10 个月时偿还 70000 元,高于偿付计划中的 60246.5 元,发生了提前支付行为,而表 5-4 是 A 公司发行该住房抵押贷款证券时的预定偿付计划,结合偿付计划和式 5-6 我们可以计算得出此次提前偿付行为的提前支付率:

$$SMM = \frac{70000 - 60246.5}{178947.1 - 59351.8} \times 100\% = 8.16\%$$

因此,根据计算得出,A 公司在第 10 个月的提前偿付行为的提前偿付率为 8.16%。

表 5-4 A 公司 1 年期住房抵押贷款支持证券的现金流分析

月份	期初剩余本金(元)	本期偿还金额(元)	本期偿还利息(元)	本期偿还本金(元)
1	700000.0	60246.5	3500.0	56746.5
2	643253.5	60246.5	3216.3	57030.2
3	586223.3	60246.5	2931.1	57315.4
4	528907.9	60246.5	2644.5	57602.0
5	471305.9	60246.5	2356.5	57890.0
6	413415.9	60246.5	2067.1	58179.4
7	355236.5	60246.5	1776.2	58470.3
8	296766.2	60246.5	1483.8	58762.7
9	238003.5	60246.5	1190.0	59056.5
10	178947.1	60246.5	894.7	59351.8
11	119595.3	60246.5	598.0	59648.5
12	59946.8	60246.5	299.7	59946.8
合计		722958.0	22958.0	700000.0

（二）持续提前偿付率（CPR）

持续提前偿付率是用以计算提前偿付率的常用指标，是以年为单位将 SMM 进行转化的指标，相当于是以年化比率表示的 SMM。具体的转换公式如下：

$$1-CPR=(1-SMM)^{12} \tag{5-7}$$

延续上述根据案例 5-6 计算得出的 SMM，结合式(5-7)可以计算得到 A 公司此次提前偿付行为的持续提前偿付率(CPR)：

$$CPR=1-(1-SMM)^{12}=63.97\%$$

根据计算而得，此次提前偿付行为的持续提前偿付率是 63.97%。

第四节 MBS 与 ABS

【案例 5-7】

2021 年 1 月 2 日，中国建设银行发行"建元 2021 年第六期个人住房抵押贷款资产支持证券"，由招商证券股份有限公司作为主承销商，兴业银行股份有限公司作为资金保管机构，中债资信评估有限责任公司和标普信用评级（中国）有限公司作为信用评级公司，以 38799 笔个人住房抵押贷款作为基础资产，其账面价值总计约为 160.84 亿元人民币，均为正常贷款，加权平均贷款年龄为 5.27 年，入池抵押住房一、二线城市的占比约为 49.52%，且借款人分布在 23 个行业，19 个省份，主要分布于广东省、浙江省、山东省、江苏省，共计筹集约 103.56 亿元人民币。此次住房抵押贷款支持证券共将证券划分为四个档次，优先 A-1 档、优先 A-2 档、优先 A-3 档、次级档。中国建设银行此次发行的住房抵押贷款支持证券有什么特点？

【案例 5-8】

一汽汽车金融有限公司于 2020 年发行了屹腾 2020 年第一期个人汽车贷款资产支持证券，以个人汽车贷款作为基础资产，入池贷款达 63343 笔，借款人均为个人，从事职业分布于 20 个行业，贷款分布于全国 30 个省、自治区和直辖市，前 50 笔最大贷款未偿本金余额占比 0.45%。将证券划分为优先级和次级，在证券存续期内，"优先级资产支持证券"按月付息采用固定利率；"次级资产支持证券"不设票面利率，基础资产的现金流回收源于贷款本息。一汽汽车金融有限公司发行的汽车消费抵押支持证券，有什么特点？可能会面临什么样的风险？

资产证券化按照标的资产的不同可以划分为 MBS 和 ABS，这两种模式都是资产证券化最为常见的。在美国 20 世纪 60 年代末，受到《格拉斯-斯蒂格尔法案》分业经营的限制，住房抵押贷款只能够由地区的储蓄和信贷协会等储蓄机构向个人提供,资金来源有限。MBS 和 ABS 的产生,促进了美国住房抵押贷款证券化的兴起和发展。而 ABS 最早于 1985 年 5 月份由美国的 Marine Midland 公司发行,是 MBS 技术在其他资产上的推广和应用,拓宽了资产证券化的品种。两种资产证券化的模式都为企业拓宽债务融资渠道提供了便利,使企业不再局限于传统的银行贷款,同时也有利于满足不同的投资者对标的资产的不同需求,更好地适应金融市场的发展,也更好地为企业提供资金融通的服务。

一、MBS 与 SMBS

(一) MBS

住房抵押贷款证券(Mortgage-Backed Securitization,MBS)是资产证券化的一种主要类型,最早诞生于 20 世纪 70 年代的美国。主要是指金融机构把自己所持有的流动性较差但具有未来现金流的住房抵押贷款重组为抵押贷款群组,由证券化机构以现金方式购入,经过担保或信用增级后以证券的形式出售给投资者的融资过程。这一过程将原先不易被出售给投资者的、缺乏流动性但能够产生可预见性现金流入的资产,转换成可以在市场上流动的证券。根据 MBS 的定义可以得知,它的基础资产是住房抵押贷款,现金流特征主要取决于本金与利息的偿付,以及利率的选择。其中本金和利息的偿付方式直接决定住房抵押贷款产生的现金流大小和时间分布,而利率则会显示出抵押贷款的风险和收益特征。一般来说,住房抵押贷款的利率都要比无风险利率高,而这两者之间的利差会反映住房抵押贷款本金与利息的收取成本、抵押担保所无法避免的信用风险、早偿风险等问题。

正如案例 5-7,中国建设银行发行的住房抵押贷款支持证券是将流动性较低的个人住房抵押贷款进行证券化,从其加权平均贷款年龄为 5.27 年可以看出借款人已具备长久的的良好还款记录,抵押池能够带来良好的现金流入;其次,入池抵押住房一、二线城市的占比约为 49.52%,整体抵押池的现金流较为稳定,且借款人区域分布较为分散,为投资者分散了信用风险。总体而言,中国建设银行发行的这个住房抵押贷款支持证券,具有流动性好、债务人分散、现金流稳定的特点。

按照支付方式的不同,MBS 又可以划分为过手债券(Pass-Through Securities,PTS)、担保抵押债券(Collateralized Mortgage Obligations,CMO)、剥离式 MBS(Stripped MBS,SMBS)。按照住房性质不同,又可分为居民住房抵押贷款证券(RMBS)和商用住房抵押贷款证券(CMBS)。其中,CMO 和 SMBS 会在后续章节中详细介绍。本节主要介绍过手债券(PTS)和商用住房抵押贷款证券(CMBS)。

1. 过手债券

过手债券是住房抵押贷款证券化的最普通形式,最初是用于对美国联邦政府支持的机构提供信用支持,并使相关借款尽可能标准化,以更好地适应市场需要。最初发行过手债券要求资产池中的资产都必须是非常相似、各方面特征都比较一致的抵押贷款,以便进行分析,从而增强投资者信心。

过手债券的特点是用来发行债券的抵押贷款组合不会进入发行机构的资产负债表,而是进入发行机构为其专门建立的独立的托管账户,而这个资产组合通常可能由数个笔贷款组成,也可能仅有数笔贷款组成,其产生的现金流在扣除发行机构收取的担保费和手续费后全部转移给债券投资者,因此过手债券的息票利率通常也会低于抵押债券的利率,对于资金需求者来说,其融资成本能够因此而有所下降。

在过手债券中,抵押贷款资产组合由信托机构代为保管,发起人会把资产的各项权利,比如资产所有权、利息以及收取所有到期付款的权利都出售给投资者,与此同时也将提前偿付风险等资产证券化风险均转移给了投资者。

2. 商业房地产抵押贷款证券化

商业房地产抵押贷款是指以商贸、服务业使用的建筑物以及写字楼、厂房等作为抵押而发放的贷款,贷款主要用于商用房地产的建设或购置,以中长期项目为主,还款的现金流主要来源于借款人出租房产带来的租金收入。

商业房地产抵押贷款证券化的基础资产一般可以包括零售房产、宾馆、办公用房、工业用品、饭店、汽车旅馆库房和自助存储设施等,更确切来说是收益类房地产。目前我国的商业房地产抵押贷款主要集中于办公楼、写字楼、商业营业用房和其他商用房产。通常在选择基础资产时会考虑如下几个因素:贷款对应的项目阶段、房产的空置程度、贷款占项目总投资的比率。由于目前我国商业房地产抵押贷款的借款人通常是房地产开发商,而在房地产项目建设期内无法产生现金流,无法保证贷款的偿还,而项目建成后,相关的收益也无法马上弥补成本,即房地产项目的总体回收周期较长,因此,在选择基础资产时,需要考虑各房地产项目所处的阶段;而房产的空置程度会影响借款人的租金收入,空置程度越高,租金收入越少,偿本付息的保障程度更低,因此需要根据历史数据来对具体的贷款所涉及项目的出租情况做出预测,选择出租水平相对比较高且稳定的贷款项目来组建资产池;此外,贷款在项目总投资中所占比率越高,其面临的财务风险也会相应提高,因此贷款所占的比率越低,还款就更加具有保障,资产池中的质量也会相对提高。总体来说,商业房地产抵押贷款会面临如下几个风险。

1) 租金收入的不稳定风险

CMBS偿本付息的主要资金来源是商业房地产的租金收入,而租金收入是企业的未来债权,它在基础资产特定化和现金流稳定性方面都存在一定问题。比如在专项计划存续期间,如果承租人拒绝履行租约、物业合同,或拖欠租金和物业费、租金市场价格发生波动、目标物业出现大量空置或其他会导致相关的房产物业无法正常运营的因素,都有可能对基础资产的租金收入产生不利影响。

2) 存量债务风险

CMBS的基础资产借款人通常是房地产开发商,在发行CMBS之前就具有存量债务,大部分物业都涉及银行经营性物业贷款或其他信托贷款,从而受到权利的限制。比如银行等债权人会限制其将资金投入高风险项目,进而影响项目贷款的偿付。

3) 信用风险

住房抵押贷款在无法获得及时偿付时,贷款人对借款人具有追索权。而与住房抵押贷款不同的是,商业房地产抵押贷款是无追索权的贷款,这意味着,贷款人只能依靠收益类房地产支持贷款的本金和利息偿还。如果发生了违约情况,贷款人只能够依靠房地产销售的收益来偿还本息,对于尚未偿还的金额没有追索权。贷款人需要按照单独的业务流程来审查每一笔房地产贷款,并使用帮助评估信用风险的衡量方法来评估每一笔房地产贷款。

(二) SMBS

SMBS 即剥离抵押证券(切块抵押贷款证券),是 1986 年美国联邦国民抵押贷款协会推出的一种金融工具。切块抵押贷款证券是对传统抵押贷款证券的发展,不同于其他固定收益证券,SMBS 的现金流会随着利率的变化而变化,即现金流中的利息总量是不确定的,这使得 SMBS 可能在利率下降时出现负的凸性,甚至是负的久期,将资产池现金流中的利息与本金进行分割与组合,由此而衍生出的金融产品在凸性、久期方面都具有更加鲜明的投资特色。

SMBS 一般可以分为两种类型:部分剥离债券和本息分离债券。

1. 部分剥离债券

部分剥离债券是 1986 年美国全国联邦抵押协会(Fannie Mae)发行的第一代剥离债券,又称为 B 类剥离债券,票面利率为 9%,划分为 B1 和 B2 两种类型。基础资产组合的本金现金流平均分配给 B1 和 B2 两类债券,利息现金流的分配则在这两者之间有所区别。B1 获得 1/3 的利息现金流分配,而 B2 则获得 2/3 的利息现金流分配。此后,美国全国联邦抵押协会还发行了与上述方法不同的剥离式抵押贷款证券。将本金和利息均在剥离出来的两类证券中以不同的比例进行分配。由此可见,两种不同的剥离方法,都并未将本金和利息的现金流完全分离在两个不同类型的债券中,因此称之为"部分剥离债券"。

2. 本息分离债券

本息分离债券分为 PO(Principal Only)证券和 IO(Interest Only)证券。

1) PO 证券

PO 证券的投资者收到基础贷款组合产生的本金收入,即基础资产的本金现金流全部分配给这类债券。PO 证券通常以低于面值的价格出售,投资者收益率大小取决于贷款提前偿付速度,提前偿付速度越快,本金现金流的净现值越大,收益率越高。下面我们分析 PO 证券价格如何随着市场上抵押利率变化而变化。

当市场抵押利率下降到低于合同利率时,提前偿付将会加速,加速偿付给 PO 证券的投资者,因此,PO 证券的现金流提前流入投资者手中。现金流将会被以更低的利率进行折现,因为市场上的抵押率已经在下降了,结果则是,当市场抵押利率下降时,PO 证券价格会上升。当市场抵押利率上升到高于合同利率时,提前偿付率将会减缓,现金流流入速度将减慢,由于当前的折现率更高,因此在市场抵押利率上升时,PO 证券的价格表现为下降。

例如案例 5-7 中建设银行发行的证券化产品,它共划分了三个档次,除了次级档证券以外,其他档次的证券均可获得本金和利息的偿付,但次级档证券仅可获取本金的偿付,正属于这里的 PO 证券,在市场抵押利率上升时,兴业银行的这个证券化产品中的次级档证券市场价格会呈现下降的趋势。

2) IO 证券

IO 证券的投资者收到基础贷款组合产生的利息收入,即基础资产的利息现金流全部分配给这类债券。IO 证券没有面值,与 PO 证券相反,其投资者不希望发生提前偿付,因为这样会使未清偿本金下降,利息收益就会降低。由于借款人的提前偿付速度与市场利率呈负相关,因此我们也可以推理得出,PO 证券和 IO 证券的收益率对市场利率变化的反应方向相反。下面我们分析 IO 证券价格如何随着市场上抵押利率变化而变化。

当市场抵押利率下降低于合同利率时,提前偿付会加速,这将会导致 IO 证券预期现金流量的不利变化。此时由于现金流量正在以更低的折现率进行折现,二者共同作用的净效应通常使 IO 证券价格下降。如果抵押利率上升高于合同利率时,预期的现金流量会增加,但是现金流量正在以更高的折现率进行折现,因此,两者共同作用下的 IO 证券价格会呈现上升或下降的表现。

由此可见,本息剥离债券的显著特点是其利率敏感性跟普通债券不同。普通债券价格与利率负相关,利率上升时普通债券价格会下降,而本息剥离债券则会因为债券类型的不同而与市场利率有不同的相关关系。由于 IO 和 PO 都会受到债务提前偿付行为的影响,因此在利率下降时,IO 的收入减少,价格下降;而 PO 可以提前获得收入,价格上升。根据 IO 和 PO 的相反走势的特性,经常会被用作风险对冲的工具,同时也是投资者用于规避提前偿付风险的工具。

(三) MBS 与 SMBS 的对比

SMBS 是 MBS 中的一个细分种类,SMBS 和 MBS 都是以住房抵押贷款作为基础资产,以此构建抵押池来发行证券筹集资金。

SMBS 与 MBS 的不同点在于:切块抵押贷款证券(SMBS)不同于传统的 MBS 的基本做法,它将抵押贷款组合中的收入流拆细,并分别以贷款利息收入流和本金收入流为基础发行仅付本金(Principal Only,PO)证券和仅付利息(Interest Only,IO)证券。通过剥离能够将按比例分配抵押组合资产现金流转变为不均衡分配,使抵押贷款证券的本金收益关系与基础资产的本金收益关系相脱离,但传统的住房抵押贷款支持证券(MBS)中仅有既偿付本金又偿付利息的这一类证券存在。相对于 MBS 而言,SMBS 更加能够为投资者提供规避提前偿付风险的工具,所以通常也会被认为是衍生抵押证券。

二、ABS 与 ABN

(一) ABS

资产支持证券(Asset-Backed Securitization,ABS)是将房地产抵押贷款债权以外的资产汇成资产池发行的证券。

ABS 是将一组流动性差但预计能产生稳定现金流的资产进行分割和重组,转换为流动性和信用等级较高的金融产品的过程。ABS 实际上是 MBS 技术在其他资产上的推广和应用,是资产证券化中的另一种主要类型。

ABS 具体包括:贸易应收款证券化、信用卡应收款证券化、汽车消费贷款证券化、基础设施收费证券化、设备租赁费证券化、基础设施收费证券化、门票收入证券化、俱乐部会费收入证券化、保费收入证券化、中小企业贷款支撑证券化、知识产权证券化、学生贷款证券化等。

1. 贸易应收款证券化

当销售方向制造商、零售商、消费者等提供商品或服务时,根据双方的交易合同,买方在交易完成后的一定时期内向卖方付款。在买方付清这个应付账款之前,这笔交易在销售方的资产负债表上就会以"应收账款"的形式体现,表示对购货方的债权,属于销售方的资产。

贸易应收款的期限一般会比较短,在抵押池中原有的应收账款逐渐回收的同时,可以通过循环购买的方式,不断向资产池中注入新的应收账款,用以维持抵押池的规模和现金流,从而保证资产证券化的存续时间。

贸易应收款证券化产品中的基础资产可以是已经存在的应收账款,也可以是将来发生的贸易应收款,两者对资产证券化的不同影响在于:如果基础资产是已经存在的贸易应收款,则资产证券化交易的评级只会跟发起人转移的应收账款有关,与它的经营状况等因素无关,因此可以通过信用增级等手段来使资产支持证券的信用级别高于发起人的信用级别;如果基础资产是将来发生的贸易应收款,则资产支持证券的信用级别不仅与应收账款本身有关,还跟发起人的经营状况和信用水平有关,因此资产支持证券的信用级别通常不会高于发起人的信用级别。

贸易应收款证券化通常会面临如下的风险。

(1)应收款拖欠和违约风险。应收账款拖欠时间长、违约风险较大。相对于其他证券化资产而言,贸易应收款中拖欠账户的存续时间可能会比较长。债务人违约会受到贸易或服务交易双方的关系、销售合同的信用条件、收款政策松紧程度、收款程序、行业竞争的性质以及原始债务人的经营状况等因素的影响。

(2)应收款的减值风险。这里的减值风险不包括违约风险,主要是指除了违约以外的因素导致应收账款的价值降低,比如销售方为了督促买方尽早付款而提供一定比例的现金折扣,或者产品质量存在问题,发生了销售退回、销售折让的现象。这些减值风险都会加大贸易应收款证券的偿本付息风险。

(3)主权风险和汇兑风险。当应收账款涉及跨国交易时,会受到相关国家的政治、经济、法律环境的制约,在极端情况下可能会面临无法收回应收账款的情况。此外,如果应收账款是以外币计价的,其基础资产的现金流还会受到外汇波动的影响,进而影响偿付利息和本金的能力。

2. 信用卡应收款证券化

信用卡应收款证券化是指以发卡人的信用卡应收款为支撑发行证券的融资行为。信用卡能够为持卡人提供透支的消费贷款便利,抵押池的现金流主要来源于贷款本金、利息以及包括会员年费、逾期手续费、透支额度费等其他费用。由于信用卡应收款的现金流是非标准化的合约,这类基础资产通常情况下会面临以下风险。

(1)拖欠和违约风险。持卡人拖欠还款或者违约,会使应收款的现金流与预期发生偏离,且借款人的道德风险、经营周期、行业发展状况、持卡人日后收入的减少都会导致借款人违约和拖欠贷款。

(2)持卡人过于集中。应收款很容易受到某些特定因素的不利影响,从而引起较大的波动,比如持卡人如果集中于某一个地区或某些行业,都会由于地区经济不景气或行业风险导致银行信用卡应收款不能收回。

(3)应收款资产池现金流不稳定。应收款资产池的组合收益率变化会影响基础资产的现金流状况,进而影响服务费或利息的支付。且信用卡消费的季节波动性较强,这也决定了信用卡应收款的波动性比较明显,此外,除了信用卡贷款规定的每月最低偿付金额以外,持卡人可以自由安排还款的金额和时间,这也导致了信用卡应收款现金流的不稳定性。

3. 汽车消费贷款证券化

汽车消费贷款证券化的基础资产是汽车消费贷款,最早于1985年5月在美国推出。汽车消费贷款跟住房抵押贷款一样都具有抵押物,且违约风险较低,受利率波动的影响较住房抵押贷款更小。大多数汽车消费贷款证券化都仅发行一组证券,因为汽车消费贷款的期限较短,不需要按照住房抵押贷款证券化中将证券划分为若干个期限的档次。汽车消费贷款证券化通常会面临如下风险。

(1) 信用风险。在汽车贷款中,一方面比较难以把握借款人的信用,另一方面贷款人违约的机会成本太低,部分借款人在具备还款能力的情况下仍然故意拖欠贷款。此外,由于汽车的流动性较强、损耗性较大,难以获取赔付,从而导致汽车贷款的风险进一步加大。

(2) 诈骗风险。在汽车消费贷款中的诈骗方式主要有两种:①汽车经销商以虚假材料来骗取银行资金,比如以消费者购车的名义向银行申请贷款,而实际上他们所提供的消费者资料都是虚假的,汽车交易也并不真实存在,以此来骗取银行贷款;②汽车经销商利用虚增车辆价格来套取资金,比如不法经销商利用虚增车辆价格的方式来骗取贷款用以弥补自身的亏损,或者以"零首付"的幌子来吸引顾客。

(3) 管理风险。管理风险主要是指商业银行对汽车消费贷款的贷后管理不到位引发的风险。比如对于发放贷款后借款人是否将资金真正用于汽车消费、购置车辆的发动机号等信息没有及时确认;在贷款逾期后没有采取积极措施来减少或避免损失,导致违约风险不断扩大;商业银行对贷款合同、贷款催收记录等与债权有关的文书管理不当,导致无法及时发现风险,且可能导致日后失去索偿依据。

如案例5-8所示,一汽汽车金融公司发行的汽车消费贷款支持证券的抵押池由63343笔个人汽车消费贷款组成,且借款人分布广泛,能够有效实现风险分散。但由于均为个人抵押贷款,其可能面临的风险包括有信用风险,即当借款人违约时可能会发生资金偿付困难的问题,且由于贷款人分布较广泛,其同样存在贷款后续的管理风险问题,借款人分布广泛可以使基础资产实现风险分散的同时也会给资产池的管理人带来管理难度。

4. 基础设施收费证券化

基础设施收费证券化的基础资产是能够带来未来现金流的基础设施的收费权。主要包括公路收费权、电费收入和自来水收费等,它的现金流主要来源于基础设施的建设,具备投资规模大、建设周期长、项目本身的回报率不高等特点。一般而言,基础设施证券化中的基础资产有以下几个风险。

(1) 收费产生的现金流不稳定。基础设施收费通常都是比较稳定的,但与贷款和应收账款不同的是,贷款和应收账款是以债权的形式存在,其未来现金流是依据贷款合同或买卖合同而产生的,有法律保障,但是基础设施收费的现金流都只是预计的未来收入,没有相关合同约定来保障这笔收入的可获得性。因此,如果基础设施收费的未来现金流没有达到预期值时,没办法像贷款、应收账款那样在债务人违约时通过行使抵押权来弥补损失。因此,基础设施收费未来现金流不稳定是其面临的主要风险之一。

(2) 工程建设风险、经营风险。基础设施建设工程通常会涉及大量的征地、拆迁等工作,在工程建设费用及建设质量方面都存在工程建设风险,在基础设施投入使用以后,由于基础设施涉及众多人群,且其内在运营和维护管理工作比较复杂,因此,基础设施收费证券化会面临一定的经营风险。

(3) 汇率风险。由于基础设施收费证券化多采取跨国证券的方式,在国外发行以外币计价的资产支持证券能够筹集外汇资金,并以外币来偿本付息,而基础设施收费证券化产品的发起人所在国家的货币,与其他证券化品种相比,这类证券的汇率风险会更大。

下面我们来看一个早期作为资产证券化推行试点的"开元"证券的例子,了解早期中国发行的 ABS 产品是以何种方式进行的。

2005 年 12 月 15 日,国家开发银行于中国债券登记结算有限责任公司的招标系统中正式发行"2005 年第一期开元信贷资产支持证券",由国家开发银行担任贷款服务机构,中诚信托投资有限责任公司担任发行人,中国银行股份有限公司担任资金保管机构,中国国债登记结算有限公司担任证券登记托管机构。抵押池中主要包括同质性较高的基础设施项目中长期贷款,从总行各局、营业部和全国分行中挑选出 51 笔贷款构成资产池,借款人大多数是国有特大型、大型企业及其控股公司,信用记录良好。总计本金总额为 417727 万元,加权平均利率 5.411%,加权平均已偿还期限约为 59 个月,剩余期限约为 15 个月,行业分布电力、铁路运输、医药制造、煤炭开采等近 10 个行业,地区分布在广东、重庆、新疆、内蒙古、吉林等多个省市区,包含保证担保贷款和信用贷款。

"开元"证券将资产分成了三个层次:以固定利率的方式发行 29.24 亿元 A 级资产支持证券,以浮动利率的方式发行 10.03 亿元 B 级资产支持证券,以无票面利率的方式发行 2.51 亿元次级资产支持证券。现金流支付顺序的原则是:在优先级 A 档证券的利息和优先级 B 档证券的利息支付完毕后,才开始偿还 A 级证券的本金,其次是 B 级证券的本金,最后才偿还次级资产支持证券的本金。

根据"开元"证券的合约内容我们可以得知,它结合了结构化的分层技术和资产证券化中的债务人分散原则来设计这个证券化产品,能够在满足不同投资者需求的同时尽量降低证券化产品的风险。而从基础资产原始债务人的分布也可以分析看出,早期证券化推行试点产品的原始债务人选择多倾向于信誉良好的国有企业,属于稳健偏好型。

(二) ABN

资产支持票据(Asset-Backed Note,ABN)是指非金融企业为实现融资目的,采用结构化方式,通过发行载体在银行间债券市场发行的,由基础资产所产生的现金流作为还款基础的,并且约定在一定期限内偿本付息的债务金融工具。基础资产可以是企业应收账款、租赁债权、信托受益权等财产权利,也可以是基础设施、商业物业等不动产或相关财产权利,但不得附带抵押、质押等担保负担或其他权利限制,能够通过相关合理安排解除基础资产的相关担保负担和其他权利限制的除外。

资产支持票据在国外发展比较成熟,其发行过程与其他资产证券化过程类似。2012 年 8 月由交易商协会颁布《银行间债券市场非金融企业资产支持票据指引》后,正式开始推行国内的 ABN 产品。浦发银行作为首批试点承销发行了 5 亿元人民币的资产支持票据,标志着国内 ABN 产品的正式推出。

由于银行间债券市场信用级别低于 AA 的企业发行债券较为困难,但这类企业拥有的部分资产能够产生稳定的现金流,将这些资产用证券化技术剥离盘活,能够使原先难以发行的信用债,以较高的债项评级转化为新型的证券化产品,拓宽企业融资渠道;降低企业融资成本,提高融资效率;同时还可以优化企业资产结构,使企业资金用途更加灵活,有助于改变企业商业模式,提升企业社会声誉。因此,ABN 产品的推出,是有利于企业融资的。

ABN 能够实现资产增信和多重偿债保障。由于 ABN 是分层结构,进行了收益和风险的结构化重组,期限更为灵活,满足投资人更多元化的投资需求。另外,由于风险和流动性溢价,ABN 提供了更好的风险收益比,节约了风险加权资产占比。

ABN 有利于丰富债券品种,推进市场发展。随着债务融资工具市场的快速发展,进一步丰富金融产品成了市场经济发展的重要需求。而 ABN 的推出为市场引入了结构化产品,有助于进一步发挥场外金融优势,满足发行人和投资者的个性化需求,推动银行间债券市场的功能提升。

(三) ABS 与 ABN 的对比

ABS 与 ABN 在功能和性质上具有许多相似之处,但在监管要求、基础资产选择、发行方式等方面又有一些不同之处。

1. ABS 与 ABN 的相同点

ABS 和 ABN 在产品本质、产品实现功能、结构化分层等方面是相同的。

(1) 产品的本质是相同的。两者均属于结构化的资产证券化融资工具,都需要通过对基础资产的现金流的结构安排和组合来实现风险和收益的重新分配,本质都是将流动性相对较差的基础资产转化为不同信用级别的流通证券。

(2) 产品实现的功能相同。ABN 的法律法规依据是《中华人民共和国信托法》,而 ABS 的法律法规依据是《证券公司资产证券化业务管理规定》和《资产支持计划业务管理暂行办法》,都具有一致的业务本质和功能属性,都能够盘活企业资产、拓宽企业融资渠道。

(3) 采用了同样的结构化分层技术。ABN 和 ABS 都采用结构化分层技术,将证券化产品划分为优先级和次级等多档证券。其中优先级又可以按照偿付顺序先后划分为优先 A 档和优先 B 档,本金和利息的偿付顺序则按照优先级到次级的顺序进行。当基础资产的现金流不足以支付各档次本息时,次级档的本金和利息将会优先用于偿付优先级。

2. ABS 与 ABN 的不同点

ABN 和 ABS 在发行市场、发行方式、基础资产类型、发起机构、交易结构等方面存在区别。

(1) 发行市场不同。ABN 是在全国银行间市场发行的非金融企业债务融资工具,而 ABS 是在证券交易所、证券业协会机构间报价与服务系统、证券公司柜台市场发行的。

(2) 发行方式不同。ABN 采用的是注册制,通过承销机构向交易商协会提交注册文件来获得注册通知书,发行速度较快,后续发行需要向交易商协会进行备案,既可以选择定向发行,也可以选择公开发行。而 ABS 的发行则需要通过证监会的审批,发行速度一般,且是面向合格投资者发行。

(3) 基础资产类型不同。首先无论 ABN 还是 ABS,它们的基础资产都需要符合法律法规规定,权属明确,可以依法转让,必须是能够产生持续稳定、独立、可预测的现金流且可特定化的财产和财产权利的组合;但是 ABS 采用的是负面清单制,即不属于负面清单的资产才能够作为基础资产来发行证券化产品。

(4) 发起机构不同。国内的 ABN 产品只能由非金融企业发起,而 ABS 则可由金融企业发行,但大多数发起机构仍然是非金融企业。

(5) 交易结构不同。ABN 可以采用两种模式:第一种模式是不设定特殊目的载体(SPV)参与,在这种模式下 SPV 即为发起机构,采用的是"特殊目的账户+资产质押"的模式,无法实现"真实出售"和"破产隔离"的目的,违背了风险隔离原理,好处是这种交易结构更为简单;另一种模式则是通过引入 SPV 来实现破产隔离,以信托计划作为载体。由此可见,ABN 的发行并不以破产隔离作为必要条件;而 ABS 则必须通过设立 SPV 来发行,以资产证券专项计划作为发行载体,独立于发起人和相关机构,即 ABS 必须以破产隔离的形式发行。

三、CMO 与 CDO

(一) CMO

抵押担保债券(Collateralized Mortgage Obligation, CMO)一般包含有数个正规级债券和一个剩余级债券,其中,正规级债券的最后一级又称为 Z 级债券。除 Z 级债券以外的每级正规级债券于发行后都同时计付利息,但本金却是按级别优劣依次偿付;而 Z 级债券利息只计不付,累计复利,只有在前几级正规级债券偿付完毕后,Z 级债券才开始清偿本息,因此 Z 级债券又被称为应计利息档债券,实质上是一种附有本息禁偿期的债券。在所有正规级债券都得到本息偿付后,剩余的支持资产的收入将全部支付给剩余级债券所有人。

担保抵押证券(CMO)是对住房抵押贷款证券的发展,对住房抵押贷款债券的抵押品或其他贷款组合的现金流进行重新分配而产生的债券,解决了过手证券品种单一、期限长以及提前偿付风险大的问题。对于 CMO 而言,它的抵押现金流是按照事先确定的分配次序、利息水平来分配的,典型形式一般包含四级债券:A、B、C 和 Z 级债券。

通过案例 5-7,我们可以看到"建元 2021 年第六期个人住房抵押贷款资产支持证券",它的特点是以个人住房抵押贷款作为基础资产,并对证券进行了三个档次的划分,现金流支付具有先后顺序。

CMO 的出现在某种程度上是为解决住房抵押贷款证券投资者的展期风险和紧缩风险而设置的,这两类风险都会降低资产证券化对投资者的效应。作为一种金融工具创新,CMO 虽然不能消除提前偿付风险,但由于其将基础资产现金流重新划分成若干个档次的特点,使 CMO 的提前偿付风险和收益都与基础资产不同,能够满足不同投资者的不同偏好,进而扩大抵押贷款证券的市场需求。此外,CMO 通过对现金流进行重新安排和分配,能够在一个资产组合基础上发行多种利率和期限的债券,使其自身就具有很强的内部信用自我增强机制。

CMO按照各档次划分标准，主要可以分为五个档次：顺序偿还档、应计档、浮动利率档、逆浮动利率档以及按计划摊销档。

1. 顺序偿还档

贷款组合的现金流首先用于支付A级债券的本金，当完全偿付后，转而支付B级债券的本金，同理再行支付C类债券本金。A、B、C级债券在发行日开始即按票面利率支付利息，当A、B、C三级债券本息都被偿付后，从资产池中产生的剩余现金流方可用于支付Z级债券的本息。Z级债券是应计利息累积债券，在其前面各级证券本息被清偿后，才开始享有利息和本金收入，未支付的当期利息累积起来加入其本金余额。Z级债券存在的效应是，前N级债券的本金支付因Z级债券利息的延迟支付而加速。

2. 应计档

应计档的CMO现金流的设计与顺序偿还档不同，在应计档的设计中，至少有一个档是不能够获得当前的利息的，这类档次的做法是把应当归属于这部分档次的利息累积加入本金以后再一并偿付。因此，在应计档的CMO现金流中，除了无法获取当前利息的档次以外，另外几个档次的本金偿还数额会依次增加，偿还期也会逐渐变短。根据应计档CMO的现金流特征，给予投资者一个启示：如果投资者关注再投资风险，可以仅购买除了不能获取当前利息的档次的其他几个档次证券。

3. 浮动利率档和逆浮动利率档

为了适应投资者规避利率风险的需求，固定利率债券创造出了浮动利率债券和逆浮动利率债券两种类型。前者根据市场新发债券的拍卖利率加以调整，与市场利率同向变化，而逆浮动利率债券则得到剩余的利率。两种债券利率加总等于对应债券的固定利率水平，因此逆浮动利率债券的利率会与市场利率呈现的是反方向变动。而且浮动利率债券和逆浮动利率债券支付的利息总额应当等于对应的固定利率债券的利息支付额。除此之外，一般在现实流程中，都需要规定浮动利率的封顶利率和保底利率，而保底利率一般设置为0。

浮动利率档的这种设计模式，增加了投资者的选择，比如持有逆浮动利率债券的投资者可以通过购买浮动利率债券，实际拥有固定利率；而当预测市场利率上行时，可以持有浮动利率债券，以获取市场利率上行时带来的浮动利率债券利率上升；预测市场利率下行时，可以持有逆浮动利率债券，从而获取由于市场利率下行而带来的浮动利率债券利率下降，进而导致逆浮动利率债券利率上升。这样灵活搭配能够有助于降低投资者持有固定利率证券的风险，可根据市场利率的变动来调整资产组合。

对于这类CMO产品中两种债券的比率一般由证券发行机构自行确定，可以4∶6，也可以各占一半，目前市场上以各占一半的模式居多。

4. 按计划摊销档

按计划摊销类别的债券的现金流比较稳定，不容易受到早偿率波动的影响。这种结构的CMO是由计划摊销档和支持档债券构成的，两档债券都以期初未偿还本金余额作为基础，按月定期向债券持有者支付利息，但本金的偿还顺序不同，如果住房抵押贷款资产池产生的本金超过了计划偿还额，超过部分将会用来偿还支持档债券的本金。反之，如果基础资产产生的本金不足以偿还计划偿还摊销档债券，偿还给支持档债券的本金将被用来偿还计划摊销档债券的本金。由此可见，这种结构的CMO是通过牺牲支持档债券的稳定性来保证计划摊销档债券本金偿还的稳定性。

不同期限结构的 CMO 产品为投资者提供了多种选择方案。

由于住房抵押贷款具有提前偿付的风险,从而导致住房抵押贷款证券的期限难以确定,使投资者面临一定程度的紧缩风险和展期风险,进而减少了该证券的吸引力。而 CMO 在固定期限的基础上设计了顺序偿还档、应计档、浮动利率档、逆浮动利率档、按计划摊销档等多种结构,在不改变基础债券偿付条件的基础上,发行多组期限不同的债券,进行不同期限的投资组合,可以满足投资者在不同时期的不同需求。而降低提前还款风险、为不同债券设计不同的平均寿命,能够提高投资者的流动性,完善资产负债表结构。

不同利率安排的 CMO 产品降低了投资者的利率风险。利率风险是投资者选择投资方案时的重要考虑因素,但在传统的抵押贷款证券中,由于它是以固定利率的模式来支付利息,会使投资者承担市场利率变动的风险。而 CMO 在不改变原先固定利率特征的基础上,设计出了浮动利率债券和逆浮动利率债券结合的全新结构,使利率风险在投资者内部得到了再分配,不仅降低了抵押贷款债券的利率风险,也同样成了风险转移的有效手段。

CMO 的多档设计丰富了投资品种,提高市场效率。CMO 的档数随着市场需求的变化而不断增加,可以丰富金融市场的投资品种,提高市场融资效率,强化金融市场在经济中的作用。

(二) CDO

担保债务凭证(Collateralized Debt Obligation,CDO)是把所有的可能的现金流打包在一起,并且进行重新包装,再以产品的形式投放到市场的凭证。

CDO 最早产生于 20 世纪 80 年代末的美国,随后在美国、欧洲和亚洲一些国家迅速发展起来。它是一组以债券、贷款或其他资产组成的资产池为抵押,并以该抵押池的现金流为基础而发行的有资产担保证券。发起人以作为抵押的资产组成 SPV,并由 SPV 发行 CDO。CDO 的信用评级有时候会高于所有抵押资产,但它的风险透明度可能有所降低。

CDO 作为一种固定收益证券,现金流量可预测性较高,不仅能够为投资人提供多元的投资渠道以及增加投资收益,更强化了金融机构资金运用效率,转移不确定风险。

担保债务凭证的发起人包括银行、其他金融机构或投资经理,通常会将拥有现金流量的资产汇集群组,然后作资产包装及分割,转给特殊目的公司,以私募或公开发行方式卖出固定收益证券或受益凭证。支撑担保债务凭证的是高收益的债券、新兴市场公司或国家债券、银行贷款等债务工具。依标的资产不同可分为现货担保债务凭证和合成担保债务凭证。前者标的资产由放款、债券等组成。发行人通常为银行,银行将其债权资产包装转移给特殊目的公司,再由该公司依不同的信用等级发行不同券种的凭证给投资人,其凭证之价值与债权资产之现金流量的绩效相联结。由于特殊目的公司实际买入标的资产,其有实质的现金交付,故名担保债务凭证。

CDO 最大的特点是分级,即在同一个抵押贷款资产池上开发出信用风险不同的各级产品,可分为优先级、中间级、股权级,各级产品偿还顺序由先到后为优先级、中间级和股权级,即一旦抵押贷款出现违约等造成损失,损失将首先由股权级吸收,然后是中间级,最后是优先级。这一点与 CMO 一致,都是采用分层次的现金流分配方案。

1. CDO 的分类

按照交易目的不同,CDO 可以分为资产负债表型 CDO 和套利型 CDO,按照证券化方法,CDO 可以分为现金型 CDO、合成型 CDO、混合型 CDO、市价型 CDO。

现金型 CDO 的交易结构如图 5-2 所示,发起人或基础资产的管理人通过 SPV 一方购买贷款、债券等基础资产,然后由设立的 SPV 向投资者发行 CDO,为购买这些资产进行融资。

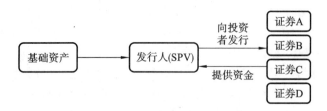

图 5-2 现金型 CDO 的证券化流程

合成型 CDO 的主要作用在于帮助发起人进行信用违约掉期交易(CDs)。信用违约掉期交易是指交易双方相互置换信用风险,实际上是 A 方为 B 方的资产提供了信用违约保险。B 方为了购买该违约保险,通常会根据被保险资产的本金额度向 A 方支付一定的保险费,因此,在合成型 CDO 交易中,A 方是信用保障的出售人,而 B 方则是信用保障的购买人,如图 5-3 所示。

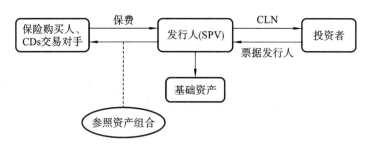

图 5-3 合成型 COD 的证券化流程

具体来看,在合成型 CDO 产品流程中,发起人是承担购买信用保障一方的责任(即 B 方),将资产组合的信用风险转移给了 SPV,但发起人仍然是这些资产的实际控制人,此时这些资产组合被称为参照资产组合。而 SPV 则负责寻找信用保障的出售人(即寻找 A 方),办法就是向投资者发行信用联结票据(CLN),这类票据的信用表现与上述资产组合挂钩,SPV 可以通过这种方式将资产组合的信用风险转移出去。因此,当投资者购买 SPV 发行的信用联结票据时,实际上是在向发起人出售对资产组合的信用保障。

混合型 CDO 可以看作是现金流 CDO 和合成型 CDO 的混合产品,现金流 CDO 部分的基础资产会被买断,而合成型 CDO 部分的基础资产会建立起参照关系,融合了两者的特点。

市价型 CDO 在结构上类似于现金型 CDO,投资者投资于市价 CDO 的资金同样会用于购买基础资产。但它与现金型 CDO 的区别在于,现金型 CDO 的基础资产是以账面价值记账的,而市价型 CDO 的基础资产则是以市价记账,会产生溢价或折价。此外,对于市价 CDO 而言,管理人会密切关注基础资产的市场价值,如果资产的市场价值下降,则会被立刻出手,以此来向投资者付款。

按照基础资产的种类,CDO 又可以划分为以高收益贷款为基础资产的担保贷款凭证(CLO)、以企业债券为基础资产的担保债券凭证(CBO)、以信用衍生品为基础资产的担保合成凭证(CSO)、以保险或再保险合同为基础资产的担保保险凭证(CSO)、以结构化金融产品(如 MBS 和 ABS)为基础资产的结构化金融担保债务凭证(SFCDO)、以商业不动产为基础资产的商业不动产 CDO(CRECDO)。

其中 CLO 和 CBO 的发行者通常是银行,银行将其债权资产包装转移给特殊目的公司,再由该公司依不同的信用等级发行不同券种的凭证给投资人,其凭证之价值与债权资产之现金流量的绩效相联结。比如前文所提及的"2005 年第一期开元信贷资产支持证券",即"开元"证券案例,国家开发银行以基础设施的中长期高收益贷款作为基础资产,正是属于这里的 CLO 形式,具有较高的收益率;而其将证券划分为三个档次的做法又可满足不同投资者的不同需求,有利于降低发行阻力。

有些资金管理人会与许多大机构客户开展业务,为了将这些客户的风险降到最小,资金管理人可以通过 CDO 交易来将违约风险转嫁给投资者。

2. CDO 的作用

(1) CDO 能够缓解资本金压力。为了缓解资本金压力而发行 CDO 的主要是银行,由于监管要求,银行有资本和风险调整的要求,在日常经营过程中可能会出现初选资本金不足的情况。而银行发行 CDO 可以更有效率地管理资产负债表,从而获取更高的权益比率。在实际交易中,与住房抵押贷款和商业房地产抵押贷款的操作类似,银行会将其手中持有的商业贷款出售,或者买入信用保障,从而满足监管资本充足率的要求。

(2) CDO 为投资者提供良好的投资机会。CDO 一般可带来三个方面的好处:收益率溢价、投资组合多样化,以及能够调整风险——收益配比。由于以 CDO 形式发行的证券的收益率会高于 CDO 基础资产组合的平均收益率,能够带来收益率溢价,因此对于风险偏好较高的投资者而言,能够满足他们高风险高收益的需求,在 CDO 交易中获得更多的预期收益;从投资者多样化的角度来看,CDO 的基础资产是一个债务证券资产池,投资者投资CDO 就相当于是同时投资了多只证券,能够实现分散投资的目的,而无须在债券市场上同时购入多种债券;最后,从风险与收益匹配的角度来看,投资合成型 CDO 可以使投资者真正做到调整投资的信用风险,从而获取所需要的资产收益率。

(三) CDO 与 CMO 的对比

CDO 是 ABS 中的一个细分种类,其与传统的 ABS 相比,主要区别在于它会对现金流的偿付进行分级,这一点与前文所述的 CMO 是类似的。

CDO 最大的特点是分级,即在同一个抵押贷款资产池上开发出信用风险不同的各级产品,可分为优先级、中间级、股权级,各级产品偿还顺序由先到后为优先级、中间级和股权级,即一旦抵押贷款出现违约等造成损失,损失将首先由股权级吸收,然后是中间级,最后是优先级,这一点与 CMO 一致,都是采用分层次的现金流分配方案。

与 CMO 不同的是,CMO 的发行以住房抵押贷款作为基础资产,而 CDO 则是以住房抵押贷款以外的其他资产作为基础资产,它的基础资产范围更广。

第五节 资产证券化风险分析——提前偿付风险

【案例 5-9】

D公司于2019年以多笔个人住房抵押贷款作为抵押物，向投资者发行了1年期、票面面值为100元的债券，票面年利率为5%，总计筹集了10万元资金，债券以固定利率抵押支付方式偿还，在付款期限内每个月偿还固定金额。由于A公司生产经营需要，要将住房抵押贷款用于出售，在第10个月时发生了提前偿付证券的行为，这种提前偿付行为会对D公司和投资者带来什么样的影响？

【案例 5-10】

E公司于2019年以多宗土地使用权作为抵押物，向投资者发行了3年期、票面面值为100元的债券，票面年利率为6%，总计筹集了100万元资金，债券以固定利率抵押支付方式偿还，在付款期限内每个月偿还固定金额。由于当前处于市场利率较低时期，预计未来将上行，E公司对该笔贷款抵押证券进行了提前偿还，并以4%的利率向银行重新筹集资金，为什么E公司会选择在市场利率较低实施提前偿付行为？

风险来源于不确定性，根据收益与风险匹配原则，收益越大，风险也相应会越大。资产证券化的风险性质与固定收益证券类似，其风险来源于基础资产的信用风险和交易结构的证券化风险。无论是发行人还是投资者，都需要在参与资产证券化产品时考虑风险因素，任何资金运动都是以风险为首要考虑因素，资产证券化也不例外。而对于资产证券化产品来说，最为人所关注的就是提前偿付风险，该风险主要是从投资者的角度进行考虑，为投资者的决策提供参考依据。

一、提前偿付的原因及其影响

提前偿付是指在总偿付金额不变的情况下，当借款人因种种原因在贷款到期以前，偿还部分或全部借款；或者借款人破产后其资产被拍卖偿债，从而造成贷款者的现金流量发生非预期性变化，到期信贷计划遭到破坏；或者在每个还款期内的实际偿付金额大于计划偿付金额，超出部分将比原计划更快地用来清偿以此基础资产为基础的发行的证券待偿金额，从而导致提前偿付的风险。提前偿付会使债权人的库存现金增加，从而使债权人整体资产的流动性超过利润最大化和风险防范的需求，造成预期收益的降低，且由于市场利率不断在发生变化，提前偿付还容易使债权人面临再投资的风险，因此，提前偿付是资产证券化过程中不可忽视的风险之一。

提前偿付的原因主要有四个：基础资产的转让、再融资、违约和部分提前偿付。

（一）基础资产的转让

基础资产的原始持有人会基于自身发展需求、外部经济总体状况、行业发展状况等因素考虑，将对资产的控制权转移给第三方，从而发生提前偿付行为。以住房抵押贷款为例，搬迁、换房等都会导致借款人出售用于抵押的住宅，将出售所得用于偿还发行证券筹资的资金，从而发生提前偿付行为；又比如以汽车贷款为例，汽车的升级和出售都有可能导致借款人的转手行为，从而导致贷款的提前偿付。

（二）再融资

借款人的融资行为在很多情况下受市场利率驱动，借款人倾向于与低利率的新贷款去偿还原先较高利率的贷款，相当于原来的贷款被"再融资"。再融资对投资者有不利影响，由于再融资行为通常是发生在市场利率下行时期，而这种提前偿付行为会导致投资者不得不以较低的利率进行再投资，减少了预期收益。如案例5-10中的E公司，为了获取更低利率的融资，以提前偿付证券的方式来收回抵押资产，以该资产作为抵押再向银行获取低利率贷款，从而减少了自身的融资成本，规避未来利率上行风险。

（三）违约

由违约导致提前偿付看起来似乎难以理解，但实际上当借款人发生违约行为时，抵押池中的资产会被行使抵押权用以清偿贷款，从而使贷款人提前收回资金。但是从抵押权行使到资金收回来之间具有一定的时间周期，无法立即清偿，从而给投资者造成了损失。

（四）部分提前偿付

借款人为了加快获得抵押资产的权益而导致每期实际偿付的金额超过了计划偿付本息，从而构成提前偿付，部分提前偿付通常是全部提前偿付情况中较小的一部分。

二、提前偿付的现金流分析

由式(5-3)可知，资产证券化产品的证券现值为：

$$证券现值 = MP\left[\frac{(1+i)^n - 1}{i(1+i)^n}\right] \tag{5-8}$$

其中，MP表示每期偿付金额，n表示还款期数，i表示每期的偿还利率。

因此，每期偿付金额MP为：

$$MP = 证券现值\left[\frac{i(1+i)^n}{(1+i)^n - 1}\right] \tag{5-9}$$

结合案例5-9，债券面值为100元，期限为1年，票面年利率为5%，按月还款，所以还款期数 $n=12$，每期的偿还利率为：$i = 5\% \div 12 = 0.4167\%$。由式(5-9)可知，每期偿付金额 MP = 8560.7元。

根据每期偿付金额，我们可以计算出未发生提前偿付时的现金流状况，如表5-5所示；在第10个月时发生提前偿付时的现金流状况，如表5-6所示。

表 5-5 D 公司 1 年期住房抵押贷款支持证券正常偿付的现金流分析

月份	期初剩余本金(元)	本期偿还金额(元)	本期偿还利息(元)	本期偿还本金(元)
1	100000.0	8560.7	416.7	8144.1
2	91855.9	8560.7	382.7	8178.0
3	83677.9	8560.7	348.7	8212.1
4	75465.8	8560.7	314.4	8246.3
5	67219.5	8560.7	280.1	8280.7
6	58938.8	8560.7	245.6	8315.2
7	50623.7	8560.7	210.9	8349.8
8	42273.9	8560.7	176.1	8384.6
9	33889.2	8560.7	141.2	8419.5
10	25469.7	8560.7	106.1	8454.6
11	17015.1	8560.7	70.9	8489.9
12	8525.2	8560.7	35.5	8525.2
合计		102729.0	2729.0	100000.0

表 5-6 D 公司 1 年期住房抵押贷款支持证券提前偿付的现金流分析

月份	期初剩余本金(元)	本期偿还金额(元)	本期偿还利息(元)	本期偿还本金(元)
1	100000.0	8560.7	416.7	8144.1
2	91855.9	8560.7	382.7	8178.0
3	83677.9	8560.7	348.7	8212.1
4	75465.8	8560.7	314.4	8246.3
5	67219.5	8560.7	280.1	8280.7
6	58938.8	8560.7	245.6	8315.2
7	50623.7	8560.7	210.9	8349.8
8	42273.9	8560.7	176.1	8384.6
9	33889.2	8560.7	141.2	8419.5
10	25469.7	25469.7	0.0	25469.7
总计		102516.4	2516.4	100000.0

通过对比表 5-5 和表 5-6 我们可以看到,当发生提前偿付时,表 5-6 中提前偿付时的最终偿付金额会低于表 5-5 中未发生提前偿付时的金额。由此可见,当证券发生提前偿付时,会使投资者的总收益减少,但 D 公司在融资过程中的总偿付金额相对降低了。

第六节 REITs

【案例 5-11】

2014年1月,国内首单以优质不动产作为基础资产的专项资管计划"中信启航专项资产管理计划"获证监会批复同意实施,以私募的方式发行,在深圳交易所综合交易平台挂牌。该 REITs 产品以中信证券位于北京和深圳的两幢自有物业作为投资资产,且有中信证券的背书,能够产生稳定的现金流。产品分为优先级和次级两类,其中优先级规模 36.5 亿元,占比 70.1%,评级为 AAA,预期期限不超过 5 年;次级规模 15.6 亿元,占比 29.9%,预期期限不超过 5 年。这类证券化产品有什么优点?

【案例 5-12】

2020年8月,首创股份发布公告称,董事会同意公司开展基础设施公募 REITs 申报发行工作,是国内首个公开参与基础设施公募 REITs 试点的企业,运作方式为契约型封闭式,基金期限至 2047 年 9 月 29 日。首创股份 5 月 19 日发布其首创水务 REITs 的询价公告,最终询价结果为 3.7 元/份。首创水务 REITs 的底层资产包括深圳市福永、松岗、公明水质净化厂 BOT 特许经营项目,以及合肥市十五里河污水处理厂 PPP 项目。根据上述信息我们可以判断,首创水务 REITs 是属于哪种类型的 REITs 产品?

房地产信托投资基金(REITs)起源于美国,最早可以追溯到 1880 年,而国内 REITs 的推出最早是在 2005 年开启试点工作。REITs 是房地产证券化的重要手段,对我国房地产投资市场的健康发展有重要影响。房地产证券化就是把流动性较低的、非证券形态的房地产投资,直接转化为资本市场上的证券资产的金融交易过程。REITs 是金融与房地产的交叉创新产物,为规避管制而衍生出来的金融产品,既具有信托的性质,同时又具备公司的性质,还具备有限合伙制的灵活性,降低了中小投资者投资房地产行业的门槛,同时也为房地产提供了一个新的有效融资模式。REITs 是一种革命性、颠覆式的商业模式,它逐步减弱商业银行等信贷金融机构对房地产行业的影响。

一、REITs 的概念

REITs 是一种通过发行收益凭证或股票来筹集投资者的资金,用以投资购买房地产项目,委托专门从事房地产投资经营活动的信托公司进行管理,并将投资收益按照比例以派息的方式向投资者支付的信托基金形式。具体来说,REITs 使项目机构将持有的物业的股份或受益单位分售给投资者,信托机构将房地产全部出租给房地产公司,取得租赁费后向投资者发放股利收益，或者信托机构直接在市场上出售房地产，将所得价款分配给投资者，以此取得收益。但是，其实 REITs 的大部分收入并不是来源于资本利得，而是来源于租金收入，这也使得它能够在房地产价格大幅度波动的过程中屹立不倒。

与单一的房地产信托投资不同，REITs 大部分投资于能够产生稳定现金流的物业资产，这是 REITs 的基础。而这些资产主要包括写字楼、商业零售、酒店、公寓、地产等非住宅类资产。相当于购买和投资的是一个物业资产池，属于组合资产，将完整的物业资产切割为相对较小的单位，而且通过公募的方式，使得资产能够在公开市场上市、流通和交易，因此 REITs 具有很好的流动性。

比如案例 5-11 中中信证券设立的"中信启航专项资产管理计划"，以中信证券位于北京和深圳的两幢自有物业作为投资资产，且有中信证券的背书，能够产生稳定的现金流，以公开募集的方式筹集资金，并将收益分配划分为两个等级，有优次之分，在深圳交易所挂牌上市交易，可以保证 REITs 产品的流动性。

REITs 与证券投资基金类似，区别在于它们两者之间的投资方向不同。证券投资基金是一种利益共享、风险共担的投资制度，通过筹集投资者的资金，由专业的基金管理人来从事投资活动，投资者只具备收益的权利，而不能亲自进行资产管理。如果投资者对基金管理人的资产管理表现不满意，可以通过在市场上卖出基金份额这种"用脚投票"的形式来表达意见。REITs 与证券投资基金不同的是，它的投资标的主要是房地产的出售与经营管理收益，而证券投资基金一般只能够买卖证券，只能获取被动收益。

REITs 具有引导不动产市场的功能。REITs 的投资对象主要针对的是房地产，以股票或收益凭证的形式对投资标的物进行选择和管理，这些证券都可以上市交易，流动性很高。经由 REITs 在集中市场上挂牌上市，可以让有效率的证券市场监督和淘汰无效率的公共事业项目，最终使整个不动产市场的技能能够得到充分的发挥，使优秀产品在金融市场中脱颖而出。

REITs 的流动性更强。与房地产直接投资相比，REITS 的流动性更强，它的交易方式和程序与股票、债券完全相同，可以在证券交易所的交易时间内随时买卖。

REITs 相对于固定收益证券而言，更具有抗通货膨胀能力。与债券等固定收益证券相比，REITS 具有抗通货膨胀的能力。一般来说，通货膨胀率上升时，固定收益证券的价格都会面临下行的压力，而根据历史经验来看，REITs 与通货膨胀率基本是同向变动的。

REITs 的投资门槛更低。相对于房地产直接投资而言，REITs 的投资门槛更低，以 2021 年最新发行的 9 只公募基础设施 REITs 的案例来看，上海证券交易所的 3 只产品的认购金额是 1000 元；而深圳证券交易所的 4 只产品的认购金额起步是 1000 份，最高询价为 1.338 元，即 1.338 万元即可参与 REITs 的认购，而之后在二级市场的交易则是以 100 份为起步进行交易，与 A 股的股票单次交易数量规则类似。

二、REITs 的基本结构

REITs 的基本当事人有四个，包括信托公司、信托基金、投资者、资产管理公司。第一，由信托公司设立信托基金，在资本市场上向投资者发行，筹集投资者的资金，购买了该基金的投资者能够定期享有基金的派息，获取现金流；第二，由该基金委托信托公司进行管理，信托公司代表投资者进行管理,收取信托费用;第三,信托基金公司委托专业的资产管理公司,由专业的资产管理公司提供关于房地产买卖的咨询等资产管理服务,向资产管理公司支付相关的服务费用;第四,信托基金用募集来的资金投资于房地产,定期收到房地产的租金收入、房产增值收入、基础设施项目收入等,用于向投资者派息分红,以及支付各中介服务机构的相关服务费用。

REITs的具体的流程结构如图5-4所示。

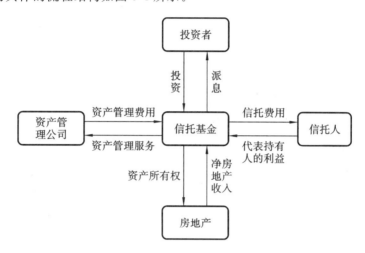

图5-4 REITs的基本结构

三、REITs的分类

（一）按照收入来源划分

可将REITs划分为资产类、抵押贷款类、混合类。

1. 资产类REITs

资产类REITS主要投资对象是房地产,主要收入来源就是租金。该类产品的投资组合会根据其战略的差异有很大的不同,但通常主要持有购物中心、公寓、办公楼、仓库等收益型房地产,业务范围包括房地产的管理、租赁、物业开发和客户服务等。由于它是属于股权类投资,因此投资者不能够直接要求返还本金。但是REITs的流动性比较强,可以通过在二级市场转让的方式来退出该产品的投资,变现能力更强。

2. 抵押贷款类REITs

抵押贷款类REITs的主要投资对象是房地产抵押贷款或抵押贷款支持证券,主要收入来源是证券带来的利息。该类产品充当的角色类似于金融中介,将所募集的资金用于发放各种抵押贷款,其中收入主要来源于抵押贷款利息、发放抵押贷款所收取的手续费以及通过发放参与型抵押贷款所获取房地产的部分租金和增值收益。

3. 混合类REITs

混合类REITs是前两类基金的组合,一般由基金管理人结合市场因素、宏观经济状况、房地产发展状况等因素来决定这两者在组合中的各自比例。

(二) 按照基金期限来分类

按照基金期限,REITs 可以分为封闭式 REITs 和开放式 REITs。

1. 封闭式 REITs

封闭式 REITs 与一般的封闭式基金类似,事先确定发行总额,在封闭期内发行总额不变,资本总额也不得随时增加或减少,以保障投资者的权益不被稀释。封闭式 REITs 的发行规模较小,投资者若想买卖该产品,则需要在二级市场上进行竞价交易。此外,封闭式 REITs 还有两个非常重要的特点:首先它只能够投资于房地产领域;其次,它的估价相对而言更容易进行,资产价值不需要像开放式产品那样每月进行清算,存续时间一般在 3 年以上。

2. 开放式 REITs

开放式 REITs 与封闭式 REITs 是相对立的两类产品,它的发行规模可以做灵活的调整,投资者可以按照基金单位的净值来向信托投资公司赎回或购买相应的基金份额,即它的发行总额是会随着交易的发生而不断发生变化的,与开放式证券投资基金相似。

(三) 按照募集对象分类

按照募集对象分类,REITs 可分为公募 REITs 和私募 REITs。

1. 公募 REITs

公募 REITs 是指通过公开发行募集的方式,由发行人通过中介机构向不特定的社会公众发售证券,以公开营销的方式来向不特定限制的对象募集资金的模式。一般而言,公募 REITs 在信息披露方面要求更为严格,且其投资者结构更为复杂,可包括机构投资者、战略投资者、个人投资者等,受到的法律约束更多。

2. 私募 REITs

私募 REITs 最早起源于 2000 年的美国。与公募 REITs 不同的是,该类产品无法在公开市场上进行交易,且其投资者一般是保险公司、养老基金等机构投资者,以及与发行人有特殊关系的战略投资者,即私募 REITs 只会面向合格投资者发行。与公募 REITs 相比,它的发行程序更简单,时间成本更低,但基金份额的交易流动性低于公募 REITs,相关的监管披露信息也不如公募 REITs 的要求严格。

(四) 按照行业来分类

REITs 可以划分为工业办公类、零售类、公寓类、住宿度假类、医疗保健类、自用仓储类、特殊类、抵押类以及基础设施建设类等,不同品种的 REITs 都有不同的特定风险。比如案例 5-12 中的首创 REITs,其基础资产为深圳市福永、松岗、公明水质净化厂 BOT 特许经营项目,以及合肥市十五里河污水处理厂 PPP 项目,都是与政府签订行政协议的合作合同,且根据底层投资项目性质来判断,首创 REITs 属于基础设施建设类 REITs。依托交易所上市交易,能够充分保障它的流动性,且相关的监管条件也会更为严格,能够保障投资者利益。同时,这类 REITs 产品也能够为基础设施建设项目提供资金支持。

四、REITs的估值方法

对公募REITs而言,其估值方法主要包括现金流折现法(DCF)、营运现金流相对估值法(P/FFO)、调整后的营运现金流相对估值法(P/AFFO)、净资产价值法(NAVPS)。其中DCF法的应用范围较为广泛和常见,其在债券估值、股票估值中也是常用的重要工具之一。DCF估值方法中主要需要涉及对项目未来净现金流、贴现率、项目存续年限的预测,目前国内发行的公募REITs均是采用DCF模型来进行项目资产估值;P/FFO和P/AFFO的估值方式类似股票相对价值法中的相对市盈率法(PE),适合于成熟市场中发行REITs产品,利用现存的可比REITs产品价值来进行相对估值;NAVPS则是通过计算每份REITs基金份额所对应的净资产市场价值,以此作为每一份额REITs的估值。

五、REITs的风险

REITs作为一个金融创新产品,也同样会面临着一定的特定风险。

首先,根据各国有关REITs的相关法律规定,REITs至少要将70%以上的资金投资于房地产行业,与那些可以在不同行业中自由进出的基金相比,它的投资领域过分集中,行业分散度不够,从而容易面临更高的市场风险。由于房地产投资的流动性相对较低,也可能会影响REITs在市场基本面改变后调整投资组合的灵活性。

其次,REITs的收益凭证市场价值会面临利率风险。利率上升一般会使投资者提高他们的期望报酬率,但比如房地产租金,一般都是签订一定期限的租赁合同,租金在租赁期限内始终保持不变,因此投资该类房地产业务的REITs的现金流水平一般在一定期限内都是固定不变的,不会随着外部市场的变化而产生相应变化。这就会导致在市场利率上升时,REITs的投资回报率会有所下降。同时,市场利率上升也会导致投资者的资金成本上升。

再次,根据REITs的法律规定,其投资所得至少要将90%以上的税后红利分配给投资者,而且REITs的借款占总资产的比率一般不超过60%,这也会使得REITs难以获得足够的资金来拓展业务。

最后,REITs有可能过度提高债务杠杆。REITs在经营中必须对资产负债比例管理指标、成本、损益等重大经营情况定期进行专门的分析和财务评价,发挥财务的日常监督作用。如果管理不善,对业务中存在的重大财务隐患不能即时察觉,必然会导致风险的长期积累,最终有可能引起更大的危机。

六、REITs目前在国内的发展状况

REITs最早于美国20世纪60年代初,由美国国会创立。由于一些高净值投资者希望能够以有限责任的方式来投资商业房地产,获取不动产市场带来的增值、租金收益等,且政府也想要为跨州高速公路的投资计划筹集项目资金,《REITs法案》于1960年诞生。

经过几十年的积累和发展,美国REITs在经济发展和就业方面都起到了重要作用。目前美国大约有200多只REITs产品,大多采取的是"公司型"的REITs,由特殊目的机构(SPV)直接持有并经营相关的不动产和基础设施,以实现风险隔离,且能够在符合相关法

律法规要求的前提下,由 SPV 来发行股票或者其他证券来实现上市,并享受税收优惠。

自美国推出 REITs 以来,已有 40 多个国家和地区发行了 REITs 产品。在亚洲国家中,日本最早推行 REITs 产品,且得益于日本房地产公司较多,REITs 的市场规模也日益扩大。

我国的 REITs 则是以离岸 REITs 作为发展起点,最早的一支离岸 REITs 产品是 2005 年由越秀投资在香港上市的越秀 REITs。

2005 年 12 月 21 日,越秀集团发行的越秀 REITs 于香港上市,是第一只以中国内地资产为标的的 REITs 产品,其物业组合包括越秀投资在广州的 4 处物业:财富广场、城建大厦、维多利广场和白马大厦。这 4 处商场项目均位于广州黄金地带,从盈利能力和发展潜力来看都属于优质资产,共计发行上市的份额为 10 亿份,向公众募集资金 17.9 亿港元。

此后,在国家政策和经济发展的推动下,中信于 2014 年发行了国内首支权益类私募类 REITs"中信启航专项资产管理计划"。2020 年 5 月份证监会与发展改革委联合发布了《关于推进基础设施领域不动产投资信托基金(REITs)试点相关工作的通知》,标志着国内 REITs 产品的发展进入了一个新的阶段,将在未来发挥越来越重要的作用。与美国 REITs 产品不同的是,国内的 REITs 均采用的是契约型 REITs,以公募基金的形式发行,采用"公募基金+基础设施资产支持证券"的产品结构,即以公开募集的证券投资基金为载体,以 ABS 的形式来投资不动产标的,属于"公募基金+ABS"的发行模式。

就目前国内发行的公募 REITs 而言,投资者可以通过一级市场认购和二级市场交易的方式来参与公募 REITs 的投资。一级市场认购又有战略配售、网下询价认购和公众投资者认购三种途径,其中战略配售主要是 REITs 的基础资产原始持有人或与其相关的关联方、专业机构投资者等;网下询价认购则以专业机构投资者为主;公众投资者只能通过证券公司来进行场内认购或者在场外基金销售机构认购,其位于三类认购中的最后一位,等待战略配售、网下询价认购完毕后,剩余份额再用于公众投资者认购。

思考题

第六章 有效市场假说与行为金融学

本章要点

1. 有效市场假说的三种形式。
2. 有效市场假说的检验方法。
3. 有效市场假说的缺陷。
4. 行为金融学的理论基础。

第一节 随机游走与有效市场假说

【案例 6-1】

1998 年 5 月 3 日,星期天,《纽约时报》报道 EntreMed 公司研制出一种潜在的新抗癌药物;5 月 4 日,该公司的股票价格从上周五的 12 美元飙升到 85 美元,股价翻了不止一倍。第二天回调至 52 美元,以后几周的股价一直稳定在 30 美元上下。但是这项抗癌药的研究成果早就在 5 个月前在《自然》杂志上公开发表了。请问此时市场是有效的吗?

【案例 6-2】

一个美国参议员用飞镖去插一份关于财经金融的报纸,结果他利用这种胡乱掷标的方式得出的投资组合竟然和大盘相若,一点也不逊色于一些资深专家的投资组合。此外,《福布斯》杂志的编辑用《纽约时报》股票市场专栏投镖的方法选出一组普通股股票,共28种。对这个模拟组合中的每只股票投资1000美元,共计2.8万美元。17年后的1984年夏季,该组合的价值约为1317万美元,累计370%以上的总收益,换算成年复利收益率高达9.5%,大大优于股票市场指数。

一、股价波动的无规律

有效市场假说(Efficient Market Hypothesis,EMH)是有关价格对影响价格的各种信息的反应能力、程度及速度的解释,是关于市场效率问题的研究。该假说的提出源于早期对价格形成的不确定性进行的研究探索,可以追溯到"随机游走"(random walk)理论。早在1900年,法国经济学家Louis Bachelier对法国商品价格的实证研究中发现,这些商品的价格呈随机波动,即某种商品的当前价格是其未来价格的无偏估计值。从时间序列来看,第二天商品的预期价格期望值与今天实际价格差额的值等于零。这一发现与人们的传统看法不同,因为人们一直在尝试研究价格波动的规律,或者说人们认为价格的波动是有规律可循的,但Louis Bachelier的结论却与之相矛盾。尽管该研究结果具有很高的学术价值,却没有引起学术界的重视。1905年,美国《自然》杂志刊登的一封通信中向人们提出了这样一个问题:如果将一个醉汉置于荒郊野外,之后又必须将他找回来,那么,从什么地方开始寻找最好呢?答案是从醉汉最初所在的地点找起,该地点可能是醉汉未来未知的最佳估计值,因为我们假设醉汉是以一种不可预期的或随机的方式游走。这篇文章首次将这一规律定义为"随机游走"。

1953年英国统计学家Kendall在《经济事件序列分析》第一篇《价格》一文中研究了19种英国工业股票价格指数和纽约、芝加哥商品交易所的棉花、小麦的即期价格每周的变化规律,在做了大量序列相关分析后发现这些序列就像在随机漫步一样,下一周的价格是前一周的价格加上一个随机数构成。

假设任何用于预测股票业绩的信息都已经反映在股票价格之中,一旦有信息指出某些股票的价位被低估,出现了获取利润的机会,投资者便会蜂拥购买该股票使得其股票价格立马上升到合理的水平,从而只能期望获得正常收益率,即与股票风险相称的收益率。然而,在给定所有已知信息之后,如果股票价格立马恢复到正常水平,那么必定只会对新信息做出上涨或下跌的反应。根据定义,新信息一定是不可预测的;如果能够预测,则可预测的信息必定是当天信息的一部分。因此,股票价格对新信息的变化必定是不可预测的。这就是股票价格遵循随机漫步观点的本质。也就是说,价格的变化是随机不可预测的。股价随机波动绝非市场非理性的证据,而是明智的投资者比市场中其他人更早地发现了相关信息并因此买入或卖出股票的必然结果。案例6-2中的两个例子说明了股价波动呈现出随机游走的状态。

Roberts的研究表明股价的波动符合普通布朗运动,呈"随机游走"规律,价格变化是完全随机的,不存在某种确定性规律,于是有了这样的结论:市场有效就意味着市场价格变动必须遵循随机游走假设,而它又包含了两项基本假设,即独立性假设和同分布假设,这意味着一旦资产或证券价格变动的观测数量足够多或趋向无穷时,其概率分布就势必为正态分布。Samuelson论证指出,如果市场上信息传递顺畅,没有交易成本,那么未来价格变动将独立于市场当前的价格,他们在仔细研究了随机游走理论后,较为严密地解释了有效市场假说期望收益模型中的"公平游戏"原则。而 Osborne 指出,如果价格变化是独立的,那么价格变化的分布将会呈现正态性,具有稳定的均值和有效的方差。投资者是根据他们的期望价值或者收益率来估计股票的,其期望价值是可能的收益率的概率加权平均值,所有投资者在 Osborne 定义上的理性是以无偏的方式设定其主观概率。Fama 为该理论的最终形成和完善做出了卓越的贡献,1970 年他在关于有效市场假说的一篇经典论文《有效资本市场:理论和实证研究回顾》提出了研究有效市场假说的一个完整的理论框架[1]。

二、有效性来源于竞争

微观经济学中的完全竞争市场理论是指,竞争会导致厂商进入市场,在利润最大化的驱使下,众多厂商的竞争最终会使经济利润趋于零。该理论也同样适用于资本市场。当资本市场中存在大量市场参与者时,这些市场参与者就如同完全竞争市场中的竞争者。他们在市场中竞争着与证券价格有关的任何信息。资本市场所固有的竞价机制使得市场参与者之间的关系如同基本竞争模型所预见的竞争关系。这种信息竞争关系使资本市场处于一个稳定的、自我调节的均衡状态。对信息相互追逐的竞争机制提供了效率的制约与平衡,从而使经济利润趋于零。可以说,效率市场上的竞争早已把任何有利之处都给消除了。

激烈的信息竞争和对证券的竞价投资会使证券价格迅速吸收所有相关信息,从而消除任何超额利润。同时,大量投资者之间的相互竞争可以有效地制止私人信息的垄断,进而消除由此带来信息垄断租金;而且完全的竞争可以挫败任何寻租行为。也就是说,每个证券投资者都只能获得风险调整的平均收益。

假定某只股票价格具有上涨趋势,获得信息较早的投资者会在较低的价格买入股票,获得信息较晚的投资者必然在股票价格上涨到较高价位时进入,显而易见前者将比后者获得更多的收益。实际上,市场上所有的理性投资者都在追逐利润最大化,因而都会争先挖掘和利用一切有价值的信息。投资者对证券的买卖行为促使价格消化更多信息,进而推动价格向价值方向靠拢,最终市场达到有效。投资者对信息的争先采集过程正是一种竞争过程,对获得有效信息的不断竞争使市场有效率。

一般来说,投资者只要进行市场分析,就能比别人得到更多的信息。但是人们只有在收益高于所花费的成本时,才愿意进行分析。假如投资者愿意在采集信息上花费时间和金钱,那他就能得到一些被其他的投资者所忽略的东西,这似乎是理性的。只要这样的行为能产生更多的投资收益,就会有更多的投资者花时间和资源去发现和分析新信息。随着越来越多具有良好财力支持的分析师花费资源在市场研究上,市场中容易获得的收益会越来越少,而且成本会更加昂贵,以致只有极大的投资组合的管理人才会认为此事也许值得一做。因此实际上正是许多具有强大财力支持、领高薪、有野心的分析师之间的竞争保证了一个普遍的准则:股价应以适当的水平反映已知的信息。这就是有效率的市场。

---

[1] Fama E F. Efficient capital markets:A review of theory and empirical work[J]. Journal of Finance,1970.

三、有效市场假说的形式

标准金融框架中代理人是理性的,证券的价格等于其基本价值,即未来预期现金流的折现值。实际价格反映基本价值的假说被称为有效市场假说。

有效市场假说是由 Fama 于 1970 年提出的。有效市场假说认为,在法律健全、功能良好、透明度高、竞争充分的股票市场,一切有价值的信息已经及时、准确、充分地反映在股价走势中,其中包括企业当前和未来的价值,除非存在市场操纵,否则投资者不可能通过分析以往价格获得高于市场平均水平的超额利润。也就是说,在有效市场中,作为建立在已有信息基础上的交易系统中的市场投资者,无论他是个人或是机构投资者,长期而言是无法取得超过市场均衡回报的超额收益的,即不可能打败市场。

在随后的 10 多年里,有效市场假说得到了很多理论和实证上的支持,学术界对它的成立提出了强有力的论证,而且随后的证券分析等一系列金融应用工具都是建立在有效市场假说的基础上的。Jensen(1978)指出,"在经济学的定理中,得到的实证支持方面没有比有效市场假说更多的了"。

有效市场假说的理论基础由三个弱化的假设组成:第一,假设投资者是理性的,因此投资者可以理性地评估资产价值;第二,即使有些投资者不是理性的,但由于他们的交易随机产生,交易相互抵消,不至于影响资产的价格;第三,即使投资者的非理性行为并非随机的,而是具有相关性,他们在市场中将遇到理性的套利者,套利者将消除投资者对价格的影响。

第一个假设认为,有效市场假说是理性投资者相互竞争的均衡结果。如果投资者是理性的,他们能准确地将资产价格定为基本价值。投资者一旦获得关于基本价值的任何信息,都将对已经获得的即使是少量的信息积极地进行交易。这样一来,他们把信息迅速融入价格,同时消除了使他们产生行动的获利机会。如果这种现象与市场无摩擦、无交易成本的理想条件同时发生,价格必然反映所有信息,投资者从基于信息的交易中将不会获利。

第二个假说的提出,并不因为投资者理性的假设不成立,有效市场假说就不成立。在许多情况下,虽然部分投资者并非完全理性,但市场仍然是有效的,因为非理性投资者的交易是随机的。如果存在大量的非理性投资者,而且他们的交易行为是不相关的,他们的交易很可能相互抵消。在这样的市场中,非理性投资者相互交易,即使交易量很大,也不会影响资产价格。

第三个假设是根据投资者之间的交易相关性提出的。第二个假设的前提条件是非理性投资者的交易策略之间不具备相关性,这与实际情况不吻合,因此具有一定的局限性。但是有效市场理论认为,即使在投资者的交易策略相关时该理论也成立。假设某股票的价格由于非理性投资者的相关购买行为而高于基本价值,聪明的投资者一旦发现这一事实,会出售甚至卖空该股票而同时买入一个近似的替代资产来规避风险。可替代资产的存在性和完全市场假设紧密联系,这对套利十分重要,因为它允许投资者从不同的金融资产中获得相同的现金流。如果存在替代资产,套利者执行交易,则肯定获得一个无风险的利润。套利者的出售结果使得资产价格回落至基本价值。如果套利足够迅速和有效,套利者相互竞争以获取利润,资产价格决不会远离基本价值。套利者也不能获得很大的无风险利润。因此只要资产之间具有相似的替代关系,即使部分投资者不理性或者他们的需求具有相关性,套利也可以将资产价格保持在基本价值的附近。

有效市场假说的理论推导逻辑性强。当投资者是理性的,市场根据定义是有效的。当有些投资者不理性时,大量的交易是随机的,因此他们对市场不形成系统的价格偏差。套利者的竞争保证了即使价格产生了系统性的偏差,也会回归基本价值。如果非理性交易者以非基本价值的价格交易,他们的财富将逐渐减少,最后不能在市场中生存。

有效市场假说通常可以分为三种形式:弱式有效形式、半强式有效形式和强式有效形式。这些形式通过对全部可获得信息的定义不同来区分,如图 6-1 所示。

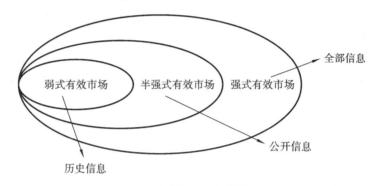

图 6-1 信息与市场有效性分类

（一）弱式有效市场假说

弱式有效市场假说认为,股价已经反映了能从市场交易数据中获得的全部信息,这些信息包括历史股价、交易量、未平仓量等。该假定认为市场的价格趋势分析是徒劳的,过去的价格资料是公开且几乎毫不费力就可以获得的。如果市场是弱式有效的,投资者就无法利用过去的证券价格所包含的信息,评估错误定价的证券,获得超额利润。

技术分析人士认为,过去的价格包含了未来价格走势的信息,通过对过去市场价格走势进行分析,可以预测未来的价格水平。从理论上讲,如果市场是弱式有效的,那么技术分析必然失效。另外,从金融学的实证研究结论来看,泰勒和艾伦(2002)、贝斯山姆宾得(1997)分别利用外汇市场和股票市场的相关数据对常用技术分析方法的投资表现进行检验,结果发现,在扣除交易成本之后,技术分析方法并不能获得显著的超额收益。

（二）半强式有效市场假说

半强式有效市场假说认为,证券价格包含了所有公开可获得的信息。这些信息不仅包括交易信息,即以往证券价格和收益率,还包括公司的生产经营信息,如公司生产线的基本数据、管理质量、资产负债表构成、持有的专利、利润预测以及会计实务等。在半强式有效市场中,任何与公司价值相关的事件一经发布,所有投资者会立即反应,从而使价格反映所有公开信息。因此,投资者不仅无法从历史信息中获取超额利润,还无法通过分析当前的公开信息获得超额利润。此时,基于公开资料进行的基本分析毫无用处。

(三)强式有效市场假说

强式有效市场假说认为,股价反映了全部与市场相关的信息,即所有的公开信息和内幕信息都已经完全反映在当前的价格之中。这些信息包括所有相关历史信息及所有公开信息,还包括上市公司未进行披露的内幕信息或者投资者关于上市公司的私人信息。如果强式有效市场假说正确,尚未公开的内部信息实际上早已泄露出来并反映在证券价格中。在这种情况下,投资者即使拥有内部信息,也无法获取超额利润。此时,资产组合经理会采取消极保守策略,只求获得市场的平均收益率。事实上,这是一种无法达到的理想状态。

以上分析可以得出理性人假设与有效市场假说之间的关系。当市场是由完全的理性投资者组成时,投资者的理性预期与理性决策保证了资本市场的有效性。当市场是交易策略互不相关的非理性投资者和理性投资者共同构成时,市场的有效性则依赖于交易的随机性和理性投资者的干预。而当市场是由交易相关的非理性投资者和理性的套利者构成时,套利交易的有效性和市场选择将保持市场的有效性。因此可以认为,投资者的理性是有效市场假说成立的必要条件,离开了投资者的理性,市场将不再有效。如果一些行为是非理性的,他们的行为肯定是随机的、非系统的。如案例6-1中EntreMed公司的股价虽然在5月4日迅速飙升,对利好消息做出了及时的反应,但是如果有效市场假说成立,市场应该在5个月以前就做出反应,而不会等到《纽约时报》对陈旧信息的再次报道才做出反应。显然,该市场并不是有效市场。

第二节 有效市场假说的检验

【案例6-3】

Conrad和Kaul以及Lo和Mackinlay考察了纽约证券交易所股票的周收益并发现了短期内的正序列相关。然而,周收益的相关系数都相当小,至少对于那些价格数据最为可靠的、更新过的大型股票来说是这样的。

【案例6-4】

学者对我国1995年以前上市的上市公司按照账面市值比大小进行排序,以及按照β系数的大小进行排序,然后对其1996年和1996—1997年的股票价格收益率进行对比研究,发现收益率会随着账面市值比的升高而上升。

有效市场假说的实证大体上可以分为两大类。一是一旦有影响证券基本价值的新信息冲击市场,证券的价格应该迅速并正确地对信息做出反应。"迅速"是指较晚得到信息的人将不可能从中获利,"正确"是指这些信息引起的价格调整恰到好处,既不会反应过度,也不会反应不足。产生的初始影响既不可能形成价格动量,也不可能形成价格反转。二是因为证券的价格变动要服从于其基本价值的变动规律,那么在没有任何有关证券基本价值的信息的情况下,证券价格不应该对证券供给、需求或者其他因素的变动而有所反应。

Fama 指出,根据价格对信息的迅速和正确反映得出的基本假设是,过时信息对赚钱,即获得风险调整后的超额利润没有价值。利用过时信息,某种策略一段时间内获得了正的现金流并不能证明市场无效。为了获得超额利润,投资者必须承担风险,这些超额利润是对风险的报酬。计算报酬和风险需要一个合理的模型。检验市场有效性要充分考虑这种有效性对风险和预期收益模型的依赖。这是后来金融理论实证检验中的主要争论所在。当研究发现一个根据过时信息进行交易而获得超额利润的机会,不管是否有说服力,批评者总能找到各种辩护的理由,特别是风险未及时调整到位的借口,并且会立即提出相应的风险模型,认为超额利润是对风险的合理报酬。

一、弱式有效市场的检验

检验弱式有效性通常使用的方法有收益率的序列相关性检验、游程检验、过滤法则检验。

(一) 收益率的序列相关性检验

收益率的序列相关性检验是检验今天收益率与过去收益率的直线关系。在检验的过程中,通常需要估计一个回归模型:

$$r_t = a + br_{t-1} + \varepsilon_t \tag{6-1}$$

其中,r_t 为时间 t 的收益率,a 为与过去收益率不相关的期望收益率;b 为今天收益率与过去收益率的相关性,假如 $t=0$,那么它表示今天的收益率与昨天收益率的相关性;ε_t 是随机扰动项,包含与过去收益率不相关的变量。当 $b=0$ 时,说明无法利用历史信息预测未来收益,弱式有效市场假说成立。如案例 6-3 中,虽然研究证明了美国市场短期内存在弱的价格趋势,但证据并没有清晰地表明有交易机会的存在。

需要指出的是,也可以运用该模型来测试超额收益率的相关性,以检验弱式有效性。此时,r_t 表示在时间 t 的超额收益率。例如,Fama 和 Macbeth 使用不同的估计期望收益率的方法进行了一系列检验。他们使用资本资产定价模型来估计某一只证券的期望收益率,然后测试超额收益率的相关性,并且发现实际上不相关。这表明实际收益率的偏差是随机的,符合弱式有效市场假设。Galai 使用布莱克-斯科尔斯模型估计期权市场的期望收益率,然后检验超额收益率的相关性。同样,Roll 使用利率的期限结构估计国库券市场的收益率,然后检验超额收益率的相关性。他们都发现超额收益率不相关。

另外,也可以用随机游走模型来测试收益率的相关性,以检验弱式有效性。随机游走模型如下:

$$P_t = P_{t-1} + \varepsilon_t \tag{6-2}$$

其中,P_t 为时期 t 股票的价格或股票价格指数。由于后期股价或股指对前期股价或股指存在依赖关系,因此,为了消除这种影响,常用收益率来代替股票价格。ε_t 为白噪声序列,服从均值为 0 的正态分布,即 ε_t 满足:$E(\varepsilon_t)=0$,$E(\varepsilon_t,\varepsilon_s)=0$ $(t \neq s)$,$\mathrm{Var}(\varepsilon_t)=\sigma_\varepsilon^2$。

如果收益率能通过白噪声检验,就说明股票价格具有随机游走的特性,市场达到弱式有效。但该模型的要求过于苛刻,即随机误差性的独立同方差性要求太强。

(二) 游程检验

检验股票价格的随机游走过程也可以通过游程检验来进行。它是通过测试价格变化的标志来对股票收益率的相关性进行检验的,可以避开随机游走模型对随机误差项独立同方差的苛刻要求,而且可以消除不正常观察数据的影响。价格上升用"+"表示,价格下降用"−"表示。同一标志的一个序列称为一个游程。假如价格变化之间呈正相关,那么就有更长的"+"或"−"序列,而不是频繁变化和更小的游程。

当样本足够大时,总游程数 R 趋于正态分布,那么,$Z=[R-E(R)]/\sigma_R^2$ 就服从标准正态分布 $N(0,1)$,其中 $E(R)$ 为总游程数的平均值,σ_R 为总游程数的标准差。

$$E(R) = \frac{N + 2N_A N_B}{N} \tag{6-3}$$

$$\sigma_R = \sqrt{\frac{2N_A N_B(2N_A N_B - N)}{N^2(N-1)}} \tag{6-4}$$

其中,N 为股价变动的总天数;N_A 为股价上升天数;N_B 为股价下降天数。

然后取一定的显著性水平 $\alpha = 0.05$ (或 0.01),并求出临界值。如果计算出的 Z 的绝对值大于临界值,则拒绝原假设,即 Z 不服从 $N(0,1)$ 分布,股市不具有弱式有效性;反之,股市为弱式有效市场。相关性检验和游程检验表明,在美国股市,今天的收益率和过去的收益率相关性很小。需指出的是,虽然一些相关性可以观察到,但市场仍是有效的。投资者交易证券必须支付交易成本。这样,假如相关性很低,利用相关序列的潜在盈利就不足以弥补交易成本。Jennergren 和 Korsvold 测试挪威股市的有效性与高交易成本时也发现的确是这样的。

(三) 过滤法则检验

在一个有效的市场,只要没有新的信息进入市场,价格就围绕价值在阻力线和支撑线之间随机波动。假如实际价格大大背离公平价格,那么投资者就会进入市场,进行证券的买卖,这将使价格保持在价格阻力线以内。然而,假如新的信息进入市场,那么就会形成新的均衡价格。如果是利好消息,价格将上升到一个新的均衡价格。当价格突破原有的阻力线时,投资者就知道有利好消息进入市场。如果投资者在这时买入证券,他们将从价格上升到新的均衡水平中获利。同样,假如利空消息进入市场,股价将下跌到新的均衡水平。如果价格跌破支撑线时投资者出售股票,他们将避免股价大跌。如果此时他们卖空股票,就会从价格下跌中获利。过滤法则就是利用这种股票价格的行为规律来设置的一种投资策略,它是指股价从以前的低位上升 $X\%$ 时买进股票,而当该股票的价格从随后的顶峰下跌 $Y\%$ 时,就卖空股票。$X\%$ 与 $Y\%$ 被称为过滤程度,在研究中通常取 $X\%$ 与 $Y\%$ 相等。如果股票价格时间序列存在系统性的变化趋势,使用过滤法则就会获取超额收益。

过滤法则是一个安排策略,它告诉投资者什么时候做多头,什么时候做空头。另一种简单的安排策略就是买入并持有证券。这样,要分析过滤法则,就要对这两种策略进行比较。

Fama 和 Blume 对过滤法则进行了广泛的检验。他们发现,每次交易的平均收益是很低的,但从长期来看,它优于买入并持有证券的策略。然而,即使减去低的交易成本,这些策略也是不能盈利的,即不存在超额收益,这与弱式有效市场假说是相符的。

二、半强式有效市场的检验

半强式有效市场的检验主要通过检验证券价格对公开信息的反应速度。信息集是所有公开的信息,如年收益公告、股票分割等。若该假设成立,则说明投资者不仅无法从历史信息中获取超额利润,而且也无法通过分析当前的公开信息获得超额利润。在半强式有效市场的检验方面,研究者主要采用事件研究法。所谓事件研究法,就是通过对某一特定事件发布前后的股价表现进行统计分析,研究股价在什么时候对该事件做出反应及做出何种反应,从而确定股价对公开信息做出的反应是否符合半强式有效假设。事件研究法是基于有效市场假设的,即股票价格反映所有已知的公开信息,由于投资者是理性的,投资者对新信息的反应也是理性的。因此,在样本股票实际收益中剔除假定某个事件没有发生而估计出来的正常收益就可以得到异常收益,异常收益可以衡量股价对事件发生或信息披露异常反应的程度。当不存在异常收益时就可以认为股市符合半强式有效市场假说。案例 6-4 中说明我国证券市场存在账面市值比效应,证券市场中异象的存在可以通过实证检验得以验证。

事件研究法通常包括以下几个步骤。

(1) 收集有一个"惊奇"宣告事件的公司样本。使股价变动的事件成为宣告,它对投资者是一种"惊奇"。如宣告兼并等许多事件都可作为一次"惊奇"。而对有些事件如盈利宣告效应,它更复杂,这是因为,对这些研究需要确定"惊奇"的含义,它通常通过对宣告与预期水平(反映为专业分析师的平均估计水平)进行比较来确定。为了获得研究样本,首先要分离出一群公司,这些公司的宣告与预测的水平有显著性差异。由于正向和负向"惊奇"对股价的影响不同,因此,该群体又进一步分为两个群体,一个为正,一个为负。

(2) 确定宣告的精确日期,并且定义该宣告日为 0。近期大多数研究事件使用每天的资料,而早期的研究事件使用每月的资料要使研究困难得多,因为在一个月内,除研究事件的宣告效应外,还有许多其他的宣告效应。因此,为了检验市场的有效性,使用尽可能小的间隔测试宣告效应是非常重要的。

(3) 确定研究的时期,如果研究事件前后的 60 天,就应该把该时间发生日以前定义为 $-30, -29, -28, \cdots, -1$,事件发生日定义为 0,事件日以后定义为 $+1, +2, +3, \cdots, +30$。

(4) 对样本中的每一个公司,计算研究时期每天的收益率,在该例中共用 61 天。

(5) 计算样本中每个公司在研究时期每天的异常收益率。异常收益率是指实际收益率减期望收益率。不同的学者使用不同的模型,如均衡模型、市场模型等,来测算期望收益率,还有的学者把市场指数收益率作为期望收益率。

(6) 计算样本中所有公司在研究时期每天的平均异常收益率。这是因为,在研究时期,其他时间也正在发生,而对所有公司进行平均可以减少其他事件的效应,由此能够更好地测试研究的事件。

(7) 每天的异常收益率通常被累加,计算出该时期从开始时的累计异常收益率。这是因为,事件研究常常面临信息泄露问题,从而使事件研究更加复杂。当一个事件的相关信息在正式公开发布之前,就已经给了一小群投资者时,信息泄露就已发生。如果是利好宣告,那么在正式宣告日之前,股价就开始上涨。这样,在宣告日的异常收益率就不能很好地表示信息发布的总体效应,而一个更好的指标就是累计异常收益率。在这个例子中,时期共61天,如第-20天的累计异常收益率等于第-30天到第-20天的每天平均异常收益率的和。

如果市场是半强式有效的,那么在宣告日预期有一个异常收益率。然而,一些异常收益率通常发生在宣告日的前后几日。宣告日以后的异常收益率或许是由于市场无效,股价对信息的反应不迅速;或许是由于宣告在第0天发生得太迟甚至可能是收市以后,以至于宣告效应仅在宣告后的下一天反映在股票的交易与价格中。宣告日前的异常收益率有三个来源。第一,一个重要宣告将要发生,通常在宣告日之前就向公众发布,并且媒体也宣称一个宣告将要发生。这样,信息就会传递给分析师。在一个有效市场,这些信息会在宣告日之前就会反映在股价中。第二,如果宣告可由该公司自由决定,以前的异常收益率就可能促使宣告发生,并且这种宣告的事件研究将显示出以前的异常收益率。例如,公司分割股票通常发生在股价大幅上升以后。股票分割的事件研究将在宣告日之前存在异常收益率。第三,宣告日之前的异常收益率可能反映某些已获得信息的人泄露了信息。

(8) 分析检验结果并得出结论。如果股价对特定时间的反应滞后,并存在超额收益,则说明市场不是半强式有效的。也就是说,如果市场是半强式有效的,在宣告之前进行证券的买卖(利好就买,利空就卖),投资者能获取累计异常收益,但在宣告之后进行证券的买卖不能获取累计异常收益。

事件分析的对象是与公司有关的多种重要消息事件,如盈利分红公告、公司的并购、新股发行与股票回购、管理人员报酬的变更等事件,如何对股价产生影响都被付诸过检验。例如,Keovn和Pinkerton的一项研究是考察当有收购公告时,持有目标公司股票所获收益的情况。图6-2所示为收购消息发布前后持有被收购目标公司股票投资者所获得的累计超额收益率。可以看出,在目标公司被举牌收购的公告正式发布前,其股价已开始上升。因为可能被收购的消息已经在影响股价,而当正式公告发布时,股价迅速上升,反映出目标公司股票持有人获得了并购带来的超额收益。当公告发布后,股价并没有继续延续上升趋势,也没有出现往下回调的走势。这种现象表明,目标公司的股价及时对举牌收购的消息做出了回应,这与有效市场假说的半强式有效类型所说的情况相符。

此外,Firth测试了关于宣告一个人或公司拥有一个公司10%的股权的有效性。他发现没有提前知道信息的投资者不能从价格上升中获利。从宣告后的第一笔交易到宣告后的30天,累计超额收益率会有一个轻微的下降。

总之,该实证表明英国的股票市场达到半强式有效市场。Davies和Canes测试利用投资分析师的建议能够赚取超额收益,或这些信息是否已反映在股票价格中来检验股票市场的半强式有效性。他们用市场模型来估计单个证券收益率与市场收益率的关系,然后,该方程用于在给定的实际市场水平的条件下估计每天的期望收益率,并算出超额收益率。经检验发现,信息的公布对收益率有显著影响,投资者利用证券分析师的建议不能获取超额

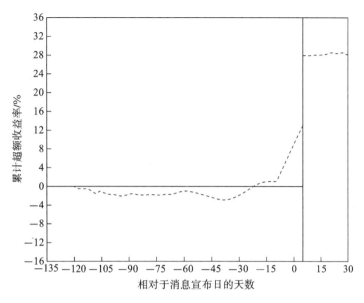

图 6-2　收购消息发布前后持有被收购目标公司股票的投资者所获得的累计超额收益率

收益。这与有效市场假说是一致的。Watts 把红利的变化与以前的红利和盈利水平相关联,然后,把公司分成两类:一类是红利大于使用该模型预测的水平;另一类是红利小于使用该模型预测的水平。通过测试这两类公司的超额收益率来测试非预期红利变化的效应。Pettis 通过不仅以红利"惊奇"为标准,而且以盈利变化为标准对公司进行分类,以处理这个问题,结论是市场能对新的信息迅速做出调整,投资者利用红利宣告不能获取异常收益。

三、强式有效市场的检验

对强式有效市场的研究主要集中在公司内幕人员、证券交易所的专家经纪人、证券分析师和共同基金的业绩上,通过测试他们从事交易能否赚取超额收益来检验强式有效性。

(一)内幕交易

公司内幕人员包括董事、高级职员、大股东、有机会获得公司内幕消息的其他公司职员和有关人员。研究表明,由于内幕消息有助于公司内幕人员较好地预测公司股票的价格趋势,因此公司内幕人员可以获取超额收益,但普通投资要求所有内幕人员登记他们的交易活动,并在内幕人员交易正式概要中发布这些交易活动。一旦概要出版,内幕人员交易就成了公开的信息。此时,如果市场是有效的,能充分及时地处理这些发布的信息,投资者就不能跟随内幕人员的交易活动获利,这与半强式有效性是相符的。Seyhun 研究发现,在概要的发布日,跟随内幕人员的交易活动是没有价值的。尽管在概要报道内幕人员买入之后,股价有轻微上涨的趋势,但非正常收益率不足以弥补交易成本。这些研究表明,美国证券市场没有偏离半强式有效市场的特征,没有满足强式有效市场假说的要求。

(二)证券交易所的专家经纪人

研究表明,证券交易所的专家经纪人能获取超额收益,有时甚至比正常收益高一倍多。

这是因为，专家经纪人保留着委托买卖的"记事簿"，他们由此可观察到供需双方的力量变化，比较准确地预测股票价格的近期走势，而且他们可以频繁地与其他专营股票的公司接触而获得许多内幕消息，这表明并没有达到强式有效市场。

（三）共同基金业绩

许多研究通过测试共同基金的业绩来判断强式有效性。评价共同基金的大多数研究采用了样本生存偏好，这是指，收集今天存在的共同基金样本，然后收集历史资料，剔除研究时期经营较差的基金。由于大多数研究只注重生存下来的基金的业绩，这使业绩看上去比实际的更好。基金业绩对评估它们所采用的方式具有敏感性。当使用标准 CAPM 测算期望收益率时，小公司股票有超额收益率。因此，即使小公司股票基金的经理没有选择能力，当使用标准 CAPM 测算期望收益率时，这些基金也表现出高的超额收益率。如 Elton、Gruber、Das、Hlavka 发现，在把管理费用考虑进去以后，基金经理的业绩还不如一个消极指数组合的业绩，该组合与评估的基金有同样的风险，而且这个业绩的差别与他们所要的管理费用相关。因此，总的来说，共同基金经理不能赚取足够的收益来弥补他们所要的管理费用。

虽然有人认为共同基金的管理者由于拥有内幕消息才能获得利润，但由于这些管理者都是金融市场中的顶级人才，他们具有敏锐的洞察力和完善的知识水平，这样在投资操作中可能会发现一些有利的信息，从而获得可观的利润。因此从严格的角度来讲，仅从基金的投资业绩并不能有效地判断市场是否达到强式有效。夏普(1965)、特雷纳(1965)和詹森(1968)对共同基金进行了实证研究，其研究结果都支持了强式有效市场假说。Malkiel(1995)用新的数据重新检验了基金市场，发现基金从总体上来讲仍无法战胜市场。詹森(1968)利用资本资产定价模型对 100 只基金在 10 年中的表现进行实证检验，发现如果不考虑交易费用，基金有时候会战胜市场，有时候不会，但在考虑交易费用时，有将近 80% 的基金无法战胜市场。还有学者对养老基金和捐赠基金进行了检验，比如 Beebower 和 Bergstrom(19997)，Munnell(1983)，Brinson、Hood 和 Beebower(1986)，Ippplito 和 Turner(1987)，Shleifer 和 Vishny(1992)，他们的检验结果都发现捐赠基金和养老基金的业绩都普遍差于市场组合，因此是无法战胜市场的。

上述学者的研究成果基本认为市场是强式有效的。但也有一些学者的研究认为基金是可以战胜市场的，即市场不是强式有效的，比如 Chang 和 Lewellen(1984)，Henriksson(1984)对大量基金的长期市场表现进行实证分析表明，一些基金经理人可以利用其能够得到的私人内幕信息使基金获得长期超额利润，同时，Chevalier 和 Ellison(1963)，Brown 和 Geotzmann(1995)也得出了相同的结果，他们都认为基金可以战胜市场，因此市场不是强式有效性。

但在实际中，通常由于获得内幕消息有限及所需付出的成本问题等情况，一般不对强式有效市场进行检验。

第三节 有效市场假说的争议

【案例 6-5】

中国航油公司(以下简称"中航油")成立于1993年,注册于新加坡,并于2001年在新加坡交易所主板上市。经过几年的发展,公司净资产增长了700多倍,市值增长4倍。为了对石油现货风险进行规避,经国家有关部门批准,中航油自2003年开始做油品期货套期保值业务。2004年1月,公司领导人陈久霖看跌石油价格,抛售石油看涨期权,买入看跌期权。但世界石油价格反转上扬,使公司账面出现浮动亏损580万美元,公司决定延期交割合同,即买回期权以关闭原先盘位,同时出手期限更长、交易量更大的新期权。2004年6月,随着油价持续升高,公司的账面亏损额增加到3000万美元。公司决定再延后到2005年和2006年才交割,交易量再次增加。2004年10月,油价再创新高,公司交易盘口达5200万桶石油,账面亏损增大。10月10日,面对严重资金周转问题的中航油,首次向母公司呈报交易和账面亏损,账面亏损高达1.8亿美元,另外已支付8000万美元的额外保证金。11月8日到25日,公司的期权合约继续遭逼仓,实际亏损达3.81亿美元。12月1日,在亏损5.5亿美元之后,中航油宣布向法庭申请破产保护。为什么陈久霖在石油价格第一次反转上扬时、油价第二次创新高时都没有即时完成交割,而是仍然坚持自己的看跌判断?

【案例 6-6】

1981年,Kahneman在基于生存和死亡框架的前提下,提出了"亚洲疾病效应",简述如下。美国正面对一种不寻常的亚洲疾病冲击,600人可能死亡,现在有A和B两种治疗方案。方案A:200人会获救。方案B:600人全部获救的可能性是1/3,全部死亡的可能性是2/3。结果72%的人选择方案A。换一种表述方法,方案A:400人会死亡。方案B:无人死亡的概率为1/3600人全部死亡的概率为2/3。这一次,78%的人选择方案B。实际上两种情况是一样的,只是表述方式不同,为何结果会出现不同?

一、关于有效市场假说的争论

有效市场假说实际上是一个在完全理性基础上的完全竞争市场模型。有效市场理论体现了经济学家一直梦寐以求的完全竞争均衡。但由于该理论是在给定的假设条件下逻辑推导的产物,存在着诸多问题。一方面它的严格假设条件与现实状况往往有较大出入,导致该理论与现实的偏离。另一方面该理论不能积极地指导人们的行为,它要求人们什么也别做,因为在市场有效的情况下,做什么都是徒劳,但是人们什么也不做,信息又如何反映在价格上,市场又如何变得有效呢？最致命的是现实市场中存在一些与有效市场理论相悖的异象,如股票收益的日历效应和规模效应,还有像"黑色星期一"之类的暴跌。根据有效市场理论,证券的价格波动不可能有明显的规律性,也不可能在没有重大消息公布的情况下,短期内出现巨幅波动。所以,有效市场理论是有缺陷的,主要表现在以下几个方面。

(一) 理性交易者假设缺陷

有效市场假说首先假设交易者是完全理性的,收益最大化是所有投资者从事交易的唯一动机,都必须自觉根据理性原则制定投资决策,调整交易数量,确定交易方式,规范交易行为,开展交易活动；当参与的投资者都是理性人时,证券市场是理性的,即市场是完全竞争的市场和公平与效率统一的市场,不存在资本过剩和资本短缺的问题,资本可以自由地流出、流入,交易过程是瞬间完成的,既不存在虚假交易也不存在时间和数量调整；这样可以形成一个均衡的市场,市场在理性人的参与下,能根据内部机制和外部环境的变化及时迅速地进行调整,从非均衡态自动恢复到均衡态。

然而,完全理性又是要以确定性为条件的。在商品市场上由于双方交易的客体是商品,在没有恶意欺诈的情况下,交易双方对自己的成本或效用都是清楚的,即双方面临的是一种确定性情况,双方能够理性地参与交易。但证券市场上交易的客体是证券,其收益不但受基础价值的影响,而且受市场交易情况的影响,在信息和知识不完全的情况下,对其收益无法做出准确的预期。当投资者面临的是一种不确定性情况,金融活动中经济主体行为会出现异化,即有限理性。在一个不确定的市场中,狂想、激情和机会主义往往左右着投资者的行为。在证券市场中表现为投资者在投资过程中,出现大量的心理和行为偏差,而这种个体偏差往往可以相互影响,最终形成一种群体性偏差,导致了证券市场上长期存在与标准金融学相异的大量异象存在,同时也加大了股票价格的波动。

(二) 完全信息假设缺陷

有效市场假说依赖完全竞争市场,必须具有完全信息。完全竞争市场的完全信息必须满足以下条件：①交易客体是同质的；②交易双方均可自由进出市场；③交易双方都是价格的接受者,不存在操纵市场的行为；④所有交易双方都具备完全知识和完全信息。

在现代发达的证券市场中,证券是同质的,且对合法投资者进出市场也没有限制,所以条件①和条件②是满足的。但是,投资者一般可分为两类：个体投资者和机构投资者。对于条件③,由于机构投资者的存在,他们掌握着巨额资金,当他们对某个证券,特别是市值较小的证券进行投资时,对证券价格绝对是有影响的。当几个机构投资者暗中勾结时,甚至可以操纵某类证券或某个市场的价格水平,所以该条件在现实中难以成立。一般而言,机构投资者的存在使市场变得有效率。由于机构投资者掌握着巨额资金,其进出市场的障碍有利于市场的稳定。另外,由于信息成本是巨大的,机构投资者有实力开发那些已存在但未公布的基础信息使市场具有定价效率。机构投资者一方面破坏完全竞争状态和有效市场理论的假设；另一方面提高市场的定价效率和运行效率,这对矛盾决定了市场效率的有限性。但从西方发达市场的情况来看,在不存在恶意操纵信息和市场的情况下,机构投资者的存在是增进效率的。

对于条件④,完全竞争市场模型还要求交易双方具有完全信息和完全知识。完全信息是指与证券基础价值相关的所有信息,完全知识是指投资者能够根据所获得的完全信息对证券做出合理评价所需的全部知识。但下列因素造成投资者信息不完全:首先,证券市场存在太多的相关信息,人在有限的时间里不可能获得所有相关信息;其次,开发已存在但未公布的信息是有成本的,对个体投资者和机构投资者都存在着因为预期不经济而放弃开发的可能;最后,信息的提供者可能为了某些原因故意扩大或缩小甚至隐瞒或伪造信息。另一方面,投资需要非常丰富的知识,对于大多数投资者来说,都没有接受过高等的教育和专业的训练,一般不具备完全知识。所以大多数投资者是在信息、知识都不完全的情况下对证券做出预期的,当某个不合理的预期占主导地位时,投资者的平均预期就偏离了证券的基础价值。

(三) 检验缺陷

Fama(1991)指出市场的有效性是不可直接进行检验的。对市场有效性的检验必须借助有关预期收益的模型,如资本资产定价模型和套利定价模型等。如果实际收益与模型得出的预期收益不符,则认为市场是无效的。我们经常见到的验证某一金融市场低价股和具有较高账面市值比的股票存在超额收益率的实证研究,其实都是在试图否定市场有效性。但问题在于,如果得出超额收益的预期收益模型本身就是错误的呢?

因此,市场有效性必须和相关的预期收益模型同时得到证明。这就陷入了一个悖论:预期收益模型的建立以市场有效为假定前提,而检验市场有效性时,又先验假设预期收益模型是正确的。用市场有效性前提下的预期收益模型是无法检验市场有效性的。以最为常用的资本资产定价模型和套利定价模型为例,市场有效性不成立,资本资产定价模型和套利定价模型就不成立。但反过来并不能因资本资产定价模型和套利定价模型推导出的结论与市场有效性不符而否定市场有效性——因为资本资产定价模型和套利定价模型本身有可能是错误的。基于以上原因,关于市场有效性的实证研究很难得出一致的结论。研究者试图让市场为自己的观点提供佐证,他们往往对不同时期、不同市场的数据采用不同的资产定价模型处理,研究结果不免有失客观性。学者们曾试图对这一问题进行客观全面的研究[①]。他们采集了不同国家、不同时期的金融数据,与不同的资产定价模型进行比较,得出的结论却自相矛盾,最终不得不回到 Fama 的论述:现有金融手段无法验证是资产定价理论有错误还是市场是无效的。

(四) 套利的有限性

套利原理是贯穿于标准金融理论体系的一根主线。无论是资产定价中均衡价格的形成、资本市场对信息的充分反映,还是资本结构与股利政策对公司价值的无关性结论,都蕴含着理性人的无成本套利行为和套利行为推动下无套利均衡的形成。套利是以理性人为前提条件的,是市场有效的内在力量,也是整个标准金融理论的核心。如果套利无法实现,

---

① Hawawini G, Keim D. The cross section of stock returns: A review of the evidence and some new findings. 1998—working paper. www.ssrn.com.

或者套利存在局限,那么以此为基础所构建的金融理论对金融现实的解释力将存在局限。

一些经验数据表明,在现实的金融市场中套利交易会由于制度约束、信息约束和交易成本等诸多因素而受到极大的限制。现实中的套利交易不仅是有风险和有成本的,而且在一定情况下套利交易会由于市场交易规则的约束而根本无法实施。因此,在现实中尽管存在证券价格和内在价值之间的偏离,即理论上存在套利的可能性,但事实上并不能无成本、无风险地获得套利收益,从而使得证券价格的偏离在较长时期内保持。

关于有限套利的研究已经形成了初步的分析框架并积累了一定的经验证据。对有限套利的理论分析主要是围绕与套利相关的风险和成本进行的,与套利相关的风险主要有以下几点。

第一,基础风险,即不能找到完美的对冲证券所带来的风险。能否为某种既定的证券找到完全相同或相似的替代品,是套利行为能够发挥作用的关键所在,如果有这样的替代品,就能通过多种方法得到不同情况下既定的现金流。只有在能找到近似的替代品的情况下,套利者才能高抛低吸,纠正价格偏差,将市场带回有效状态。事实上,大量的证券没有替代组合,所以一旦由于某种原因出现错误定价,套利者将无法进行无风险的对冲交易。即使某个套利者发现总体股价已经高估,他也无法卖空并买进替代的证券组合,而只能简单地卖出或减持风险过高的股票,以期获得较高的收益,但此时已不是无风险套利了。

由于不可能找到完全相同的替代组合,与股票的基本价值相关的风险将会对套利产生很大的障碍。一个套利者依照相对价格的变化购进或卖出股票后,他还要承担与该股票相关的风险——当他卖出股票后出现特大利好消息,或买进股票后出现特大的利空消息。由此可见,由于找不到完全替代的证券组合,套利活动事实上充满了风险。

第二,噪声交易者风险,即噪声交易者使得价格有在短时期内进一步偏离内在价值的风险。市场有效理论认为,噪声交易者在资产价格形成过程中的作用是无足轻重的,虽然市场中有众多的噪声交易者,但仍可以将其忽略不计。在证券市场上,技术熟练的理性套利者会对抗非理性投机者,他们利用非理性投资者的错误认识,通过低买高卖的获利策略使证券价格与基础价值保持一致。该模型有一个很重要的假设,即理性套利者在市场上一定占上风,一定能使价格很快回落到基础价值上。但在众多的投资者处于信息、知识不完全和有限理性的情况下,该假设显然就无法成立。

在噪声交易模型中,投资者被划分为理性套利者和噪声交易者两类。前者掌握较完全的基础信息。后者则根据与基础价值无关的噪声信息进行交易,此类交易者的行为特征可以概括为:误以为自己掌握了有关风险资产未来价值的信息,并对此有过分主观的看法。他们缺少一种正确的资产组合理论,尽管在信息不完全下对未来价格的判断是错误的,但他们从自身创造的风险中获利,从而创造了自己的生存空间。噪声交易者的积极影响在于,由于他们掌握的是噪声信息,使其他交易者可以实现交易,从而增加了市场的流动性。

噪声交易者的存在,使得理性套利者面临的不仅是基础性风险,而且还有噪声交易者创造的风险,这就会使得理性套利者的行为发生变异。例如,当某证券价格下跌时,理性套利者认为这只是暂时现象,不久将出现反弹,因而大量买进该证券,但当噪声交易者持非常悲观的态度时,就可能使理性套利者蒙受损失。因此,理性套利者可能会理性地忽视对基础信息的分析,而是转向预测噪声交易者的行为,从而利用噪声交易者的反应来赚取所谓的机智钱,这就会使价格的偏离进一步加大。索罗斯在 1987 年曾对自己的投资策略进行描述,在过去 20 年中,他并不是根据基本面的分析而是基于对未来大众行为的成功预期进行交易。在 20 世纪 60 年代,当投资者们为基金的年收益的增加而惊喜时,索罗斯预期到他们会进一步购买而预先买入,从而进一步推动价格的上涨。从这个意义上讲,理性套利者在一定程度上会转化为噪声交易者,从而加大了风险资产的价格波动和价格偏离并削弱市场效率。

第三,履约成本。与套利相关的履约成本包括佣金、买卖价差以及借入卖空证券所需支付的费用。学者研究发现尽管卖空证券的借入费用通常在 10～15 个基点,但也可能要比这高得多,在极端情况下,套利者可能会发现即使愿意付出高昂的代价也无法借到所需的证券。此外,发现证券价格偏差的成本也可以归入这一类。市场有效性理论认为一旦噪声交易者对证券价格的影响达到一定程度,就能带来显而易见的获利机会。但这一观点是完全错误的,希勒甚至称之为经济思想史上最引人注目的错误之一。学者们研究表明,即使噪声交易者造成了证券价格对其内在价值的严重的、持续的偏离,所产生的获利机会通常也很难通过已有的信息来预测。

第四,模型风险。即使价格偏差已经出现了,套利者也未必能确定其是否真实存在。假设套利者在寻找具有吸引力的投资机会时,要依靠一个定价模型来确定基本价值。例如,某公司股票的基本价值接近 20 元/股,如果噪声投资者将其拉低至 15 元/股,模型将会显示可能出现了价格偏差。然而套利者却不能确保该公司的股票一定存在价格偏差,因为有可能用于确定基本价值的模型是错误的,而事实上该股票的合理价格就是 15 元/股。这种模型风险也会限制套利者的行为。

第五,套利的时间跨度。套利的时间跨度是套利者需要考虑的重要因素。短期内,价格偏差有进一步扭曲的风险。对于进行短期套利的套利者来说,当他们面对的交易对手是噪声交易者时,这种风险是最主要的,因为噪声交易者的心态恢复到正常水平前,他们还可能进一步走极端。大多数套利者的管理并非自有资金,他们只是投资者的代理人。通常情况下,投资者对套利者的评价是看他们在一个相当短期的表现,然后根据他们的工作业绩支付报酬。如果价格偏差持续的时间超过对套利者进行评价的时间,套利者的收入并不会增加;如果价格偏差进一步扭曲的话,他们的收入反而会减少。而且,由于大多数套利者在进行套利时都会向金融机构或者个人投资者融资,他们必须支付利息;如果价格进一步不利于套利者,随着他们抵押物价值的减少,清算风险也将接踵而至。这种风险会降低套利者对噪声交易风险的承受能力。

传统的套利理论认为,由于套利的存在,基本相同的资产一定会以基本相同的价格卖出。但实际上并不总是这样,由于噪声交易风险的存在使得这种基本相同证券的价格存在背离,其中最典型的就是孪生证券现象。

二、来自行为学派的批评

有效市场假说有两个重要含义:第一,证券价格能完全反映投资者可获得的所有信息;第二,积极投资策略很难战胜消极投资策略,因为要想获得更佳的投资业绩,投资者必须有独特的洞察力,然而在高度竞争的市场中,这几乎是不可能实现的。

不幸的是,我们很难确定证券的真实价值或内在价值,同样,要想检验价格是否与价值相匹配也非常困难。因此,大多数市场有效性检验倾向于关注积极投资策略的表现。这些检验分为两类:一类是有关异象的文献发现一些投资策略可以使投资者获得超额风险调整收益,例如投资于动量型股票和价值型股票而非热门股;另一类检验是通过研究专业经理能够战胜市场来观察实际的投资结果。

这两类文献都还没有完全的定论。有关异象的文献发现有些投资策略能反映超额报酬,但不能确定这些异象是反映了简单的风险-收益模型中没有考虑在内的风险溢价,还是仅反映了数据挖掘下的风险溢价。此外,很显然基金经理并不能通过这些异象获得超额收益,其可实现性受到质疑。

行为金融作为一个新兴学派,认为目前大多数关于投资策略的文献研究都忽略了有效市场的第一层含义,即正确反映市场价格。这应该是更为重要的一个含义,因为市场经济是通过价格来实现资源的有效配置。行为学派认为即使证券价格是错误的,投资者也很难利用这一点来获利。因此,没有发现明显成功的交易策略或交易者并不能说明市场就是有效的。

传统理论认为投资者是理性的,然而行为金融却以投资者的非理性为前提。心理学家发现了很多非理性的信息处理过程和行为,有些投资者试图通过这些由行为导致的错误定价来获利。但如果这些套利行为的限制很严格,即使理性投资者试图利用它,错误定价也不会完全消除。

行为金融认为传统的金融理论忽略了现实人决策的过程,以及个体间的差异性。越来越多的经济学家认为资本市场的异象是由一些非理性行为导致的,而且这些非理性行为就体现在个人投资者进行复杂决策的过程中。这些非理性行为可以分为两大类:第一,投资者通常不能正确处理信息,从而不能正确推断未来收益率的概率分布;第二,即使给定未来收益的概率分布,投资者做出的决策通常是前后矛盾的或次优的。

当然,非理性投资者的存在并不能导致资本市场无效。如果非理性行为能够影响证券价格,敏锐的套利者就会利用这些套利机会,使价格回归真实价值。因此,行为评论的第二个立足点就是,在实际中套利者的行为受到限制,因此不能有效促使价格回归真实价值。

如果几乎所有人都认为证券价格是正确的,即证券价格等于其真实价值,那么就很难获得盈利机会。但是反过来说,假如套利活动的确受到限制,那么无套利的市场也不一定就是有效的。

在经济学理论中,一般把人们对不确定条件下各种未知变量的认知假定为了解其概率分布;而具体到决策过程,则认为个体所遵循的基本法则是贝叶斯法则。贝叶斯法则又被称为贝叶斯过程,它原本是统计学概念,即人们根据新的信息从先验概率得到后验概率的方法。贝叶斯规则对决策理论十分重要,因为它假定了个体理性在不确定条件下的动态特征,即持续调整和学习过程。贝叶斯规则在预期效用理论中是被充分强调的。因此,预期效用的最大化也被称为贝叶斯理性。然而,人类决策过程或者说信息加工方式是否真的遵循贝叶斯法则呢?实验经济学家特别是一些心理学家提出了异议。

现代认知心理学的基本观点就是把人看成信息传递器和信息加工系统,它研究人的高级心理过程。根据认知心理学,主体的决策过程会经历知觉、注意、记忆、抽象、推理与判断以至最终求解等一系列复杂的认知程序。简单来说,主体的认知决策系统是一个"输入—处理—输出"的系统,本质上是基于信息的。也就是说,决策的前提是信息接收与信息处理,把外部的物理信号转化为大脑可以识别的认知信号,接下来是判断和思考。

认知心理学起源于 20 世纪 50 年代中期,20 世纪 60 年代以后飞速发展。1967 年美国心理学家奈瑟《认知心理学》一书的出版,标志着认知心理学已经成为一个独立的流派。目前西方心理学界通常所指的认知心理学是指狭义的认知心理学,也就是所谓的信息加工心理学。信息加工心理学把人看作一个信息加工的系统,以计算机信息加工的观点来研究人的心理学活动,认为认知过程就是信息加工过程,它包括感觉输入的变换、简约、加工、存储和使用的全过程。按照这一观点,认知可以分解为一系列阶段,每个阶段是一个对输入的信息进行某些特定操作的单元,而反应则是这一系列阶段和操作的产物。信息加工系统各个组成部分之间都以某种方式相互联系着。信息加工观点提出的基本问题是:信息加工通过哪些阶段? 人类心理中信息是以什么形式表示的? 认知心理学家关心的是作为人类行为基础的心理机制,其核心是输入和输出之间发生的内部心理过程。认知过程的不完美表现为有限注意力和认知偏差两个方面的局限。

有限注意力方面,如果我们把注意力定义为主体对某一外界刺激或信号配置认知资源的倾向,那么注意成了联系外部信息源和主体内部世界的重要纽带,也在整个认知决策过程中处于"颈部"位置。对于金融市场而言,一切有意义的信息即使是公开可得,也必须被人们注意到,经过特殊的信息处理过程,才可能被人认知,成为系统识别的变量,进入决策系统;而决策者在不确定条件下进行决策时,必须建立在相关信息资料的调查、分析和决策的基础上,而这一切都是以注意与信息获取为前提的。然而,信息的接受和处理是一项消耗时间和精力的活动,Kaheman(1973)指出对一事物的注意必然以牺牲对另一事物的注意为代价。在当今信息爆炸的时代,注意力的有限性严重地制约了人们对现实世界认识的全面性。注意是心理活动对一定对象的指向和集中,指向性和集中性是注意的两个基本特征。然而,人类在不确定性的决策中,存在注意力的有限性。有限注意力是心理学范畴的概念,早期心理学通过实验探讨人的注意特征,大量研究结果表明人难以同时处理多项信息,如此一来,有限注意力使得人对一事物的注意必须牺牲对另一事物的注意为代价。所以,在"信息泛滥"的条件下,人倾向于关注显著刺激而忽视模糊刺激。正如 Herbert Simon(1971)指出的,当今社会的信息富裕经济引起了新的稀缺问题,因为海量信息消耗了信息接收者大量的注意力,造成了注意力的贫穷。因此 Herbert Simon 断言,现代社会最基本的稀缺是这些信息本质上和他们的经济行为毫不相关,可是他们又不得不对其做出回应。随着互联网技术的进步和媒体在现代社会的作用越来越强,投资者在进行资产组合决策时遇到的问题,往往不是信息稀缺的问题,而是信息过多但信息处理能力不足的问题。因此,投资者在不同风险资产之间配合资本的过程实际上也是注意力配置的过程,注意力约束对于投资者对信息的利用、信念的形成以及需求的决定都有至关重要的意义。

认知偏差方面,关于人类认知的普遍认识是,人是完全理性的,每个人尽力做到不犯错误,坚持正确的观点和信念。这一观点的最早支持者之一是 18 世纪的功利主义哲学家边沁。社会心理学家凯利提出了一个关于人类思维理性的复杂观点:人们试图像"幼稚的科学家"那样行事,也就是尽量运用理性、科学和严谨的逻辑推论来处理事情。为了找出某一特定事件或现象的最佳解释,科学家会在已知资料中寻找协变量。也就是说,他们试图发现这样的情形,即"X发生于Y之前并永远与Y且只与Y一起变化,可以得出X产生Y"。同样,在解释他人行为时,人们会寻找以下三个方面的信息:一是行为者行为的一贯性;二是行为者行为的统一性;三是行为者行为的特殊性。但人们是否会像边沁和凯利认为的那样理性呢?在某些场合我们的确如此,如本杰明·富兰克林在重大决策前,总是例行公事地运用"快乐计算法"把利弊都写下来。在某些重大的决策事件上,我们中的绝大多数人也会这样做,像个"幼稚的科学家"那样思考。但理性思考至少需要两个前提:①思考者能够获得准确、有用的信息;②思考者拥有无限的、可用于加工生活数据的资源。事实上,日常生活并不具备这些条件。

现代信息经济学仍然是以经济人假定为逻辑起点的。经济人决策过程是基于数学的,即最优化过程。即在偏好良好定义的前提下,选择最优的模型和参数,输入一系列变量后,在某些约束条件下求最优解。然而真实主体的信息集往往不能提供这些参数和变量,而需要对已有信息进行推断、估计和提炼,这就需要消耗认知资源。信息经济学虽然对私人信息与公共信息集的区别进行了充分界定,并且强调信息异质性和信息成本在均衡形成过程中的重要作用,但是却假设主体从信息到最优解的整个推断和决策过程是瞬时和零成本的。而行为经济学虽然对完全自利的效用函数选择与最优求解过程进行质疑,取而代之的是不完全自利偏好与启发式决策,但却没有考虑信息接收决策做出的前半个阶段,即信息处理和推断的过程。虽然在极端的非理性的情况下,如极端的亢奋或紧张时,主体可以直接跳过推断、信息处理乃至信息接收的过程,直接进入某种"臆断"和"误断",然而在大部分情况下,主体还是处于一种有限理性的状态,即遵循从调查、分析、推断到决策的基本认知过程,只是不可能具有无限的计算能力和精确度而已。由此可见,信息处理的问题不但被信息经济学给抽象了,也被以认知过程为基础的行为经济学给有意无意忽略了。而注意力这一认知环节的研究则可以弥补二者理论边缘的空白地带,并且在理论的交叉与糅合中起到桥梁作用。

正如美国心理学家阿伦森所指出的,人类的大脑"不尽完美之处如同他们的奇妙之处一样多。这种不完美的结果就是,人们自以为最终搞清楚的事情也许并不正确"。事实上人们在认知过程中会尽力寻找捷径。根据菲斯克和泰勒1991年的研究结果显示,人类是"认知吝啬鬼",即人们总是在竭力节省认知能量。考虑到我们有限的信息加工能力,我们总是试图采用把复杂问题简化的策略。我们常用以下几种方式来实现这个目的:①通过忽略一部分信息以减少我们的认知负担;②过度使用某些信息以避免寻找更多的信息;③接受一个不尽完美的选择,并认为这已经足够好了。认知吝啬鬼战略可能是有效的,因为这样做可以很好地利用有限的认知资源来加工几乎无穷无尽的信息。但这些战略也会产生同样的错误和偏差,特别是我们选择了错误的战略,或者在匆忙中忽略了重要信息的情况下。认知吝啬鬼的事实并不意味着人们注定就会歪曲事实,但认清这个事实能使我们更清楚地认识自己可能是如何系统性地犯错误,以及这些错误可能对外在的环境带来怎样的影响。

信息处理的错误将导致投资者对可能发生的事件的概率以及相关收益率做出错误估计,学者们已经发现许多这样的偏差,下文列举最重要的几个偏差。

（一）预测错误

Kahneman 和 Tversky 的一系列试验表明，当作预测时，人们经常会过于依赖近期经验而非先验信念，在信息存在很大不确定性的时候做出极端预测，即近因效应。所谓近因是指个体最近获得的信息。近因效应是指在多种刺激出现的时候，印象的形成主要取决于后来出现的刺激，即交往过程中，我们对他人最近、最新的认识占了主体地位，掩盖了以往形成的对他人的评价；在总体印象形成过程中，新近获得的信息比原来获得的信息影响更大的现象。在印象形成的过程中，当不断有足够引人注意的新信息，或者原来的印象已经淡忘时，新近获得的信息的作用就会变大，就会发生近因效应，个性特点会影响近因效应。一般心理上开放、灵活的人容易受近因效应的影响。双重记忆理论把记忆区分为短时记忆和长时记忆。短时记忆包含尚未从记忆中消失的那部分内容，长时记忆储存着当前虽然未被意识到，但一有必要就能被意识到的内容。于是，一些心理学家认为首因效应表征长时记忆储存的内容，而近因效应表征短时记忆储存的内容。因为最后一个刺激进入短时记忆的概率最高，因而印象会比较深刻。

De Bondt 和 Thaler 认为市盈率效应可以通过过于极端的期望收益来解释。这种观点认为，当预测公司未来收益高时，可能是因为近期表现良好，那么相对于公司的客观前景而言，预测值会过高。基于这一因素的存在，股票在首次公开发行时都会有较高的市盈率，因为有很多极端乐观的投资者参与股票的询价；同时，由于投资者意识到自己的预测可能是错误的，因此股票可能存在长期弱势的现象。因此，高市盈率公司往往是比较差的投资选择。

（二）过度自信

心理学家通过实验观察和实证研究发现，人们往往过于相信自己的判断能力，高估自己成功的概率，把成功归功于自己的能力，而低估运气、机遇和外部力量的作用，这种认知偏差被称为"过度自信"。一个著名的调查结果显示，瑞典有接近90%的司机认为自己的驾驶技术超过了平均水平。学者通过研究发现，这种过度自信也许可以解释为什么积极的投资管理比消极的投资管理更为普遍——这本身就是违反有效市场假说的异常现象。尽管市场指数越来越多地受到追捧，但在共同基金的股票账户中，只有10%~15%是指数基金账户。即使积极投资管理表现不佳，但投资者仍然表现为对自身投资能力过度自信。

过度自信是典型而普遍存在的一种心理偏差，并在投资决策过程中发挥重要的作用。投资者对他们的交易水平常常过度自信。比如对美国个人投资者的投资行为进行研究时发现他们并不是因为流动性需求、税负上的考虑而重新调整投资组合，或将资金转移至低风险的股票等原因而终结某种股票的投资，而是自信地认为应该获利了结，继续持有这些股票将降低未来报酬率。而事实证明，相对于那些被出售的股票，被继续持有的股票的未来报酬反而比较低，这种现象被认为是过度自信的证据。同时还发现个人投资者会在卖出股票之后很快又买进另一种股票，但平均来说，即使扣除交易成本，他们卖出的股票会比他们买进的股票表现更好，这样的结果可能是因为投资人对自己的交易水平过度自信。

股票市场的繁荣往往导致人们更加过度自信，人们认为自己是很精明的。盛极一时的网络热潮就体现了人们的过度自信。骄傲常常在人的投资行为中起很大的作用,并会在他获得一连串的成功后增加他的自信。过长的牛市可能会引起赌场资金效应,即赌博者获得收益时会有不断提高赌注的愿望。原因是:第一,已经获得收益的投资者在未来的决策中会倾向于更加过度自信;第二,已经获得收益的投资者在损失时痛苦较小,因为赌金本就来自赌场,如果在接下来的赌博中他输了,心里会认为这些钱本来就不是他的,他的痛苦就会比较小,而且痛苦也容易被已获得收益所带来的愉悦感缓冲掉;第三,投资者在获得了收益后,有更多的资金进行更大的投资活动,这时变得不再回避风险。在组合投资中很快获利的投资者存在同样的心理。然而遭受过损失之后,人们对额外的失败更加害怕,或者当市场处于下跌趋势导致损失增加时,人们会变得愈加保守。过度自信也可以解释处在跌势中的股票市场和封闭式基金在每年的第1个月得到反弹的现象,当人们进入了新的一年,他们感到面前还有满满的12个月,如果你去赌上一把,即使是输了,还有足够的时间赢回来,随着时间的推进,这种信心逐渐减少。

过度自信在决策任务具有挑战性时会表现得更显著,当个人的信息反馈延迟或者还未决定时,个人更倾向于过度自信。过度自信通常有两种形式:第一,人们在对可能性做出估计时缺乏准确性,例如,他们认为肯定会发生的事可能只有80%的概率发生了,而认为不太可能发生的事情却有20%的概率发生了;第二,人们自己对数量估计的置信区间太狭窄,例如,98%的置信区间可能只包含了60%的真实数量。投资者的过度自信对他们正确处理信息有直接和间接两个方面的影响:直接影响是过度自信会使投资者过分依赖自己收集到的信息而轻视公司会计报表的信息;间接影响是过度自信会使投资者在过滤各种信息时,注重那些能够增强他们自信心的信息,而忽视那些伤害他们自信心的信息。例如,很多投资者不愿意卖出亏损的股票,卖出的话等于承认自己决策失误,并伤害自己的自信心。

过度自信和自我归因偏差是息息相关的。由于与期望相比,人们失败的次数要多一些,所以随着时间的推移,对理性的学习将可能消除过度自信,因为通过学习和自我提高可以改善自我归因倾向。

过度自信也导致事后聪明偏差。事后聪明偏差是指,把已经发生的事情视为相对必然和明显的,而没有意识到对结果的回顾会影响人们的判断,使他们认为事件是很容易预测的,但又无法说出是什么样的信息导致了结果的产生,过度自信是导致事后聪明偏差的心理因素。例如,他们知道了心理试验的结果,他们更倾向于认为这些结果已经完全被预测到了,至少比起知道这些结果之前要更具有可预测性。

(三) 保守主义

保守主义偏差意味着投资者对最近出现的事件反应太慢,这也意味着投资者对公司新发布的消息反应不足,以至于证券价格只能逐渐充分反映出新信息。这种偏差会导致股市市场收益的动量效应。

保守性偏差是指人们的信念一经形成,就将长期固守,新信息对原有信念的修正往往不足。主要是由于人们不愿意搜寻有悖于其信念的证据,即使人们发现与其信念相悖的证据,也超乎寻常地对其加以怀疑。一些研究已经发现一种称为"确认偏差"的具有更加有力的影响,即人们一旦形成先验信念,他们就会有意识地寻找有利于证实其先验信念的各种证据。

一些经济学家将保守性偏差用于解释对经济新闻做出的不充分反应。Shefrin(2000)讨论了保守性偏差在金融学中的应用。他认为,当新信息出现时,金融分析师们总是在最开始的时候进行一部分的概率修订,然后要经过很长时间才能够完成对新概率的正确估计。

保守性偏差似乎与代表性偏差相矛盾,因为它们分别对应于人们对信息的反应不足和反应过度。对此,Barberis 和 Thaler(2001)认为保守性偏差和代表性偏差实际上是统一的。如果人们认为新信息具备代表性,他们就会高估新信息所包含的内容,出现代表性偏差;反之,如果人们认为新信息不具备代表性,则他们会忽略新信息,出现保守性偏差。

Hirshlerfer(2001)认为环境因素会影响不同的判断偏差的产生。例如,稳定环境会驱使人们倾向于保守主义,而变化的环境则会使人们倾向于出现代表性偏差。因此,在运用行为模型解释金融现象时应当给出合理的心理环境。

(四) 代表性偏差

代表性偏差指人们通常不考虑样本规模,理所应当地认为小样本可以像大样本一样代表总体。因而基于小样本过快地推出一种模式,并推断出未来的趋势。显而易见,这种模式会导致过度反应或反应不足的异象。

代表性是指人们在不确定性的情形下,会抓住问题的某个特征直接推断结果,而不考虑这种特征出现的真实概率以及与特征有关的其他原因。在很多情况下,这是一种非常有效的方法,能帮助人们迅速抓住问题的本质,推断出结果。但 Kahneman 和 Tversky 通过研究发现,代表性有时也会造成以下严重的偏差。

1. 忽视事件的基本比率

忽视事件的基本比率是指在描述信息的基础上,人们通常无视基本比率而顺从于描述。为了说明这个问题,Kahneman 和 Tversky 给出了一个事例:

Linda,31 岁,单身,性格外向,非常聪明,主修哲学。在学生时代,她非常关心歧视和社会公正问题,而且还曾参加反核示威活动。

当被问及"A. Linda 是银行出纳"和"B. Linda 是银行出纳,并热衷于女权主义运动"哪个更具可能性时,许多人的选择是 B。这是一种非理性的判断。由简单集合理论可知,两个集合的交集从来不会大于两者中的一个。判断 Linda 为第二种类型的人忽略了基本比率:银行职员要多于既是银行职员又是女权运动积极支持者的人。人们为什么会做出这样的非理性选择呢?代表性对此给出了一种简单的解释:对 Linda 的描述听上去更像是在描述一位女权主义者,这导致人们选择 B。这个例子说明,在认知过程中,人们夸大了代表性的作用。

Kiell 和 Stephan(1997)在货币市场上的研究也表明,专家们也不可避免地忽视事件的基本比率。他们要求被试者评估下列描述的可能性,其中每一个选项的人数占总人数的百分比用括号中的数字给出:①美国经济显示出过热的第一个迹象(41%);②美国通胀率在上升(44%);③央行经历降低利率(26.9%);④美国经济显示出过热的第一个迹象,接着通胀率上升,央行经历降低利率(35%)。可以看出,被试者认为④比③更有可能。

2. 忽视样本容量

根据大数定律,大样本随机变量独立观察值的概率分布集中在随机变量预期值附近,并且随着样本规模的增加,样本均值的方差逐渐趋于 0;当样本规模接近于总体时,样本中某事件发生的概率将渐进于总体概率。然而,一般情况下,人们误认为大数定律既能应用于大样本,也能应用于小样本,样本大小对概率判断的影响不敏感。样本统计量与总体参数的相似性不依赖于样本大小,小样本和大样本有同样的代表性,小样本的均值与大样本的均值有近似相同的概率分布,小样本均值也有一个集中在随机变量预期值附近的分布。这种忽视样本容量,认为小样本也会反映总体特征的信念,被 Rabin 称为"小数定律"。

为了证明小数定律,Tversky 和 Kahnean(1971)做了一个心理学实验。受试者被告知这样的事实与问题:已知一个小城的所有 8 年级学生的平均智商是 100,随机选择 50 名 8 年级学生,考察他们的智商,第一个学生的智商是 150,请估计这 50 名学生的平均智商。结果显示,绝大多数受试者相信平均智商仍是 100。这表明受试者对小样本属性存在过度推断。

小数定律的另一个例子是篮球场上的"热手"现象。篮球运动员有时接连投中,这似乎无法用随机性来解释,他们认为此时是"热手"现象在起作用。而实际上,"热手"现象并不存在,不过是人们根据小样本误判总体分布的又一个例子。

在人们确实事先知道数据生成过程的情况下,小数定律会导致一种"赌徒谬误效应"。虽然人们知道事件发生的客观概率,但在主观上对已发生的小样本事件做出了错误估计,往往夸大了小样本对总体的代表性,高估了未发生事件出现的概率。例如,如果一枚完好的硬币连续 5 次掷出正面,第 6 次的结果是反面的概率是多大?正确结果还是 1/2。概率论表明,下次投掷出正面和反面的机会是相同的。然而,人们认为不仅整个序列,而且序列的某一部分都可以表示整个随机过程的基本特征。有代表性的思考模式使正面和反面出现的次数一样多。在这种代表性模式的作用下,人们认为连续几次正面后,出现一次反面极有可能,就会认为反面该出来了,于是预测第 6 次的结果是反面。但实际上,同一事件重复发生对随机过程并不具有代表性。而且,反面将出现的概率是 1/2,如果游戏继续进行足够长的时间,反面才更可能出现,以与 5 个正面相平衡。但是实际上,每次投掷都独立于以前的投掷。要想公平,投掷必须无限进行下去。如果每次投掷都需支付费用,当某个参与者已没有资本可以支付费用时,投掷就停止,则此时偏离可能没有被纠正,只是被缓和。与此相对应的是低估大样本对总体的代表性。

赌徒谬论源自两种混淆。一是人们对随机过程的特征和如何预测这些过程的未来行为缺乏直接理解。赌徒谬论是对回归均值的过分追求,不适当的预测会发生反转,预期反转比实际更为经常发生,导致预测的回归过度。实际上,回归均值暗含了更接近均值,而不是满足均值定律。二是代表性,人们根据事件的代表性程度,建立预测和概率判断。代表性结果模式的特征是高低收益出现的次数相同,但是概率相同不等于实际出现的次数相同。

即使信息处理过程非常完美,人们也不能利用这些信息进行完全理性的决策。这种行为偏差极大地影响了投资者对风险-收益模型的构建,从而影响其对风险-收益的权衡。

（五）框定偏差

投资组合的构建似乎会影响投资者的决策。例如，面临有风险的可能收益时，人们可能会拒绝这种赌博，但是如果面临有风险的可能损失时，人们可能就会接受。换言之，面对收益时，人们往往规避风险；面对损失时，人们往往寻求冒险。在很多情况下，投资者在盈利或者亏损时确定的有风险的投资框架是很随意的。案例6-6中由于语言形式的改变，使得人们的认知参照点发生了改变，由第一种表述的收益心态到第二种表述的损失心态，即以死亡还是救活为参照点，第一种情况可以把救活看成是收益，死亡看成是损失。不同的参照点人们对待风险的态度是不同的，面对收益时人们会小心翼翼选择风险规避；面临损失时人们甘愿冒风险倾向于风险偏好。因此，在第一种情况下表现为风险规避，第二种情况则倾向于风险寻求，即框定偏差。

（六）心理账户

心理账户是框定偏差的一种具体形式，是指人们会将投资决策分成不同的部分。例如，投资者可能会对一个账户进行高风险投资，但是在子女的教育账户中却相当保守。理性地说，将这两个账户视为投资者整个投资的一部分，并在统一的风险-收益框架下投资可能会更好。

人们常常错误地将一些资金的价值估计得比另一些的低。如赌场赢得的资金、股票市场获得的横财、意想不到的遗产、所得税的返还等都会被估价得比常规的收入低，并且人们倾向于更轻率地或随意地使用这些被低估的资产。人们根据资金的来源、资金的所在和资金的用途等因素对资金进行归类，我们将这种现象称为"心理账户"。传统的经济理论假设资金是可替代的，也就是说所有的资金都是等价的，那么1000元赌场赢得的资金和1000元工资收入是等价的。我们使用赌场赢得的资金和工资收入没有差别，然而，在人们的眼里资金通常并不是那样可替代的。人们倾向于把他们的投资武断地分配到单独的心理账户中，并根据投资所在的账户分别做出决策。

在实际决策中，人们自发地运用局部账户进行判断，或者说"心理账户的局部组织"在起作用。一般来说，人们通过三种心理账户对他们所面对的选择的得失进行评价。

（1）最小账户。仅仅与可选方案间的差异有关，而与各个方案的共同特性无关。

（2）局部账户。描述的是可选方案的结果与参考水平之间的关系，这个参考水平由决策的背景所决定。

（3）综合账户。从更广的类别对可选方案的得失进行评价。

心理账户是经济金融领域中人们普遍存在的一种心理特征，对人的决策行为产生十分重要的影响，并且可以解释金融市场中的很多现象：由于心理账户的存在，个人投资者自然地认为在他们的投资组合中有一个受最低风险保护的安全部分和一个涉及投资致富的风险部分，资产在不同的心理账户中，风险承受能力自然不一样。人们的收入主要来自三类，分别为当前的工薪收入、资产收入和未来收入，来源不一样，人们把这些收入也分别放入不同的心理账户，从而出现了区别支出这些不同收入的现值现象，比如，人们不愿意支出未来收入，即使它肯定会到来。心理账户还可以对金融市场的许多异象进行解释，如弗里德曼-

萨维奇困惑、股利之谜、1月效应等。

（七）损失厌恶

预期效用理论的公理化假设的前提是：人是厌恶风险的。但是，卡尼曼和特沃斯基通过心理学实验得到的结论是：人们并非总是厌恶风险，当他们认为合适时，他们会选择赌上一把，但人们如果不是厌恶风险又是厌恶什么呢？他们认为，人们的动机主要是躲避损失，而不总是厌恶不确定性，人们厌恶的是损失，对损失的感受比对收益的更敏感。他们发现损失带来的负效用为等量效应的正效用的 2.5 倍。人们在面对收益和损失的决策时表现出不对称性。人们面对同样数量的收益和损失时，损失会使他们产生更大的情绪波动，这就是损失厌恶。损失厌恶反映了人们的风险偏好并不是一致的。当涉及的是收益时，人们表现为风险厌恶；当涉及的是损失时，人们则表现为风险寻求。由于损失厌恶的存在，导致在决策中形成禀赋效应和短视偏差。

1. 损失厌恶与禀赋效应

由于人们在放弃所拥有的一个物品时感受的痛苦，要大于得到一个原本不属于他的物品所带来的喜悦，因而定价方面，同一种物品在这种情况下的卖价高于买价，我们把这种现象称为禀赋效应。即同样一个东西，如果我们本来就拥有，那么卖价会高；如果我们本来就没有，那我们愿意支付的价钱会相对卖价来说比较低。禀赋效应是与损失厌恶相关联的现象。许多决策是在两种方案间进行选择：维持现状，或者接受一个新的方案。新的方案在一些方面有利而在另一些方面不利。如果将现状视为参考水平，那么决策者偏爱维持现状，因为盈利的诱惑力不足以抵消对损失的厌恶感。

禀赋效应反映了人们有避免失去禀赋的倾向。人们由于禀赋效应，使个人产生安于现状的偏差，即投资者在做决定时愿意维持原有的状态，而不愿意将其财富做新的改变。

人们具有不愿意放弃现状下的资产的倾向，因为损失一项资产的痛苦程度大于得到一项资产的喜悦程度，所以个体行为者为了得到资产的支付意愿要小于因为放弃资产的接受意愿。禀赋效应导致买价与卖价的价差，如果让人们对某种经济利益进行定价，则其得到这种经济效益所愿意支付的最大值，远远小于其放弃这种经济利益所愿意接受的最小补偿值。例如，Thaler 曾提出了两个问题：假设现在你立即死亡的概率是千分之一，第一个问题是，你为消除这个概率愿意付出多少钱呢？典型的回答是："我最多会出 200 美元。"第二个问题是，你要得到多少钱才允许这个死亡概率降临到你身上呢？典型的回答是："为这种额外的风险我至少要拿 50000 美元。"从新古典经济学的观点来说，财富的变动方向并不影响财富本身的价值，财产权利的初始安排与经济效率无关。显然，这也是个体偏好方面的一个悖论。该悖论使该经济学原理制定政策的决策者感到无所适从。

禀赋效应导致了交易惰性，交易惰性的产生，主要源于投资者对于自身所持有的股票，由于其禀赋效应的存在，需要市场更高的出价才肯卖出，从而使其不愿意进行股票交易。

2. 短视的损失厌恶

在股票的投资中，长期收益可能会周期性地被短期损失所打断，短视的投资者把股票市场视同赌场，过分强调潜在的短期损失。投资者不愿意承受这种短期损失的现象被称之为"短视的损失厌恶"。投资者可能没有意识到，通货膨胀的长期影响可能会远远超过短期内股票的涨跌。

短视的损失厌恶是建立在两个概念之上的：一是投资者是损失厌恶的，即决策者倾向于把损失看得要重一些，损失带来的受伤害的感受约是收益带来的良好感受的两倍多；二是投资者是短视的，也会经常性评价他们的投资组合，即使长期投资的投资者也要顾虑短期的收益和损失。这样，短视的损失厌恶可能导致人们在其长期的资产配置中可能过于保守，即投资于回报率很低而购买风险却很高的企业债券，而不投资于短期内波动性风险大但长期回报率高的股票，这就是所谓的股票溢价之谜。短期的损失厌恶可以对其进行解释：如果投资者经常性地评价他们的投资组合，损失厌恶就会令很大一部分投资者放弃股票投资的长期高回报率，而投资于具有稳定回报率的债券。如果人们将注意力集中在几十年的长期收入，他们可能会去拥有更多的权益资产。虽然短期内股票市场的波动很大，甚至人们将其比喻为赌场，但股票市场毕竟不同于赌场，投资于股权的长期回报预期是正值。并且，进一步的实验表明，当被试验者被要求为他们养老金计划在股票和固定收入间分配资产时，他们的反应因提供的回报形式不同而不同：如果是以 30 年中每年一次回报的形式，他们分配给股票的资产平均值为 40%；如果是 30 年一次回报的形式，则分配给股票资产平均值为 90%。这些都说明了投资者存在短视的损失厌恶，对短期损失赋予更多的权重。

（八）后悔厌恶

后悔是没有做出正确决策时的情绪体验，是一个人认识到本该做得更好而没有做到时所感到的痛苦。后悔比受到损失更痛苦，因为这种痛苦让人觉得要为损失承担责任。后悔厌恶是指当人们做出错误的决策时，对自己的行为感到的痛苦。为了避免后悔，人们常常做出一些非理性行为。如投资者趋向于获得一定的信息后，才做出决策，即便这些信息对决策来讲并不重要，没有它们也能做出决策，这主要是为了减少后悔对自身的精神损失。

后悔厌恶理论的核心是以下三个定理：

定理1：胁迫情形下采取行动所引起的后悔比非胁迫情形下的后悔要轻微；

定理2：没有做引起的后悔比做了错误的行动引起的后悔要轻微；

定理3：个体需对行动的最终结果承担责任情形下引起的后悔比无须承担责任情形下的后悔要强烈。有利的结果会是责任者感到骄傲，不利的结果会使责任者感到后悔。如果后悔比骄傲大，责任者会尽量避免采取这一行动，如图 6-3 所示。

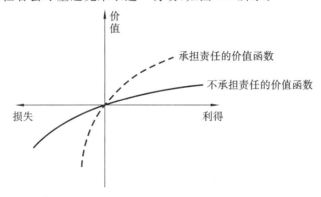

图 6-3　后悔厌恶理论解释图

在图6-3中,实线表示不承担责任的价值函数,虚线表示承担责任的价值函数。骄傲随着利得值的增加而增加,后悔随着损失值的增加而增加。后悔效力(以第三象限的两条函数的垂直距离表示)比骄傲效力(以第一象限的两条函数的垂直距离表示)要大。所以,对行动的最终结果承担责任的个体会尽量避免采取这一行动。

与后悔厌恶相关的是认知失调,认知失调是指人们面对他们的观点或假设是错误的证据时内心的矛盾。认知失调可以认为是一种后悔厌恶,即对错误观点的后悔。和后悔理论结合后,认知失调理论认为人们可能不愿意接受新信息或提出歪曲的理念以继续维持资金的信念或假设。

在日常生活中,人们经常犯认知失调带来的偏差。例如,新买入车子的人在购买完成后有选择性地避免阅读他们没有选择的车型的广告,而关注他们所选择的车子的广告。并且,认知失调理论可以解释共同基金的一种现象,即资金流向业绩好的共同基金的速度比资金流出业绩差的共同基金的速度要快得多,也就是说发生损失的基金持有人不愿意通过赎回他们持有的基金来面对投资失败的事实。

后悔厌恶在金融市场的投资中广泛存在,投资者在做出决策时要把现时情形和他们过去遇到的不同选择的情形进行对比。如果个体认识到不同的选择会使他们处于更好的境地,他就会因为自己做出了错误的决定而自责不已,这种情绪就是后悔;相反,如果从现时选择中得到了更好的结果,他就会有一种欣喜的感觉。马科维茨也用后悔厌恶来解释资产组合理论,他说:"我的意图在于减少未来的后悔。因此,我将出资额平均分成两部分分别投资于债券和股票。"换句话说,如果马科维茨全部选择股票投资,而随后的股票行情极差,他就很容易陷入一种情绪中——如果我选择一个保守的方式就好了,这就使他产生了相当大的自责,即后悔。后悔最小化致使一些投资者使用股息而不是卖出股票来获得消费的资金。卖出股票而获得资金的人在发现股价上升以后,很可能相当后悔。对于案例6-5中的问题,可以用过度自信和后悔厌恶来解释陈久霖的行为。为了避免资产损失所带来的后悔,陈久霖没有在油价上涨时及时完成交割,同时由于他的过度自信,高估自己的成功机会,坚持自己的看跌判断,最后导致亏损惨重。

(九)证实偏差

一旦形成一个信念较强的假设或设想,人们有时会把一些附加证据错误地解释为对他们有利,不再关注那些否定该设想的新信息。人们有一种寻找支持某个假设的证据的倾向,这种证实而不是证伪的倾向叫证实偏差。

一个常见的例子能够直观地说明证实偏差的存在。如果我们给出一个假设"所有的天鹅都是白色的",你将如何去求证这个假设?通常的逻辑是,我们会不由自主地倾向于特别关注白天鹅,找寻白天鹅,找一只、两只……一百只,甚至更多。然而,我们可能没有意识到,无论找到多少只白天鹅,都证明不了所有的天鹅都是白色的。正确的思路是尝试去寻找一只黑天鹅,当然也可以是别的颜色——假如可能存在的话,去否定这个假设,这就是证伪,而证伪的心理过程往往被我们忽略。

信念坚持是导致证实偏差的心理基础,他们会坚持他们的假设,即使这个假设和新数据相矛盾。总之,这种偏差对新数据都没有足够重视。例如,如果人们相信有效市场假设,即使出现显著的反面证据,人们还会继续相信它、求证它、解释它。再如,一旦你相信一种投资战略比另一种有利,你可能不会再注意那些负面的信息,这将导致人们基于一种微弱的证据而维持一种设想,即使后续证据要求他们拒绝早期的信念。还有,当市场形成一种股市将持续上涨的信念时,投资者往往对有利的信息或证据特别敏感或容易接受,而对不利的信息或证据视而不见,从而继续买进并进一步推高股市;相反,当市场形成下跌恐慌时,人们就只能看到不利于市场的信息了,以致进一步推动股市下跌。

锚定往往也是导致证实偏差的心理因素之一。锚定并不是指人们误解附加证据,而是导致人们忽视附加证据。心理学证据揭示了这样的现象:人们倾向于把证据理解为支持初始假设的附加证据。人们在回忆中具有这样一种倾向,即将肯定的证据视为相关而且可靠的,而将否定的证据视为不相关且不可信的,因此在价值判断中容易接受肯定的证据,而对否定证据则吹毛求疵。有了肯定的证据,决策者很快就简化了信息的复杂度,并且仅能有选择地记住具有支持性的信息;对于否定的证据,他们会继续思考那些不至于破坏选择性解释的信息。人们甚至把与其假设对立的模糊性和概念错误看作是对那些假设的基础进行修正的提示。甚至一些完全不一致的或是随机的数据,被放置于一个合适的偏差模型进行加工时,仍能保持甚至加强某人的预期。

以下三个方面的因素导致了证实偏差。第一,证据的模糊性被广泛认为是证实偏差和过度自信的重要媒介因素。证实趋势依赖于对问题的概括和界定程度,即解释的需要,而不是简单的视觉任务。定式思维使我们根据先前的定型模式来解释模糊的信息。比如,一个教师常常能把学生的问题或答案解释成有创造性的或是愚蠢的,他的解释往往根据他先前对该学生的态度的假设。第二,人们通过估计不同现象间的相互关系来解释求证问题,经常假想出事件的相互关系,即使他们通常可能并不存在,幻想的相互关系在证实偏差中扮演了重要角色。第三,对资料的选择性收集或审查。证实偏差的一种形式是基于审查和基于假说的过滤。根据当前假设能合理解释模糊数据时,人们倾向于过滤处理后续资料,不恰当地用它们做进一步证明的证据。比如:若一个学生针对一个明确的问题给出了不明确的答案,老师会因他先前对这个学生知识掌握程度的假设而影响到对答案的评价,这是非常合乎情理的,然而,根据对可比性的答案的不同解释打分之后,再用这些不同的分数作为进一步推断学生能力的证据,则是错误的。当资料的复杂性和模糊性要求运用先前的假设来解释数据时,这种错误特别容易发生。

证实偏差也是在经济生活中普遍存在,并且对人的行为决策有重要影响的一种心理偏差。作为投资者或是企业经理人,证实偏差会导致错误的判断与决策,进而导致市场的非有效性和企业的损失。例如,在金融市场上,当整个市场处于繁荣的上升期,即使有各种各样的证据表明市场已经被严重高估,人们仍然会倾向于忽略这些负面的信息,而对正面信息赋予更高的权重,加上与生俱来的贪婪与恐惧,人们会乐观地不断推动市场,以至于市场价格越来越偏离其基础价值;相反,当市场处于低迷时期,人们会倾向于对负面消息赋予更高的权重,从而导致市场更加低迷。从这个角度讲,证实偏差也是金融市场上正反馈机制形成的推动力之一。企业经理人的证实偏差更多地表现在投资决策上,对于具有信念而论证又不可行的项目,倾向于寻找正面信息而不肯放弃项目的实施,导致决策错误,甚至一错再错。

(十) 前景理论

前景理论修正了传统金融理论中理性的风险厌恶型投资者的分析描述,图 6-4(a)是对风险厌恶者的传统描述。财富越多,满意度越高,但是增加速度递减,即随着个人财富的不断增加,曲线变得越来越平坦。那么,1000 元报酬给投资者带来的效用的增加要小于 1000 元损失给投资者带来的效用的减少。因此,投资者会拒绝承担不提供任何风险溢价的风险。

图 6-4(b)是对损失厌恶的描述。在图 6-4(b)中,与图 6-4(a)不同,效用取决于财富水平的变化量。在 O 的左边,曲线呈凸性,这点有许多含义。但是许多传统效用函数认为随着财富增加,投资者的风险厌恶程度会降低。图 6-4(b)所代表的函数通常会回归到现期财富这一中心点,因此排除了这种风险厌恶程度的递减,这可能有助于解释高的平均权益风险溢价。再者,在图 6-4(b)中,原点左侧曲线的图形说明当面临损失时,投资者是风险偏好者而不是风险厌恶者。与损失厌恶一致,人们发现在短期国库券期货合约交易中,如果上午的交易出现损失,投资者会在下午承担更高的投资风险。

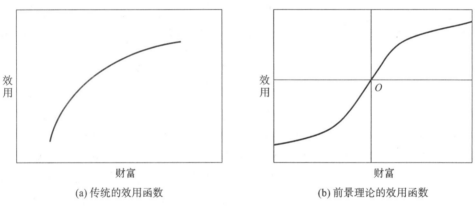

(a) 传统的效用函数   (b) 前景理论的效用函数

图 6-4 前景理论解释图

第四节 技术分析与行为金融

【案例 6-7】

2008 年的金融海啸,最初起源于 2007 年美国国内的次级房屋信贷危机,随后逐渐搏击各个国家与各类金融领域。2008 年 9 月 14 日,雷曼兄弟在美国联准会拒绝提供资金支持援助后提出了破产申请。同一天,美林证券宣布被美国银行收购。这两个事件揭开了 2008 年 9 月全球股市大崩盘的序幕,9 月 15 日和 9 月 17 日,全球股市均发生市值暴跌;9 月 29 日,即著名的黑色星期一,美国政府的纾困计划在众议院公开表决时未获得通过,当天美国股票市场严重下挫,道琼斯工业指数在数分钟内即下跌 300 点,收盘下跌约 778 点,创下史上最大跌幅,纳斯达克指数下跌 200 点并跌破 2000 点大关,标准普尔指数也下跌 8.77%。股价跌破重要关点释放出怎样一种信号?

【案例 6-8】

下表是《华尔街日报》刊登的市场日志,请问市场的 Trin 统计量是多少?

股票	上涨	下跌	不变	总计	发行价		成交量			
					52 周最高价	52 周最低价	总量	上涨	下跌	不变
NYSE	1455	1553	105	3113	104	17	1944911334	852591038	1058312638	34017658

技术分析试图通过发掘股票价格的波动周期和可预测的股价走势以获得优异的投资业绩。技术分析员并不否认基本面信息的价值,但是他们相信价格只会逐渐接近真实价值。如果股票的基本面发生了变化,敏锐的交易者就会利用这种调整从而达到一个新的均衡状态。

例如,得到很好例证的行为趋势之一就是处置效应,即投资者倾向于持有已亏损的投资组合,不愿意将损失变成现实。即使股票的基本价值服从随机漫步,这种处置效应也会导致股票价格的动量效应。处置效应投资者对公司股票的需求取决于股票的历史价格,这也意味着价格随着时间的推移接近其基本价值,这与技术分析的核心目标一致。

行为偏差与技术分析对交易量数据的使用一致。投资者的一个重要的行为特征是过度自信,即高估个人能力的系统性趋势。当交易者过度自信时,其交易可能较为频繁,从而导致成交量与市场收益之间的相关关系。因此,技术分析通过历史价格和成交量来指导投资策略。

最后,技术分析员认为市场的基本面会被非理性或行为因素所扰乱,有时候也会受投资者情绪波动影响。价格波动或多或少都会伴随着一个隐藏的价格趋势,从而发现盈利机会直至价格波动得到平息。

一、趋势与修正

许多技术分析员都希望能揭露市场价格的走势,即找寻价格的动量效应。动量可以是绝对的,如寻找价格的上升趋势;也可以是相对的,如寻找由于其他部分的投资机会。相对强度指标旨在发现潜在的盈利机会。

(一)动量和移动平均

即使我们都愿意购买存在上升趋势的公司的股票,但如果这样的趋势确实存在,则首先要解决一个问题,即如何识别价格的变动方向,一个常用的工具就是移动平均。

股票指数的移动平均是指一定期间内指数的平均水平。例如,50 天的移动平均线描述的是最近 50 天内股票指数的平均值。在每一天重新计算移动平均时,都需要去除旧的并添加新的观测值。

当股价处于下跌趋势时,移动平均线将位于价格线之上,因为计算移动平均值时包含了过去的较高价格。相反,当股价处于上升趋势时,移动平均线将位于价格线之下。当股票的市场价格从低位上穿突破移动平均线时,意味着价格由下降趋势(价格线在移动平均线之下)转为上升趋势(价格线在移动平均线上),可认为是一个牛市信号。相反,当价格从高位下穿移动平均线时,则分析师会将市场动量总结为负的。

还有其他用来捕捉股票价格潜在动量的技术,比较有名的两个是 Elliott 波理论和 Kondratieff 波理论。两者都认为存在股票市场价格的长期趋势,且被短期趋势和每日的震荡所干扰。Elliott 波理论将长期和短期的周期叠加,试图描述市场价格运动的复杂规律。一旦长期波被识别,投资者就会在市场长期趋势为正的时候买入。即使真实的股价演变受很大的噪声干扰,也可以根据理论以及合理地解释波周期来预测股价变动的大方向。相似的,Kondratieff 波理论是一个以俄罗斯经济学家命名的。这个经济学家认为宏观经济在 48~60 年进行广阔的波运动。但 Kondratieff 的论点在实证中难以评估,因为对每个国家长达 50 年的周期只有两个独立的数据点,不足以通过数据来监测理论的预测能力。

(二)相对强势

相对强势测量的是一个证券相对于整个市场或是特定的行业变现出众或者表现不佳的程度。相对强势是通过证券价格与行业指数价格的比率计算的。例如,比亚迪相对于汽车行业的相对强势将由比亚迪的股价与汽车行业指数的股价之比来衡量。一个上升的比率说明比亚迪比行业中的其他公司表现得更好。如果可以假设相对强势是随时间稳定的,那么这就是一个买入比亚迪的信号。相似的,一个行业对于整个市场的相对强势可以通过行业价格指数与市场价格指数之比来计算。

(三)宽度

市场宽度法是分析和预测股票市场价格走势的一种方法。这种方法认为,根据某种股票价格指数来判断股票市场,常常会引人入歧途。因为任何一种股票价格指数都是对市场的抽样反映,不能反映整个市场的全部情况。另外,股指所选的股票一般都是较为活跃的股票,它们的变化在时间上往往比其他股票来得早,但它们并不一定会引导其他股票向同一方向变化。因为这些抽样股票是最活跃的,今天看它在上升,说不定明天就会下跌。这些活跃的股票经历了小小的波动,其他的股票可能并未发生变化。或者,其他股票一直朝某个方向变化,并未受到活跃股票的影响。为了了解整个市场价格运动的大方向,应当把握市场上所有股票的变动方向,这就是市场的宽度。

市场的宽度是指市场指数的波动程度。最常用的测量方法是计算价格出现上涨的股票数量和出现下跌的股票数量之差。假如价格上涨的股票数量远远超过下跌的股票数量,意味着上涨价格很普遍,市场就被认为是强势的。

二、情绪指标

行为金融相当重视市场情绪,即总体的投资者乐观情绪。技术分析师们也设计出多种情绪度量指标,以下我们对部分指标进行介绍。

(一) Trin 统计量

市场成交量也能用来衡量市场上涨或下跌的程度,上涨或下跌市场中投资者数量的增加被视为衡量市场走势的一个重要指标。技术分析员认为当市场上涨且成交量增加时,价格会持续上升;反之,当市场下跌且成交量较高时,价格会持续下降。

$$\mathrm{Trin} = \frac{T_d/N_d}{T_u/N_u} \tag{6-5}$$

其中,T_d 表示下跌股票的成交量,N_d 表示下跌的股票数,T_u 表示上涨股票的成交量,N_u 表示上涨的股票数。因此,Trin 是指下跌股票的平均成交量与上涨股票的平均成交量之比。若市场的 Trin 统计量大于 1,则认为是熊市,因为下跌股票比上升股票成交量更高,即净卖压。案例 6-8 中 NYSE 的 Trin 统计量为:

$$\mathrm{Trin} = \frac{10583132638/1553}{852581038/1455} = 11.63$$

每个买方必定有一个对应的卖方,那么在上升的市场中,成交量的增加不一定意味着买方与卖方势力之间存在不平衡。例如,Trin 统计量大于 1 的市场被视为熊市,它也可解释为下跌股票有较强的买方势力。

(二) 信心指数

巴隆利用债券市场的数据构造了一个信心指数,其前提假设是债券交易者的行为能预测股票市场的走势。信心指数是高评级的 10 家公司债券与中评级的 10 家公司债券的平均收益率之比。由于高评级的债券提供较低的收益率,信心指数的值总是小于 100%。若债券交易者认为经济走势乐观,他们会对低评级的债券要求较低的风险溢价,则二者的收益率差将会缩小,信心指数趋近 100%。所以,高信心指数是一个牛市信号。

(三) 看跌/看涨期权比率

看涨期权赋予投资者以固定的交割价格买入股票的权力,投资者预期股价上升。看跌期权赋予投资者以固定的价格卖出股票的权利,投资者预期股价下跌。未平仓的看跌期权与看涨期权合约的比值称为看跌/看涨期权比率,该比率一般在 65% 左右。看跌期权在下跌市场中表现较好,而看涨期权在上升市场中表现较好,所以若该比率偏离其历史标准,可被视为市场情形的信号,能预测市场走势。

三、警告

对股市价格运动的分析有很多,人们识别价格波动形式的能力也显著提高。不幸的是,人们可能会观察出实际不存在的波动形式,哈利·罗伯茨的一个著名研究,描述了 1956 年道琼斯工业平均指数的模拟价格和实际价格。市场呈现出典型的头肩顶形状,即中间的拱由两肩托起。当价格指数突破右肩时,价格开始低头,是售出股票的时机。如案例 6-7 中金融危机股价大跌甚至跌破 2000 点大关就是市场给投资者释放出一种警告信号,如不及时离场则可能会遭受较大损失。

数据挖掘会促使人们发现实际上并不存在的股票走势模型。数据挖掘之后,人们总能发现一定的模式和可以获利的交易规则。如果对这些交易规则进行回测,人们会发现其对过去的交易可能有作用,但不幸的是,事后创造的理论并不能保证未来的成功。

评价交易规则时,应该在检验数据之前判断这些规则是否合理,否则就很可能会根据仅对过去数据有效的规则进行交易。最困难也最关键的问题是是否有足够的理由相信对过去有用的理论在将来仍然成立。

第五节 行为金融学的若干假定

【案例 6-9】

20 世纪 90 年代初,英国经济日益衰退,英国政府需要贬值英镑,刺激出口,但英国政府却受到欧洲汇率体系的限制,必须勉力维持英镑对马克的汇价。1992 年夏天,英国首相梅杰和财政大臣虽然在各种公开场合一再重申坚持现有政策不变,英国有能力将英镑留在欧洲汇率体系内,但索罗斯却深信英国不能保住它在欧洲汇率体系中的地位,英国政府只是虚张声势罢了。英镑对马克的比价在不断地下跌,从 2.95 跌至 2.7964。英国政府为了防止投机者使英镑对马克的比价低于欧洲汇率体系中所规定的下限 2.7780,已下令英格兰银行购入 33 亿英镑来干预市场。但政府的干预并未产生好的预期,这使得索罗斯更加坚信自己以前的判断,他决定在危机凸显时出击。

1992 年 9 月,投机者开始进攻欧洲汇率体系中那些疲软的货币,其中包括英镑、意大利里拉等。索罗斯及一些长期进行套汇经营的共同基金和跨国公司在市场上抛售疲软的欧洲货币,使得这些国家的中央银行不得不斥巨资来支持各自的货币价值。索罗斯则是这场赌局中最大的赌徒。下完赌注,索罗斯开始等待。1992 年 9 月中旬,危机终于爆发,9 月 13 日,意大利里拉贬值 7%,虽然仍在欧洲汇率体系限定的浮动范围内,但情况看起来却很悲观。这使索罗斯有充足的理由相信欧洲汇率体系中一些成员国最终将不会允许欧洲汇率体系来决定本国货币的价值,这些国家将退出欧洲汇率体系。1992 年 9 月 15 日,索罗斯决定大量做空英镑。英镑对马克的比价一路下跌,虽有消息说英格兰银行购入 30 亿英镑,但仍未能挡住英镑的跌势。到傍晚收市时,英镑对马克的比价差不多已跌至欧洲汇率体系规定的下限。英镑已退出欧洲汇率体系的边缘。索罗斯从英镑空头交易中获利接近 10 亿美元,在英国、法国和德国的利率期货上的多头和意大利里拉上的空头交易使他的总利润高达 20 亿美元。

【案例 6-10】

图 6-5 描述了美国证券市场指数从 1925 年开始的时间线,表明了股票价格的长期历史增长率,实线代表股票的实际价格,虚线代表基础价值。数据表明,1929—1973

年,股票价格线基本上是高于基础价格线。之后不久,股票价格又掉到基础价值之下了。由此可以看出股票价格可能在很长一段时间里都偏离基础价值,特别是在 1994 年之后,股票价格更是直线上升,远远高于基础价值。在此期间的 1987 年发生了一次美国股市的崩溃。1987 年 10 月 19 日,星期一,道琼斯工业指数平均下降了 22.6%,这是此前历史上指数下跌最厉害的一天,但事前并没有任何明显的消息。为何股票价格会对内在价值出现长期偏离?

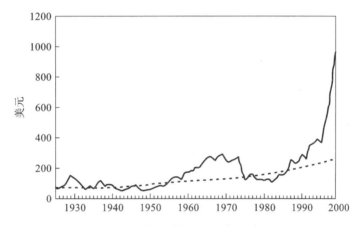

图 6-5　1925—2000 年美国股票市场基础价值(虚线)与股票价格(实线)的比较

金融学作为经济学在金融领域的应用,研究的问题越来越复杂和多样化,在现代社会中也越来越重要。然而,金融学所解决的基本问题仍然是资源的有效配置。从静态的角度来看,金融要解决的是经济社会的各参与主体的资金融通问题,最终满足参与者的金融要求;从动态的角度看,金融学解决的是在不确定条件下,资源在时间上的最优配置问题,这一配置过程是通过在金融市场上的金融要求权以及对未来资源要求权进行定价和交易完成的。

正如 Merton(1990)所言,在 20 世纪上半叶,金融学还只是轶闻趣事、经验规则和核算数据所组合的概念性的集锦,直到 20 世纪 50 年代以后,金融学才开始发展成为以科学的实证研究为条件的严格的经济理论。金融理论的先驱工作包括阿罗—德布鲁的证券市场一般均衡分析框架、马科维茨的均值方差模型以及莫迪格里尼与米勒提出的 MM 定理,这些奠定了标准金融研究学的基础。到了二十世纪六七十年代,夏普与林特纳等人在资产组合理论基础上发展起来的资本资产定价模型,Ross 等人提出套利定价模型,布莱克、斯科尔斯与默顿所发展起来的期权定价模型,以及法玛等人提出来的有效市场假说一起构建了完整的标准金融学理论体系。

由此可见,所谓的现代金融理论其实就是用标准的主流经济学的原理和方法来刻画金融活动。而主流经济学最核心的理论设定就是经济人假定。经济人假定是整个经济学思想体系中的前提和基础,并被作为全部理论框架的逻辑支撑点和方法论原则。它有以下主张。

(1) 人是自利的。利己是人的本性,人们在从事经济活动中,追求的是个人利益最大化,通常没有促进社会利益的动机。每个人都是自己利益的最好判断者,在各项利益的比较过程中选择自我的最大利益。

(2) 人是有理性的,理性人的定义包括两层含义:一是投资者在决策时都以效用最大化为目标,二是投资者能够对已知信息做出正确的加工处理,从而对市场做出无偏估计。

经济学中的理性经济人追求的是自身效用的最大化,效用的判定是个体的主观决策行为。在确定且完全竞争的经济中,主体的偏好和禀赋就把主体的基本特征完整地刻画了,理性经济人在确定状态下的选择行为就是在给定价格的预算约束下求解效用函数最大化,以确定对商品的需求函数。然而,金融学讨论的是不确定条件下的决策问题,当不确定性被引入后,理性经济人的决策行为就涉及如何评价不确定性以及以什么样的标准进行选择等问题。

确定条件下的选择是消费者直接按照各种商品组合的效用进行排序,从中选择最优的组合;而不确定条件下的选择行为则是根据期望效用进行最优化。期望效用并非个体能够得到的真正效用,它包含着个体对不确定环境的考虑,包含了比通常的效用有更多主观因素。在这个理性经济人的选择中,起关键作用的是三个因素:偏好、信念和信息。

在传统的金融范式下,对于基于理性假定的资产定价模型,理性可以理解成以下两个方面。第一,当接收到信息之后,主体是按照贝叶斯法则来更新他们的信念。在这里,信念可以具体表达为人们对事件发生的主观概率。在接收到信息以前,主体对不确定事件具有先验信念;当接收到信息之后,主体会按照一定规则对不确定事件进行概率修正,由此得到后验概率。在经典的金融理论中的信念更新规则一般是贝叶斯规则,这种理性也被称为贝叶斯理性。第二,在后验信念给定的情况下,理性主体依照冯诺依曼-摩根斯坦的预期效用函数,在特定的风险厌恶水平下,形成自己的期望效用,然后,在财富预算约束下追求期望效用最大化,得到最优的资产配置。

经济人或理性人假设作为一种高度抽象的理性模型,固然使经济学理论研究的公理化、体系化、逻辑化称为可能,然而,结合心理学的经济学研究结论不承认这种经济人理性,它不承认经济人的自利前提。传统的主流经济理论把自利置于理论考察的中心,但实践表明,利他主义、社会公正等,也是广泛存在的,否则无法解释人类生活中大量的非物质动机或非经济动机。

行为金融学有以下两大假定。

一、人是有限自利的

人类行为不只是自私的,它还受到社会价值观的制约,而做出不会导致利益最大化的行为。行为经济学学者认为在很多情况下,人会表现出有限自利的行为。人们不是100%的自利,这已成为事实。传统经济理论也没有排除利他,但是他们强调自利为基本的动机。因为预期个体不会对公共事务做贡献,除非这样会提高他们的个人福利,所以传统经济学理论预言免费搭便车的行为会常见于日常生活中。但事实与此相反,人们经常会采取无私的行为,许多人有利他的一面,他们愿意为公共事务做出贡献。如研究发现,在1993年,73.4%的美国家庭捐款给慈善事业,款额相当于家庭收入的2.1%。也有47.7%的人从事志愿者工作,这些志愿者从事志愿者工作的平均时间是每周4.2小时。同样,在商业界,企业捐款给慈善机构或陷于困境的企业也很常见。三位德国经济学家Gueth、Schmittberger

和 Schwarze 还通过将著名的最后通牒游戏设计成实验,证明了人们在追求私利的同时也会兼顾公平的原则。人们关注财富分配的公正性,有时甚至愿意以减少总的待分配财富量为代价来追求财富分配的公平性。行为经济学认为,人是有限理性的,快乐是人类行为的终极目标。

二、人是有限理性的

英国经济学家 Hodgson 从哲学、心理学角度论证了人的行为决策不可能达到全智全能的理性程度。实际上,市场信息的获取和加工,一要感觉材料,它由大量杂乱的听觉、视觉材料所组成;二要理性分析的框架,对信息进行有价值的筛选和提炼;三要有约定俗成的知识加以补充和整合。在市场行为者的决策机制中,由于认知和思维过程是一种复杂的多层系统,而行为本身又是根据不同思维层次发生的,有时是经过深思熟虑后的行为,有时则是无意识、潜意识状态所激发的非理性行为,因此经济行为人的决策并非像古典经济学家所主张的那样是完全理性的。如案例 6-9 中,索罗斯利用投资者的有限理性行为成为袭击英镑行动中最大的赢家。人们无法对当前的事实形成正确的认识,错误的认识形成了错误的偏见,最终导致市场的暴跌,使得市场中存在超额收益。

出于对经济人所做的严格限定的质疑,Simon 提出了决策研究应该以现实生活中的人为研究对象,以心理学中的适应性行为模型取代经济学中的理性行为模型,由于决策的环境具有绝对的复杂性与不确定性,人的决策与完全理性意义上的决策相差甚远。人的理性属于有限理性。人类的行为是由决策的环境与主体本身的认知能力决定的,即人类行为的一边是主体的计算、认知能力,另一边是决策环境的结构。所以由于信息成本和信息不对称的存在,人往往追求的是满意解,而满意解往往不是最优的。当然,在这个角度下考虑的有限理性其实还是理性的角度,因为他是在考虑信息成本和信息不对称下人的行为,也就是说此时的人还是理性的,因为满意解对他来说便是最优解了,所以理性经济人应改为有限理性人或称"管理人",管理人关心的只是在他看来最要紧、最关键的因素,因此比经济人更贴近社会、更贴近行为人的内在本质。

在现实的金融市场中,将各种市场参与者特别是个人投资者假定为完全理性,是很难令人信服的。明显的例子是许多投资者经常在做投资决策时犯一些错误,或者根据市场上的噪声而非信息进行交易,或者根据自己的情绪进行交易。即便是他们得到了真实的信息,在做决策时也是冷静的,他们也无法完全避免因为固有的心理偏好与行为偏差所带来的影响。Fuller(2000)认为证券市场中典型的行为偏差可以分为两大类:第一类是非财富最大化行为,理性人行为观点假设投资者的行为目标是追求他们投资组合的预期价值最大化,而现实中,投资者可能把最大化其他因素看得比财富更重要;第二类是系统性的心理错误,启发式偏差以及其他认知偏差导致投资者犯系统性的心理错误,从而对所获信息做出错误的处理,在做出某个投资决策之前,投资者认为他们已经正确地理解和加工了信息,并以其预期财富最大化进行投资,之后他们可能才发现认知上的错误,但他们通常甚至根本意识不到这种错误。

大多数投资者在绝大多数情况下并非如标准金融学所言,按照经济理性最大化的原则进行投资决策,而是受制于某些心理规律和行为偏差。根据 Kahneman 与 Riepe(1998)的归纳,人们的行为与标准的决策模型是不一致的。首先,个人对风险的评价并不一定遵循冯诺依曼－摩根斯坦理性概念的假设。主体在判断风险时,并不看重他们所获得的财富的绝对水平,而更关注相对于某一参考标准来说他们得与失的数量,也就是说他们具有参考点依赖偏好。Kaheman 和 Tversky(1979)在著名的前景理论中指出这一参考点会因时因地不同,相对盈利来说,亏损函数的斜率比获利函数的斜率大。其次,在对不确定性后果进行预期时,个人的行事原则常常会违背贝叶斯原则和其他概率最大化理论。例如,人们经常会用短期的历史数据来预测不确定的未来,并试图找出这些过去发生的事情表征的意义有多大。当过分相信这些事情的表征意义时,他们往往忽视这些近期事情的发生仅仅是偶然发生,而不是符合某种规律。这种启发式的思维方式在很多时候也可以严重误导投资者。再者,个人的决策对问题的框定和表达方式具有敏感性,投资者当然也不例外。如果说得极端一点,对一个既定问题每个人的选择不同,因为该问题给他们的表现方式不同,由此每个人也就用不同的方法去解决问题。选择投资方向就是一个例子,如果投资人不仅仅只是观察到短期股票收益的波动,而是发现投资于股票长期收益相对要高于投资于证券的话,他们将会把财产投向股票。

心理学研究表明,人们不只是偶然偏离理性,而是经常以同样的方式偏离。入市不深的投资者在多数情况下是按照自己的投资理念买卖股票的,他们的买卖行为之间有很大的相关性,他们之间的交易也并非随机进行,而是经常性地受到媒体、社会潮流乃至传言的影响,或者模仿他人的投资行为,也就是说投资者的偏差具有社会性。投资者情绪理论讨论的就是大量投资者犯同样的判断失误且他们的错误又具有相关性的现象。当大家彼此模仿并且产生行为的趋同和一致以后,就在市场上产生了所谓的羊群效应。当羊群效应愈演愈烈,势必导致整个市场的震荡和恐慌,促成泡沫的膨胀和破灭。如案例 6-10 中,股市的崩溃与基础价值的变动没有任何关系,事实上,许多股票价格的剧烈波动并未随着有意义的信息而出现。投资者的非理性行为可以很好地解释这一现象。

个人投资者并非唯一不符合理性要求的市场参与者,事实上影响个人投资者的种种偏差和错误同样也影响到金融机构,特别是养老基金和共同基金的职业管理人员。这些管理人员也是普通人,同样受制于这些心理规律和行为偏差。不但如此,他们的代理人的角色使得他们在竞争环境中处于职业生涯考虑而采取随大流的投资策略,或者在近期报表公布前进行窗饰,以图在投资者心中取得好印象。在现实市场中,机构投资者并非如标准金融学者所设想的那样是理性投资者,是市场有效性的坚定捍卫者,事实上他们在决策时更容易出错。此外,越来越多的证据表明,公司的管理层决策与行为也常常表现出某种程度的非理性、典型的过度自信与过度乐观,这些心理偏差很大程度上影响到上市公司的融资、筹资、股利与并购等公司财务活动与财务行为。

综上所述,标准金融学对于市场参与者的经济人理性假定无疑是不切实际的,如果我们把标准金融学定义为理性主体假设前提下的金融理论体系,那么行为金融学则是在所有放松理性市场参与者假设的金融理论,包括认为参与者的有限理性与非理性。标准金融学与行为金融学研究对象的差别如图 6-6 所示。

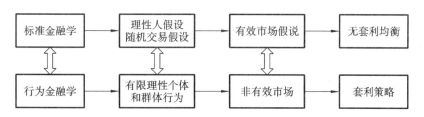

图 6-6 标准金融学与行为金融学研究对象对比

参考文献

[1] 屠新曙. 投资学[M]. 北京:清华大学出版社,北京交通大学出版社,2008.

[2] 滋维·博迪,亚历克斯·凯恩,艾伦·J. 马库斯. 投资学[M]. 10版. 汪昌云,张永冀,等译. 北京:机械工业出版社,2017.

[3] 杨宽. 投资学[M]. 北京:清华大学出版社,2016.

[4] 戈登·J. 亚历山大,威廉·F. 夏普,杰弗里·V. 贝利. 投资学基础[M]. 3版. 赵锡军,季冬生,李向科,译. 北京:电子工业出版社,2003.

[5] 吴晓求,王广谦. 金融理论与政策[M]. 北京:中国人民大学出版社,2013.

[6] 黄达. 金融学[M]. 3版. 北京:中国人民大学出版社,2013.

[7] 饶育蕾,盛虎. 行为金融学[M]. 北京:机械工业出版社,2010.

[8] 布鲁斯·塔克曼,安杰尔·塞拉特. 固定收益证券[M]. 范龙振,林祥亮,戴思聪,等译. 北京:机械工业出版社,2014.

[9] 冯光华. 中国资产证券化市场白皮书[M]. 北京:中国金融出版社,2015.

[10] 中国人民银行金融市场司. 中国资产证券化探索与发展[M]. 北京:中国金融出版社,2017.

[11] 孟庆斌. 资产证券化理论与在中国的应用[M]. 北京:中国财政经济出版社,2017.

[12] 高旭华,修逸群,高仪. REITs:颠覆传统房地产的金融模式[M]. 2版. 北京:中信出版集团,2021.

[13] 屠新曙,王键. 求解证券组合最优权重的几何方法[J]. 中国管理科学,2000(3):21-26。

[14] 屠新曙,王春峰. 含无风险资产时投资组合的效用最大化[J]. 天津大学学报,2003(2):243-247.

[15] 屠新曙,王春峰,巴曙松. 投资组合效用问题的研究[J]. 数量经济技术经济研究,2002(5):37-40.

[16] 王键,屠新曙. 证券组合的临界线决策[J]. 预测,1998(2):48-49.

[17] 于培民,屠新曙. 不同借贷利率的投资组合的有效前沿[J]. 华侨大学学报(自然科学版),2003(4):430-434.

[18] 任达,屠新曙. 无风险利率下投资组合的有效前沿[J]. 北京理工大学学报(社会科学版),2002(2):75-78.

[19] 王春峰,屠新曙,厉斌.效用函数意义下投资组合有效选择问题的研究[J].中国管理科学,2002(2):16-20.

[20] Franklin A,Santomero A M. The theory of financial intermediation[J]. Journal of Banking & Finance,1997,21(11-12):1461-1485.

[21] Benston G J,Smith C W Jr. A transactions cost approach to the theory of financial intermediation[J]. The Journal of Finance,1976,31(2):215-231.

[22] Fama E F. Efficient capital markets:A review of theory and empirical work[J]. Journal of finance,1970,25(2):383-417.

[23] Fama E F. Efficient capital markets Ⅱ[J]. Journal of Finance,1991,46(5):1575-1617.

[24] Huberman G,Regev T. Contagious speculation and a cure for cancer:A nonevent that made stock prices soar[J]. Journal of Finance,2001,56(1):387-396.

[25] Tobin J. Liquidity preference as behavior towards risk[J]. Review of Economic Studies,1958,25(2):65-86.

与本书配套的二维码资源使用说明

本书配套的数字资源均可利用手机扫描二维码链接的形式呈现,具体操作流程图如下。

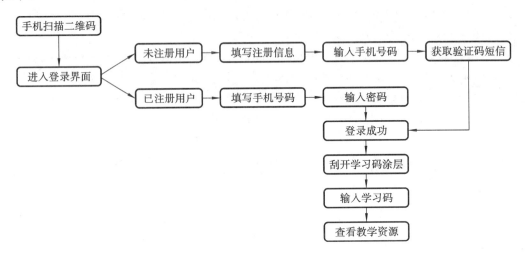